guangdongsheng gaozhi yuanxiao
lüyou dalei zhuanye jianshe yu jiaoxue
gaige diaoyan baogao

广东省高职院校
旅游大类专业建设与教学改革调研报告

广州番禺职业技术学院
广东省高等职业院校旅游大类专业教学指导委员会 编

北京·旅游教育出版社

图书在版编目（CIP）数据

广东省高职院校旅游大类专业建设与教学改革调研报告 / 广州番禺职业技术学院，广东省高等职业院校旅游大类专业教学指导委员会编. -- 北京：旅游教育出版社，2023.12

ISBN 978-7-5637-4635-4

Ⅰ．①广… Ⅱ．①广… ②广… Ⅲ．①高等职业教育－旅游业－学科建设－调查报告－广东②高等职业教育－旅游业－教学改革－调查报告－广东 Ⅳ．①F592

中国国家版本馆CIP数据核字(2023)第254437号

广东省高职院校旅游大类专业建设与教学改革调研报告
广州番禺职业技术学院
广东省高等职业院校旅游大类专业教学指导委员会　编

策　　划	李荣强
责任编辑	何　玲
出版单位	旅游教育出版社
地　　址	北京市朝阳区定福庄南里1号
邮　　编	100024
发行电话	（010）65778403　65728372　65767462（传真）
本社网址	www.tepcb.com
E - mail	tepfx@163.com
排版单位	北京旅教文化传播有限公司
印刷单位	唐山玺诚印务有限公司
经销单位	新华书店
开　　本	787毫米×1092毫米　1/16
印　　张	14.75
字　　数	226千字
版　　次	2023年12月第1版
印　　次	2023年12月第1次印刷
定　　价	78.00元

（图书如有装订差错请与发行部联系）

编委会

主　编：郭盛晖
副主编：曾兰君　丘巴比　孔繁正
编　委（排名不分先后）：
　　　　吴　源　宋焱琼　薛　艳　王取银
　　　　陈咏淑　冯　莉　蒋庆荣　严辉华

序 言

伴随着我国经济的发展、人民生活水平的提高和对美好生活的向往，旅游业作为国民经济新的增长点，已全方位融入国家战略体系，其对发展经济、促进就业、增进人民幸福感等方面的综合功能日益提升，成为国民经济战略性支柱产业。

党的二十大报告对文化和旅游工作给予高度重视，用相当篇幅论述了文化和旅游工作，提出了一系列重要论断，做出了一系列重要部署。党的二十大报告指出，坚持以文塑旅、以旅彰文，推进文化和旅游深度融合发展。当前，我国旅游业处在转型期，正进入提升质量的爬坡阶段，提升旅游业品质，根本上说是用高质量的文化来塑造高质量的旅游。

同时，党的二十大报告指出，"统筹职业教育、高等教育、继续教育协同创新，推进职普融通、产教融合、科教融汇，优化职业教育类型定位"，再次明确了职业教育的发展方向。从国内外职业教育实践来看，产教融合是职业教育的基本办学模式，也是职业教育发展的本质要求。从经济发展情况来看，产业是经济发展增长带，经开区、高新区等经济功能区是经济发展增长极，位居其中的企业是经济发展增长点；一个国家、地区经济发展的持续力和竞争力，很大程度上取决于产业、经济功能区、企业的持续力和竞争力；产业、经济功能区、企业要想获得持续发展动能，也必须走产教融合道路。

广东是我国的旅游大省，发达的产业体系为职业教育改革发展提供了沃土。2021年，广东省旅游职业教育总体规模稳定，内涵建设稳步提升，各院校围绕改革创新、专业建设、学生发展、校企合作、社会服务等方面取得了一定的成就。在文旅融合、数字化转型新形势下，广东省高等职业院校旅游大类专业教学指导委员会通过调研各高职院校旅游大类相关专业，编写《广东省高职院校旅游大类专业建设与教学改革调研报告》，梳理了广东省旅游职业教育的发展情况，厘清了旅游职业教育的发展路径，为广东省旅游职业教育发展提供了方向，有助于广东省旅游职业教育的良性发展。同时向全国推广，与其他省份交流，成为对外了解的窗口，力争打造广东旅游职教品牌。尽管调研中还有一些不完善的地方，但我们相信，在广大职业教育工作者和职业院校、行业企业的共同努力下，广东职业教育的明天会更加美好。

2023 年 12 月

前　言

旅游业是我国新兴的战略性支柱产业，也是民生产业和幸福产业。我国是世界的旅游大国，形成了全球最大的国内旅游市场，已成为国际旅游最大客源和主要目的地。广东省是我国的旅游大省，旅游市场供需两旺，旅游企业人才需求巨大。

广东也是我国的职业教育大省，全省有90多家高职院校，其中，开设了旅游大类专业的高职院校有60多家。近年来，广东省高职旅游教育取得了长足发展，为广东旅游行业企业输送了大量的高素质技术技能人才，为旅游业的高质量发展做出了巨大贡献，形成了广东特色的人才培养模式和专业建设经验。

随着中国式现代化的深入推进，在发展新质生产力、文旅融合、数字赋能的时代背景下，旅游业出现了许多新业态、新岗位、新技术和新需求。为适应行业的新变化与新需求，旅游职业教育也必须做相应的改革和创新，适时调整专业结构布局，加快专业升级改造，优化人才培养定位，创新人才培养模式，进一步落实立德树人根本任务，提高人才培养质量。为此，在广东省教育厅和广州番禺职业技术学院的指导支持下，广东省高等职业院校旅游大类专业教学指导委员会于2021年立项了8项教育教学调查研究重点项目，围绕旅游管理、酒店管理与数字化运营等8个专业多次开展专业调研，梳理新形势下广东省旅游高职教育的发展状况，分析机遇与挑战，厘清现存问题并提出解决对策。

《广东省高职院校旅游大类专业建设与教学改革调研报告》分为总体调研报告和专项调研报告两大板块。总体调研报告包括《广东省高职院校旅游大类专业发展调研报告》，主要介绍广东省高职旅游大类专业基本情况、特色与成效、主要问题与不足、对策与建议。专项调研报告包括《广东省高职院校旅游管理专业发展调研报告》《广东省高职院校酒店管理与数字化运营专业发展调研报告》《广东省高职院校会展策划与管理专业发展调研报告》《广东省高职院校休闲服务与管理专业发展调研报告》《广东省高职院校餐饮智能管理专业发展调研报告》《广东省高职院校烹调工艺与营养专业发展调研报告》《广东省高职院校空中乘务专业发展调研报告》《广东高职院校国际邮轮乘务管理专业发展研究报告》八部分，从建设基础、水平、特色、问题与不足等相关内容开展研究，形成调研报告，较全面反映了广东省高职旅游教育的发展现状与特征。

本调研报告由郭盛晖（广州番禺职业技术学院）担任主编，曾兰君（广州番禺职业技术学院）、丘巴比（广州工程技术职业学院）、孔繁正（广东农工商职业技术学院）担任副主编，吴源（广州番禺职业技术学院）、宋焱琼（广东农工商职业技术学院）、薛艳（广州科贸职业技术学院）、王取银（佛山职业技术学院）、陈咏淑（顺德职业技术学院）、冯莉（广州工程技术职业学院）、蒋庆荣（珠海城市职业技术学院）、严辉华（广州城市职业学院）等担任编委。参编及主要执笔人分工详见各调研报告文末标注。

《广东省高职院校旅游大类专业建设与教学改革调研报告》在调研和编撰过程中得到了广东省教育厅、广州番禺职业技术学院、广东省高等职业院校旅游大类专业教学指导委员会各委员单位、相关高职院校、企业及专家、学者们的大力支持，在此一并表示感谢！

由于水平有限，书中可能存在一些疏漏，敬请读者不吝指正。

编委会
2023 年 12 月

目 录

1. 广东省高职院校旅游大类专业发展调研报告 ··· 1
   - 一、广东省高职旅游大类专业基本情况 ··· 1
   - 二、特色与成效 ··· 10
   - 三、主要问题与不足 ··· 12
   - 四、对策与建议 ··· 14

2. 广东省高职院校旅游管理专业发展调研报告 ·· 18
   - 一、广东省高职院校旅游管理专业发展现状 ································· 18
   - 二、广东省高职院校旅游管理专业建设存在的问题 ······················· 37
   - 三、广东省高职院校旅游管理专业建设面临的新形势 ···················· 38
   - 四、对策与未来展望 ··· 39

3. 广东省高职院校酒店管理与数字化运营专业发展调研报告 ···················· 44
   - 一、广东省高职院校酒店管理与数字化运营专业总体概况 ·············· 45
   - 二、广东省高职酒店管理与数字化运营专业发展现状 ···················· 49
   - 三、广东省高职酒店管理与数字化运营专业建设存在的问题及对策 ·· 60
   - 四、广东省高职酒店管理与数字化运营专业建设面临的新形势及展望 ·· 65

4. 广东省高职院校会展策划与管理专业发展调研报告 ······························ 66
   - 一、广东省高职会展策划与管理专业总体概况 ····························· 67

二、广东省高职会展策划与管理专业建设发展现状 ················· 69
三、广东省高职会展策划与管理专业建设存在的问题剖析 ··········· 90
四、广东省高职会展策划与管理专业建设提质培优发展对策 ········· 96
五、广东省高职会展策划与管理专业建设的未来展望 ··············· 105

5. 广东省高职院校休闲服务与管理专业发展调研报告 ················· 108
一、广东省高职休闲服务与管理专业总体概况 ····················· 109
二、广东省高职休闲服务与管理专业发展现状 ····················· 110
三、广东省高职休闲服务与管理专业建设存在的问题及对策 ········· 121
四、广东省高职休闲服务与管理专业建设面临的新形势 ············· 129
五、未来展望 ··· 130

6. 广东省高职院校餐饮智能管理专业发展调研报告 ··················· 132
一、广东省高职餐饮管理专业总体概况 ··························· 132
二、广东省高职餐饮管理专业发展现状 ··························· 134
三、广东省高职餐饮管理专业建设存在的问题及对策 ··············· 144
四、广东省高职餐饮管理专业建设面临的新形势 ··················· 149
五、未来展望 ··· 150

7. 广东省高职院校烹调工艺与营养专业发展调研报告 ················· 152
一、广东省高职烹调工艺与营养专业总体概况 ····················· 152
二、广东省高职烹调工艺与营养专业现状 ························· 153
三、广东省高职烹调工艺与营养专业建设存在的问题及对策 ········· 176
四、广东省高职烹调工艺与营养专业建设面临的新形势 ············· 179
五、未来展望 ··· 182

8. 广东省高职院校空中乘务专业发展调研报告 ······················· 186
一、高等职业院校空中乘务专业总体概况 ························· 189
二、广东省高等职业院校空中乘务专业发展现状 ··················· 191
三、广东省高等职业院校空中乘务专业建设存在的问题及对策 ······· 196
四、广东省高等职业院校空中乘务专业建设面临的新形势 ··········· 201

五、未来展望……………………………………………………………… 202

9. 广东省高职院校国际邮轮乘务管理专业发展研究报告 ……………… 205
　　一、广东省国际邮轮乘务管理专业发展回顾 …………………………… 205
　　二、广东省高职院校国际邮轮乘务管理专业发展情况 ………………… 207
　　三、广东省高职院校国际邮轮乘务管理专业建设存在的问题与对策 …… 211
　　四、国际邮轮乘务管理专业发展面临的新形势 ………………………… 217
　　五、前景展望 ……………………………………………………………… 219

1. 广东省高职院校旅游大类专业发展调研报告

旅游业是世界公认的朝阳产业和幸福产业。中国旅游行业的高速发展需要越来越多的专业人才，近年来旅游大类专业成为当前学生较为热爱的专业之一。结合教育部颁发的《国家职业教育改革实施方案》《中华人民共和国职业教育法》、文化和旅游部颁发的《"十四五"旅游人才发展规划纲要》等文件精神，旅游职业教育应不断优化专业结构、构建课程体系、创新教学模式，向着适应旅游产业转型升级需求、文旅融合、产教融合的现代职业教育体系迈进。

一、广东省高职旅游大类专业基本情况

据 2022 年广东省教育研究院统计资料，广东省共有高职院校 91 所（不含职业本科），其中开设旅游大类专业的高职院校共 66 所。

（一）专业开设院校

按照"十四五"国家经济社会发展和 2035 年远景目标对职业教育的要求，教育部组织专家在科学分析产业、职业、岗位、专业关系基础上，对接现代产业体系，服务产业基础高级化、产业链现代化，修订出台了《职业教育专业目录（2021 年）》（以下简称《专业目录》）。《专业目录》统一采用专业大类、专业类、专业三级分类，一体化设计中等职业教育、高等职业教育专科、高等职业教育本科不同层次专业，共设置 19 个专业大类 97 个专业类 1349 个专业，其中中职专业 358 个、高职专科专业 744 个、高职本科专业 247 个。高职旅游大类共有 2 个专业类，分别是旅游类和餐饮类。

1. 旅游类专业

根据《专业目录》，旅游类共设置了 13 个专业，分别是旅游管理、导游、旅行社经营管理（原旅行社经营与管理）、定制旅行管理与服务、研学旅行管理与服务、酒店管理与数字化运营（原酒店管理）、民宿管理与运营、葡萄酒文化与营销（原葡萄酒营销与服务）、茶艺与茶文化（原茶艺与茶叶营销）、智慧景区开发与管理（原景区开发

与管理)、智慧旅游技术应用、会展策划与管理(归属调整)、休闲服务与管理等。本次统计了广东省 2020 年、2021 年开设旅游类专业的高职院校情况,具体见表 1-1。

表 1-1 2020—2021 年广东省高职旅游类专业开设院校汇总表

专业类	专业代码	专业名称	院校开设数量(所)	
			2020 年	2021 年
5401 旅游类	540101	旅游管理	43	41
	540102	导游	1	1
	540104	定制旅行管理与服务		3
	540105	研学旅行管理与服务	4	5
	540106	酒店管理与数字化运营	43	40
	540107	民宿管理与运营		1
	540109	茶艺与茶文化	4	4
	540110	智慧景区开发与管理	1	1
	540111	智慧旅游技术应用		1
	540112	会展策划与管理	23	22
	540113	休闲服务与管理	3	3
		总计	122	122

(资料来源:教育部公布的高等职业院校专业设置备案)

由此可见,2021 年 13 个旅游类专业中,除了旅行社经营管理(原旅行社经营与管理)、葡萄酒文化与营销(原葡萄酒营销与服务)2 个专业未开设,其他 11 个专业在广东省高职院校均已开设。与 2020 年相比,定制旅行管理与服务、智慧旅游技术应用等新增加的专业备受关注,预计未来将会有更多的院校开设这些专业。

虽然开设的旅游管理、酒店管理与数字化运营、会展策划与管理等传统专业的院校数量略有下降,但仍是旅游类专业中开设数量最多的。其他专业数量基本不变。从 2020 年到 2021 年,旅游类专业开设院校总数不变。

2. 餐饮类专业

根据《专业目录》,餐饮类共设置了 5 个专业,分别是餐饮智能管理(原餐饮管理)、烹饪工艺与营养(原烹调工艺与营养)、中西面点工艺、西式烹饪工艺(原西餐工艺)、营养配餐等。本次统计了广东省 2020 年、2021 年开设餐饮类专业的高职院校情况,具体见表 1-2。

表 1-2　2020—2021 年广东省高职餐饮类专业开设院校汇总表

专业类	专业代码	专业名称	院校开设数量（所）	
			2020 年	2021 年
5402 餐饮类	540201	餐饮智能管理	4	3
	540202	烹饪工艺与营养	17	20
	540203	中西面点工艺	5	6
	540204	西式烹饪工艺	2	3
	540205	营养配餐		1
		合计	28	33

（资料来源：教育部公布的高等职业院校专业设置备案）

由此可见，2021 年在广东省高职院校中，5 个餐饮类专业均已开设。且烹饪工艺与营养等传统专业仍是院校开设最多的专业。其次为中西面点工艺、餐饮智能管理、西式烹饪工艺和营养配餐。

（二）院校数量与分布

本次以珠三角、粤东、粤西和粤北四个地区为单位[①]，依照 2021 年新专业目录对旅游大类相关院校进行统计，数据来源于教育部公布的高等职业院校专业设置备案查询结果。具体见表 1-3。

表 1-3　2021 年广东省高职旅游大类开设专业院校分布表

专业类	专业	院校数量			
		珠三角地区	粤东地区	粤西地区	粤北地区
旅游类	旅游管理	30	3	4	4
	导游			1	
	定制旅行管理与服务	3			
	研学旅行管理与服务	4			1
	酒店管理与数字化运营	31	1	5	3
	民宿管理与运营	1			
	茶艺与茶文化	4			
	智慧景区开发与管理			1	
	智慧旅游技术应用	1			
	会展策划与管理	22			
	休闲服务与管理	3			

---

① 珠三角地区主要包括广州、佛山、肇庆、深圳、东莞、惠州、珠海、中山、江门九个城市；粤东地区主要包括汕头、汕尾、潮州、揭阳四个地级市；粤西地区主要包括湛江、茂名、阳江三个地级市；粤北地区主要包括韶关、河源、梅州、清远、云浮五个地级市。

续表

专业类	专业	院校数量			
		珠三角地区	粤东地区	粤西地区	粤北地区
餐饮类	餐饮智能管理	3			
	烹饪工艺与营养	11	1	5	3
	中西面点工艺	6			
	西式烹饪工艺	3			
	营养配餐	1			
合计		123	5	16	11

由此可见，广东省高职旅游类相关专业，除了导游专业和智慧景区开发与管理专业分布在粤西地区外，其他14个专业主要分布在珠三角地区。

从区域分布来看，珠三角地区开设旅游类专业的高职院校数量最多，有123所，占80%；粤西地区有16所，占10%；粤北地区有11所，占7%；粤东地区有5所，占3%。具体见图1-1。

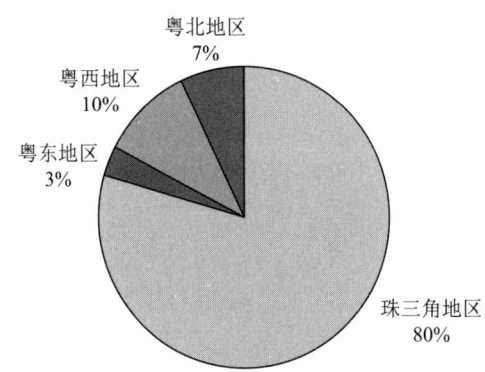

图1-1　2021年广东省旅游高职院校数量区域分布

（三）专业招生情况

2021年旅游大类计划招生1.78万人，实际录取1.36万人，实际报到1.12万人。

1. 旅游类专业招生情况

截至2020年8月底，旅游类专业中的旅游管理、导游、酒店管理与数字化运营（原酒店管理）、智慧景区开发与管理（原景区开发与管理）和休闲服务与管理5个专业的在校生人数及当年招生人数统计见表1-4、图1-2、图1-3。

表 1-4　2020 年广东省高职旅游类专业在校生人数统计表

序号	旅游类专业	在校生数（人）	招生数（人）
1	旅游管理	10 561	4011
2	导游	96	41
3	酒店管理与数字化运营	9080	3016
4	智慧景区开发与管理	45	6
5	休闲服务与管理	170	152
	合计	19 952	7226

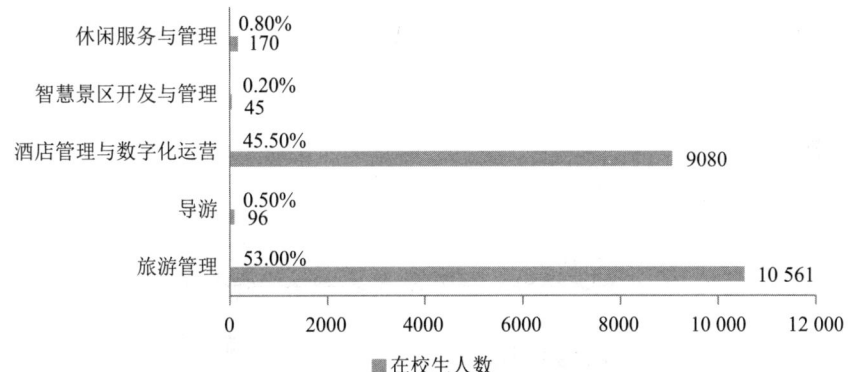

图 1-2　广东省高职院校旅游类专业在校生人数分布

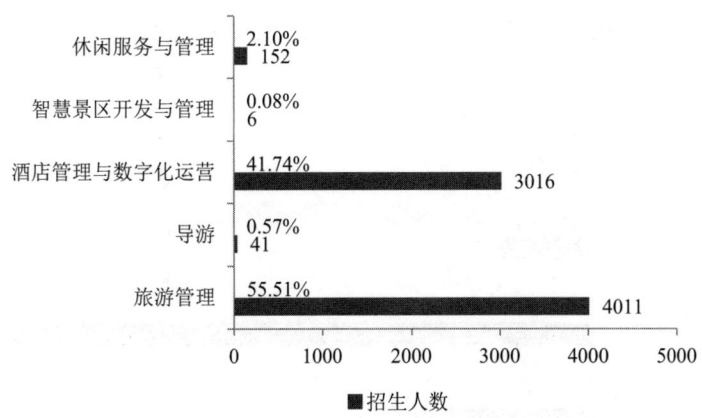

图 1-3　广东省高职院校旅游类专业招生人数分布

由此可见，旅游管理专业和酒店管理与数字化运营（原酒店管理专业）专业在校生人数、招生人数均为最多，所占比例最重。而休闲服务与管理、导游、智慧景区开发与管理（原景区开发与管理）专业因开设的院校少，在校生人数与招生人数也偏少。

2. 餐饮类专业招生情况

餐饮类专业招生情况见表1-5、图1-4、图1-5。

表1-5 2020年广东省高职餐饮类专业在校生人数统计表

序号	旅游类专业	在校生数（人）	招生数（人）
1	餐饮智能管理	723	270
2	烹饪工艺与营养	2598	1051
3	中西面点工艺	335	182
4	西式烹饪工艺	188	68
	合计	3844	1571

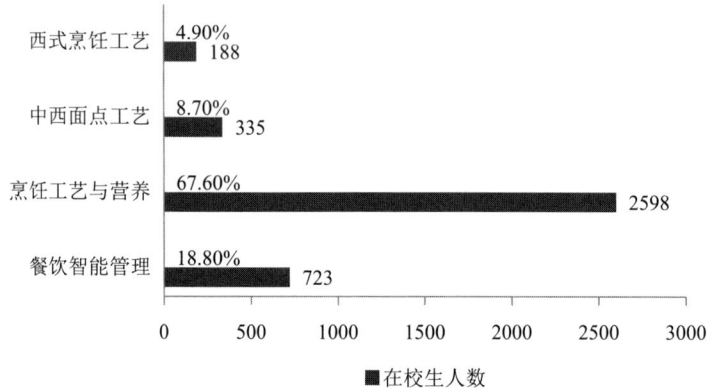

图1-4 广东省高职院校餐饮类专业在校生人数分布

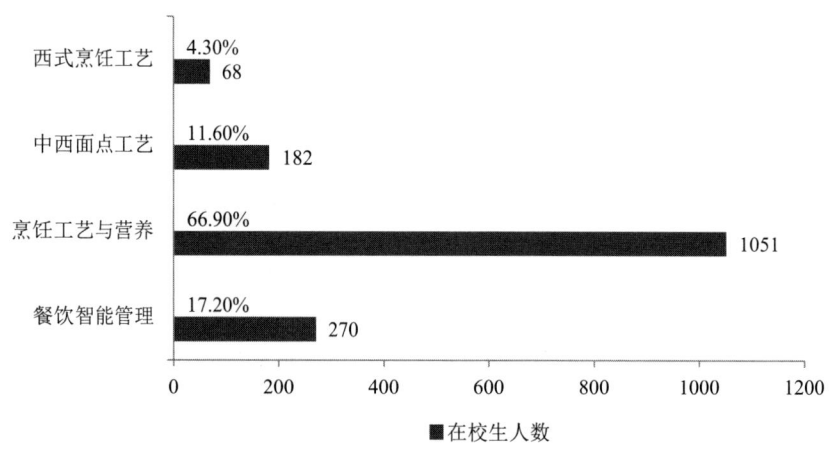

图1-5 广东省高职院校餐饮类专业招生人数分布

由表1-5可以看出，烹饪工艺与营养（原烹调工艺与营养）在校生人数和当年招生人数均为最多。其他根据在校生人数与当年招生人数由多到少，依次为餐饮智能管理

（原餐饮管理）、中西面点工艺、西式烹饪工艺。而营养配餐是唯一没有在校生和招生人数的，原因是广东省高职院校该专业在 2020 年尚没有院校开设。

（四）师资队伍情况

教师是从事教学工作的主体，从调研数据来看，广东省旅游高职教育师资规模逐年扩大，师资规模较为稳定。下面从专业教师数量、"双师型"教师比例和兼职教师队伍、教学团队等方面进行分析。

1. 专业教师数量

因不同专业招生类型、招生人数等不同，因此专业教师人数等均有不同。

以旅游管理专业为例，在所调研的 38 所院校中，旅游管理专业专任教师人数在 10 人以下的院校有 24 所，占比达 63.16%，专任教师人数在 10 人以上的有 14 所，占比为 36.84%。在职称方面，教师以中级职称为主，占比高达 81.58%；副高职称占比较低，为 13.16%；正高职称和初级职称比例最低，仅占 2.63%。

以休闲服务与管理专业为例，目前开设的佛山职业技术学院、广东工程职业技术学院和惠州城市职业学院三所学校专业教师人数分别为 10 人、12 人、10 人，专业教师人数均在 10 人以上。在职称方面，专业教师有中级职称的共 16 人，占比高达 50%。

以会展策划与管理专业为例，所调研的 17 所院校中，专任教师队伍人数在 10 人以下的约占 70%；10 人以上的约 30%。职称也以中级为主。

以烹调工艺与营养专业为例，在调研的 16 所高职院校中，专业教师人数在 10 人以下的有 11 所，占开设院校数 68.75%。10 人以上的共 5 所，占比为 31.25%。

以餐饮智能管理专业为例，开设的三所院校中，只有广东食品药品职业学院专业教师人数达 10 人，其他两所院校专业教师人数均不足 10 人，且三所院校的教师职称也以中级为主。

由此可见，大部分旅游大类专业教师人数不足 10 人，且职称也以中级为主。

2."双师型"教师比例

"双师型"教师是职业教育发展对高职院校教师提出的基本要求，广东省高职院校所有旅游大类专业都非常重视"双师型"教师的培养。

如旅游管理专业，调研的 38 所院校中，有一半以上的高职院校旅游专业教师"双师型"教师比例达到 90% 以上，占比 65.79%，仅有 2.63% 的院校"双师型"教师占比为 40% 以下。

如休闲与管理专业，从调研中了解，75% 的专业教师为"双师型"教师，占比较高。

如烹调工艺与营养专业，在调研的16所高职院校中，"双师型"教师比例在90%以上的有7所，占开设院校数43.75%。仅有2所院校"双师型"教师比例在40%以下，占开设院校数12.50%。

3. 兼职教师队伍

根据教育部《深化新时代职业教育"双师型"教师队伍建设改革实施方案》的要求，要聘请一大批企事业单位高技能人才、能工巧匠、非物质文化遗产传承人等到学校兼职任教[1]。

如旅游管理专业，从调研数据来看，专业兼职教师占比在50%以上的院校仅有7所，占比18.42%，比例较低。

如酒店管理与数字化运营专业，参与调查的高职院校中超过56%的院校企业兼职教师比例达到30%以上，相对而言，比例稍高。

如烹调工艺与营养专业，在调研的16所高职院校中，只有2所院校本专业的企业兼职教师比例在50%以上，占开设院校数12.50%。

4. 教学团队

目前，广东省高职旅游大类相关专业有1个国家级教师教学创新团队。国家级教学名师数量偏少，仅有广州番禺职业技术学院1名教师为国家级教学名师。

（五）社会服务情况

广东省高职旅游大类相关专业，依托教育教学资源，在教育培训、技能大赛、横向服务等方面发挥了重要的作用。

1. 提供各类培训，服务行业企业

广东省高职院校旅游大类相关专业均开展各级各类培训，服务行业企业。

如餐饮智能管理专业，顺德职业技术学院自成立顺德厨师学院以来，培训人才将近10 000人，顺德厨师学院的"一人学厨，全家幸福"职业教育精准扶贫新模式产生了良好的社会反响。

烹调工艺与营养专业，以实际行动助力"粤菜师傅"工程的推广，依托省级粤菜师傅培训基地等，通过餐饮企业培训、推进乡村振兴粤菜师傅烹调技能公益培训、承办各类技能竞赛等方法，促进专业与餐饮行业企业的深度合作与交流，弘扬粤菜文化，打响"粤菜师傅"金字招牌，培养"粤菜师傅"高技能人才，推动粤菜产业融合发展，助力乡村振兴。

旅游管理专业，各院校积极开展培训。如广州番禺职业技术学院近三年开展各类培训和技术服务共17项，具体包括：面向中高职院校旅游类专业开展的师资培训班5项；

为广州市导游协会、番禺区就业训练中心、南雄市旅游协会等单位提供行业专题培训4项。

2. 通过课题咨询，服务贡献社会

各专业各院校通过横向项目、校企合作、课题研究等多种形式服务社会。如：深圳职业技术学院与深圳大鹏新区共建了全国首家社区旅游学院——"大鹏新区社区旅游学院"，在师资、科研服务社区劳动力转移、产业转型升级、职业技能培训、社区文化建设等方面展开全面深入合作，助力大鹏新区旅游产业发展。再如，广州番禺职业技术学院成立全域旅游智库，积极开展课题研究，为地方政府提供决策咨询服务，并为江门新会区政府、韶关南雄市政府、番禺桥南街道等政府部门开展了产业发展规划、人口普查等技术研发服务3项；为沙湾古镇、顺德太子国旅、佛山市乐途假期旅行社、中国国旅等旅游企业开展社会技术服务5项。

还有，佛山职业技术学院休闲服务与管理专业，配合佛山高尔夫球会承办佛山公开赛——欧洲挑战巡回赛暨中国职业锦标赛承担志愿者服务。

3. 重大活动接待及其他

不同专业，开展社会服务的方式不同。各专业还通过积极参与国家重大活动和盛会的接待及餐饮服务工作，开阔学生眼界、提升专业技能、培养民族自豪感。如顺德职业技术学院2018年参加北京奥运会和残奥会餐饮服务工作；如酒店管理与数字化运营专业，超过80%的学校组织教师利用假期到酒店企业挂职，为企业提供专业咨询、技能培训等服务。会展策划与管理专任教师一般以个人身份通过提供培训咨询、参与企业项目等形式开展社会服务工作。2021年12月，广州番禺职业技术学院组织了旅游管理专业100余人次参与了由人力资源社会保障部、广东省人民政府共同主办的第一届全国博士后创新创业大赛。本届大赛以"博采科技精华 创新引领未来"为主题，共设创新赛、创业赛、海外（境外）赛和揭榜领题赛四个组别，约1400个项目以路演和答辩为主要展示形式，线下现场赛和线上云参赛相结合。

（六）实习实训与校企合作情况

调研结果显示，高职旅游大类专业实习主要面向专业人才培养中的核心岗位。如旅游管理专业，2019年至2021年，学生实习就业岗位主要集中在导游、计调、景区讲解员、客服、前厅接待、电商从业人员、行政文员等岗位。酒店管理与数字化运营专业实习就业岗位前六名为酒店前台接待、餐厅服务、宴会服务、礼宾、商务中心、调酒师/咖啡师。烹饪工艺与营养专业实习及就业岗位主要集中于中式烹调厨师、中式面点厨师、西式面点厨师、西式烹调厨师。

校企合作是一种注重质量培养、注重在校学习与企业实践、注重学校与企业资源、信息共享的"双赢"模式[2]。据了解，旅游类高职院校非常重视校企合作，以多种形式开展校企合作，如校企双方共同制订人才培养方案、开发课程、研制课程标准、培养师资、出版教材、建设课程；共同开展横向项目和纵向项目研究；校企合作开展培训，实现校企双方双赢；共建产业学院，为行业提供应用型、复合型人才。

二、特色与成效

广东省是旅游大省，同时非常重视旅游人才的培养。随着粤港澳大湾区旅游产业升级，旅游人才的培养也发生了变化。职业院校毕业生已成为支撑区域产业发展的一支主力军，有力助推了产业升级和经济增长。目前，广东省高等职业教育在以下方面取得了一定的成就。

（一）适时开设新专业，全面培养旅游人才

《专业目录》中高职旅游大类共有2个专业类，分别是旅游类和餐饮类。旅游类的13个专业中，除了旅行社经营管理、葡萄酒文化与营销2个专业未开设，其他11个专业均已开设。餐饮类共设置了5个专业，广东省高职院校餐饮类专业均已开设。尤其是2021年专业目录中新增的3个旅游类专业（定制旅行管理与服务、民宿管理与运营、智慧旅游技术应用），在广东省旅游类高职院校均已开设。由此可见，广东省高职旅游类院校紧跟专业发展，勇于探索，培养适合旅游行业新需求的专业人才。

（二）探索多样化人才培养模式，提升人才培养质量

广东省旅游类高职院校非常重视探索人才培养新模式。如旅游管理专业在人才培养模式探索与实践上走出了自己的特色，人才培养模式创新效应明显。近10年高职院校优秀教学成果奖旅游管理类共8项。其中一等奖2项，二等奖6项。以广州番禺职业技术学院为例，形成了以工学结合为特色、具有区域影响的"六双三真一体化"人才培养模式，并率先探索、实践了广东省旅游管理专业三二分段中高职衔接人才培养模式；广东机电职业技术学院形成了国际化与本土化融合的高职涉外旅游人才培养模式；广东轻工职业技术学院形成了"多元协同、全程融入、能力递进"的创新创业育人模式等。

同时高职院校烹调工艺与营养专业不断注重人才培养模式的创新，目前在全省范围内逐步形成了"工学结合""中高职三二分段衔接""现代学徒制""高职专业学院"。其他专业开展了订单班人才培养等。

（三）深化产教融合，创新人才培养模式

2019年，国务院发布的《国家职业教育改革实施方案》中提到校企深度融合，在

2022年5月1日起开始施行的《中华人民共和国职业教育法》中又明确提到，国家发挥企业的重要办学主体作用，推动企业深度参与职业教育，鼓励企业举办高质量职业教育。由此可见，校企合作、产教融合对职业教育的发展极其重要。广东省高职旅游类院校非常重视产教融合，与企业以各种形式开展合作。如：2020年，广州番禺职业技术学院与广州岭南国际企业集团有限公司合作，成立了广州旅游产业学院，双方在人才培养、技术创新、社会服务、就业创业和文化传承等领域建立全方位战略合作关系，并在此基础上，于2023年建立了全国数智文旅产教融合共同体，推动产教融合、人才共育、项目共创、成果共享。

根据广东省高等职业院校旅游大类专业教学指导委员会2021年对广东省旅游大类专业调研得知，广东食品药品学院与广东寅源餐饮服务有限公司合作，成立了餐饮食品安全产业学院，双方共同打造餐饮行业的各类人才，在餐饮食品安全的基础上去发展各项职业技能。

顺德职业技术学院与广东东逸湾集团有限公司合作，成立了顺德厨师学院。顺德厨师学院立足地方，致力于传播顺德美食文化和中华饮食文化，推动顺德餐饮业壮大发展，推动顺德菜、粤菜走向全国、走向全球。

（四）参加技能大赛，促进学生职业能力提升

学生职业技能竞赛获奖情况能有效反映专业培养质量。旅游大类的各专业，均能积极参与各级专业技能大赛。以旅游管理专业为例，从教育部公布的全国职业院校技能大赛导游服务赛项获奖名单统计中得知，2013年至2021年，广东省高职院校在全国职业院校技能竞赛中获奖数量共25项，其中，一等奖共4项。获奖的院校主要集中在广州番禺职业技术学院、顺德职业技术学院、河源职业技术学院、广东科学职业技术学院等学校。

以广州番禺职业技术为例，2013年至今，组织学生参加全国职业院校技能竞赛导游服务赛项共获奖7项。其中一等奖1项，二等奖2项，三等奖4项，为广东省导游服务赛项最多的高职院校。

（五）引入1+X证书，引领职业院校特色发展

"1+X证书制度"是国家职业教育制度建设的一项基本制度，也是构建中国特色职教发展模式的一项重大制度创新[3]。在调研中发现，旅游类专业有很多院校引入了X证书，组织了职业技能等级证书考试。如旅游管理专业，在调研的38所院校中，有32所高职院校（占比84.20%）均开设了"1+X证书制度"的相关课程，如研学旅行、旅行策划与开发、定制旅行等，从而与研学旅行策划与管理、旅行策划、定制旅行管理等

"1+X 证书制度"推行相配套，这在一定程度上说明课证融通已在省内高职院校旅游管理专业建设中基本达成共识。再如酒店管理专业，经统计，2020 年广东省有 19 家院校酒店管理专业获得邮轮运营服务 1+X 资格证试点资格，其中包括广东农工商职业技术学院、广州番禺职业技术学院、广东南华工商职业学院、广东女子职业技术学院、广东科贸职业技术学院等 13 家高职院校酒店管理专业获得了 1+X 邮轮运营服务资格证书试点专业。烹调工艺与营养专业的 X 考证有"粤菜制作""粤点制作"等。

（六）以学习者为中心，实施混合式教学模式

通过调研，了解到绝大多数旅游大类高职院校在开展专业课程教学时，均采用线上线下混合式教学模式。利用超星、智慧职教、课堂派等校园智慧教学云平台和现代信息技术，开展课程教学，实施以学习者为中心、满足学生个性化学习需求多元混合教学模式，并取得了一定的成果。如旅游管理专业，广州番禺职业技术学院承担了国家资源库（子项目）建设任务。酒店管理与数字化运营专业，广州番禺职业技术学院餐饮管理课程为国家级精品在线开放课程。会展策划与管理专业，承担国家资源库建设任务的学校有三所，分别是广东交通职业技术学院、广东轻工职业技术学院和中山火炬职业技术学院。餐饮智能管理专业，广东食品药品职业学院餐饮管理专业参与了《食品质量与安全》国家教学资源库的建设。

（七）注重实训基地建设，提高专业技能

所有的旅游大类专业都非常重视实训室建设，均建有校内实训基地和校外实训基地，提升专业学生的实践能力。根据广东省高等职业院校旅游大类专业教学指导委员会 2021 年对广东省旅游大类专业调研得知，对于餐饮智能管理专业，广东食品药品职业学院餐饮综合技能产教融合实训基地 2021 年获得省级认定推荐。酒店管理专业，广东碧桂园职业学院、广东环境保护工程职业学院、广东轻工职业技术学院、广州城市职业学院、广州科技职业技术大学等学院酒店管理专业相关实训基地获评省级校内实践教学基地。

三、主要问题与不足

（一）专业分布存在地区差异

通过调研分析，发现广东省高职旅游大类专业地区分布有差异，主要分布在珠三角地区，尤其以广州、深圳、珠海、东莞、佛山等地区最为集中。根据专业招生就业、课程资源、师资力量、教学条件等方面综合调研，发现珠三角地区院校建设水平较高。如广东省获得全国职业院校旅游类示范专业点称号的高职院校仅有 3 所，其中以旅游管

理专业获批的高职院校 2 所（广州番禺职业技术学院、深圳职业技术学院），分布在广州、深圳两个城市。以酒店管理专业获批的广东省唯一的高职院校是广东轻工职业技术学院，也在广州。相对而言，粤东、粤西、粤北地区的院校在课程资源、实训条件、技术研发、国际合作等方面，与珠三角地区还存在一定的差距。

（二）人才定位偏低

旅游教育是满足旅游业持续发展的基础，也是提高旅游业从业人员素质的有效途径。通过调研得知，广东省高职旅游大类相关专业人才培养规格整体较低，目标岗位仍以基层服务为主，且个别专业的开设院校在逐年下降。深入调研后得知，一方面是学生不认可，学生得知毕业后要从基层服务做起，不愿意选择对应行业，导致行业就业率不高；另一方面是专业课程开设存在一定的弊端，有些院校的课程开发不能紧密对接旅游行业发展动态，在课程开发时，没有考虑文旅融合、互联网+、智慧旅游等行业新趋势，没把行业新技术、新领域、新需求挖掘出来，导致培养目标还是传统的低层次的服务岗位，这样培养出来的学生毕业后只能从事最传统的服务岗位。这会导致培养的学生不是行业最需要的，也会导致学生的就业满意度大幅下降。

（三）高水平课程资源建设成果不足

高职教育的性质和功能要通过课程来实现，优质课程资源是专业建设的重要载体。通过调研发现，广东省高职旅游院校无论是国家级教学资源库、国家级精品在线开放课程，还是国家规划教材、岗课证融通教材，与我国个别省份的高职院校相比，数量与质量均存在明显差异，难以满足专任教师、学生，以及社会学习者的学习需求。这就要求省内高职院校提高认识，大力开发课程资源建设，以满足学习者需求，提升专业建设内涵。

（四）师资力量有待进一步加强

专业发展离不开专业教师。从广东省高职旅游院校相关专业师资建设情况来看，一方面，专任教师的师资队伍建设存在一定的问题。如专任教师比例不合理，职称结构不合理，同时现有很多专业教师是直接由院校到院校，毕业后直接进入学校从事旅游职业教育工作，没有在旅游企业任职的经历。还有部分教师是从其他专业转行过来担任旅游专业教师，这样就会导致教师缺乏理论和实践相结合的能力，在教学的过程中也缺乏新意和实用性，影响教学效果。另一方面，企业兼职教师比例不够，企业兼职教师建设程度还远远不够，兼职教师整体规模较低，甚至有些院校没有聘请企业专家担任兼职教师。

同时，目前旅游院校的高层次的师资队伍建设也存在不足，省级以上教学名师和省级以上教师创新团队建设也是今后的建设重点。

四、对策与建议

（一）优化专业布局，开设新专业

基于粤港澳大湾区产业需求，旅游大类专业应做相应的调整，优化专业布局，满足行业企业需求。如定制旅行管理与服务、智慧旅游技术应用、营养配餐等新专业目前开设的院校较少，而市场需求量较大，我们应统筹安排，推进专业开设力度。再如智慧景区开发与管理等专业，在旅游产业转型升级以及新冠疫情影响下，旅游业发展有了一定的变化，传统的旅游服务模式受到了影响，智慧景区服务、建设、运营与管理尤为重要，因此，我们应着眼未来，加大专业培养力度，培养集技术、技能于一身的综合型景区人才。

（二）对标国家专业标准，优化专业定位

广东省高职旅游类相关专业应对标国家专业标准，结合学校特色、地方资源，适度提高人才培养规格，优化人才培养方案和课程体系。聚焦文旅融合，依据互联网＋、智慧旅游等行业新趋势，探索旅游职业教育人才培养新模式。校企合作共同确定专业人才培养规格、毕业标准、实践教学条件、课程体系等内容。从中国特色社会主义公民教育、旅游职业教育和职业生涯发展的特性出发，构建融入课程思政元素、创新创业教育的专业课程体系。在课程开发时，开设适应市场需求的新课程，如新媒体运营、旅游大数据、X 考证课程等，提高人才培养规格，培养适合行业需求的新型人才，提升学生的就业满意度。

（三）构建特色课程体系，开发优质教学资源

1. 立德树人，积极开展课程思政教学改革

立德树人是高职教育的根本任务。广东省高职旅游相关专业应不断调整人才培养方案和课程体系，全面推动社会主义核心价值观进课堂，在重视基础知识、专业技能的同时，将思政元素融入课程当中，润物细无声，深入挖掘专业课程思政元素，开展课程思政。

2. 校企合作，开发高水平新形态教材

教材是教学的基本载体。广东省高职旅游相关专业应对行业的典型工作岗位进行深入剖析，以"基于工作过程""以学生为中心"等理念为指导，在实践性较强的课程中开发"三新教材"。教材中融入国际职业资格标准、创新创业教育、行业前沿技术等新内容，配套微课视频、拓展资源等新媒介，以工作手册或活页等新形式编排教材，让学

习内容更加贴近岗位工作实际。

3. 校企合作，共建一批高水平在线开放课程

在充分调研人才需求的基础上，组建包括职业教育专家、专任教师、行业精英等多元主体在内的课程标准研制团队，以国家级教学资源库、国家级精品在线开放课程建设项目为抓手，大力推进在线课程建设，进一步更新完善已有学习平台中所有专业主干课程的数字化教学资源，让共享助推更多在线学习的学生成长成才。

4. 开展线上线下混合式教学，加强教学方法创新

实施以学习者为中心、满足个性化学习需求的翻转课堂、微课和SPOC等多元混合教学模式，利用超星、智慧职教等校园智慧教学云平台和现代信息技术，实施线上线下混合式教学。

（四）培育教学名师名匠，打造高水平教学创新团队

百年大计，教育为本。教育大计，教师为本。只有建立一支高素质的教师队伍，才能培养出高素质的旅游专业人才。一方面，应牢牢把握教师队伍建设方向，重视师德师风建设，着力实施并加强专业群教学团队建设，强化教师的专业能力、教学能力、实践能力、创新能力和服务能力的培养。另一方面，加大企业兼职教师建设力度，可以进一步加大行业专家、一线业务或技术骨干来补充兼职教师的数量，从而建设并扩大兼职教师资源库，提高专业技能，提升专业素养。同时，以"四有"标准着力打造"名师引领、专兼结合、国际视野"的创新型"双师结构"教学团队，造就出高水平专业领军人才和教学创新团队。

（五）抓住机遇，致力提升国际化合作

2019年2月18日，中共中央、国务院正式颁布了《粤港澳大湾区发展规划纲要》。粤港澳大湾区目前是全国入境旅游发展得最为成熟、发展环境最为优越的地区，对全国入境旅游具有重要的带动作用。2020年12月31日文化和旅游部、粤港澳大湾区建设领导小组办公室、广东省人民政府联合印发《粤港澳大湾区文化和旅游发展规划》指出"支持港澳特区巩固提升竞争优势，充分发挥广东改革开放先行先试优势，支持港澳更好融入国家发展大局，推动粤港澳大湾区文化和旅游交流合作与协调发展，繁荣发展文化事业和文化产业，建设具有国际影响力的人文湾区和休闲湾区"。珠三角作为改革开放前沿阵地，一直是我国入境旅游发展的重要引领者。根据国务院对粤港澳大湾区的战略规划，大湾区有五个定位：一是充满活力的世界级城市群；二是具有全球影响力的国际科技创新中心；三是"一带一路"建设的重要支撑；四是内地与港澳深度合作示范区；五是宜居宜业宜游的优质生活圈[4]。其中，推进大湾区旅游发展，依托大湾区特

色优势及香港国际航运中心的地位,构建休闲度假、养生保健、邮轮游艇等多元旅游产品体系,建设粤港澳大湾区世界级旅游目的地成为建设大湾区的重要内容。国家对粤港澳大湾区的战略定位,为旅游大类专业建设带来国家战略高度和国际发展优势。根据相关规划,为加快旅游人才培养,发挥粤港澳大湾区旅游教育培训基地作用,加强港澳与内地旅游人才培训交流,拟开展多种形式合作办学,培育国际化旅游经营管理人才和专业技术人才,构建粤港澳大湾区多层次专业化旅游人才培育体系。

同时,近年来,旅游职业教育积极探索国际化办学。我们应全面加强与职业教育发达地区的交流与合作,着力培养教学团队和学生的国际化视野。首先,与境外教育院校合作,推进国际化教育合作。其次,邀请国外、境外知名旅游类行业专家,通过来校讲学、短期工作、合作研究等方式,提升专业的课程建设水平。最后,加强国际学术交流合作。与香港理工大学等院校合作交流,主办、承办国际会议,提升专业群在全球的知名度。并加强与世界各国旅游、酒店相关专业的教育机构和研究机构之间的交流与合作,提升专业在全球旅游行业研究领域的知名度。并拓展学生海外实习、就业机会,拓宽学生实习、就业途径,培养学生国际视野和国际化服务能力。

(六)数字赋能,强化专业的数字化升级改造

在智慧文旅时代背景下,大数据、元宇宙、人工智能等新技术应用成为常态化技术手段。因此,数字化专业人才的需求量不断提升,数字化时代的创新需求和市场机遇也为旅游大类专业学生提供了更多的实践机会和就业选择。为更好适应市场,旅游大类专业在制订人才培养方案时,首先要考虑数字化人才培养目标,教学目标应该包括培养学生的数字技术能力。新兴技术如人工智能、虚拟现实等在旅游业中得到越来越广泛的应用,旅游大类专业教育需要培养学生掌握数字技术的能力。数字化时代的特点是不断变化和创新,旅游大类专业教育需要培养学生的创新思维,让他们能够适应未来旅游业的发展。这意味着课程内容需要覆盖数字化时代相关的知识和技能如数字营销、大数据分析、人工智能等。教学活动也需要提供更多的实践机会如项目实训、模拟演练等,以保证学生能够将理论应用到实际中。同时,在数字化时代,旅游大类专业课程需要创新其内容和教学方法,以确保学生能够掌握所需的知识和技能。基于数字文旅人才培养需要,聚焦教学数字化转型升级,同时应从数字化实训基地、数字化教学资源和数字化教学团队等方面,搭建多元化数字文旅教学平台,实现传统教学平台向数字化教学平台升级。

(主要执笔人:曾兰君　郭盛晖)

参考文献

[1] 吴旻.本科职业教育视域下教师成长路径探析[J].职业技术,2020(10).

[2] 刘玲.高职院校校企合作模式探讨[J].经营管理者,2013(04).

[3] 冯顺利."1+X"证书制度下人才培养方案改革的思考:以汽车运用与维修技术专业为例[J].汽车维护与修理,2021(03).

[4] 李露欣.珠三角"脉动"联结广东力量[J].中国经济信息,2019(01).

2. 广东省高职院校旅游管理专业发展调研报告

当前，我国旅游业发展迅速，我国将全面进入大众旅游时代[1]。旅游产业成为国家经济社会发展的战略性支柱产业，随着市场、消费需求以及数字化信息技术手段的不断发展升级，旅游产业也产生了新产品以及服务营运模式，催生了大量的新业态。当前，旅游业发展仍处于重要战略机遇期，旅游职业教育是不可或缺的重要支撑。广东是全国旅游大省，2020年开设有旅游管理专业的高职院校共有43家，其中，公办院校29所，占比为67.4%；民办院校14所，占比为32.6%。近年来，广东省高职院校也在不断适应旅游业发展新趋势、新要求，不断地优化旅游专业结构、创新旅游人才培养模式，为地方旅游业发展做出积极贡献。此外，在粤港澳大湾区建设背景下，广东省将致力于打造粤港澳大湾区世界级旅游目的地，建设更高水平的文化和旅游强省。文旅深度融合将成为粤港澳大湾区世界级旅游目的地建设的重要内容，并为三地文旅产业实现高质量发展的重大机遇，同时也会对广东省高职院校旅游专业设置与建设提出更高的要求。

为了全面掌握广东省高职院校旅游管理专业建设情况，更好地促进旅游管理专业发展，课题组针对全省43家高职院校发放了调查问卷，回收有效问卷38份，院校类型主要分布在珠三角、粤东、粤西以及粤北地区。从院校类别来看，所调研的院校涵盖了"双高"院校、国家示范院校、省级示范院校及普通高职院校，其中以省级示范院校及普通高职院校为主。因此，总体而言，无论是从院校性质、办学地域还是类别上，这38所院校均具有一定的代表性，对广东省高职院校旅游管理专业的建设发展情况具有一定的参考价值和意义。

一、广东省高职院校旅游管理专业发展现状

（一）招生与在校生情况

根据调查问卷统计的结果，2020年旅游管理专业在校生人数在100人（含

100）以上的院校有 17 所，其中 200 人以上的有 5 所，具体见表 2-1。

表 2-1　2020 年广东省旅游管理专业招生人数 100 人（含 100）以上的高职院校统计表

序号	院校名称	所在地	办学性质	2020 年招生人数
1	广东机电职业技术学院	广州	公办	300
2	广东省外语艺术职业学院	广州	公办	250
3	江门职业技术学院	江门	公办	226
4	顺德职业技术学院	顺德	公办	223
5	广东科学技术职业学院	广州、珠海	公办	220
6	清远职业技术学院	清远	公办	182
7	珠海城市职业技术学院	珠海	公办	133
8	深圳职业技术学院	深圳	公办	130
9	广州城市职业学院	广州	公办	126
10	广东茂名幼儿师范专科院校	茂名	公办	123
11	广州番禺职业技术学院	广州	公办	120
12	广州铁路职业技术学院	广州	公办	120
13	广州华商职业学院	广州	公办	120
14	河源职业技术学院	河源	公办	105
15	广东科贸职业学院	广州、清远	公办	105
16	中山职业技术学院	中山	公办	102
17	广东农工商职业技术学院	广州	公办	100

（数据来源：根据调查问卷数据统计）

相对于招生情况较好的院校来说，部分院校 2020 年招生人数较少，有 5 所院校招生人数在 30 人以下，甚至有个别院校招生人数为零。另外，根据广东省教育研究院提供的数据，截至 2020 年，广东省旅游管理专业在校生人数达到 200 人以上的院校共有 26 所，在校生人数达到 300 人以上的有 8 所，具体见表 2-2。

表 2-2　截至 2020 年旅游管理专业在校生人数 300 人以上的高职院校一览表

序号	院校名称	所在地	办学性质	在校生人数
1	清远职业技术学院	清远	公办	597
2	中山职业技术学院	中山	公办	589
3	广东科学技术职业学院	广州、珠海	公办	534
4	江门职业技术学院	江门	公办	491
5	广东机电职业技术学院	广州	公办	489
6	顺德职业技术学院	顺德	公办	436

续表

序号	院校名称	所在地	办学性质	在校生人数
7	深圳职业技术学院	深圳	公办	370
8	河源职业技术学院	河源	公办	352
9	阳江职业技术学院	阳江	公办	314

（数据来源：广东省教育研究院官方数据）

从以上数据可以看出，广东省高职院校旅游管理专业招生情况总体良好。其中，该专业招生情况较好的高职院校多分布在珠三角地区，且大部分是公办院校，说明广东省高职旅游管理专业招生及在校生规模分布情况不平衡，存在较为严重的两极分化情况。

（二）专业人才培养目标与模式

1. 人才培养目标

专业人才培养目标体现在专业人才培养方案中。由于旅游行业发展更迭迅速，行业新业态大量涌现，这就需要高职院校能够紧密对接行业发展需求，适时调整并明确专业人才培养目标。在专业人才培养方案更新时间方面，从调研数据看，省内81.58%的院校人才培养方案更新周期为1年，周期为1~2年的有6所院校，占15.79%，周期为半年的仅有一所院校，没有院校的人才培养方案更新周期为2年以上。具体如图2-1所示。

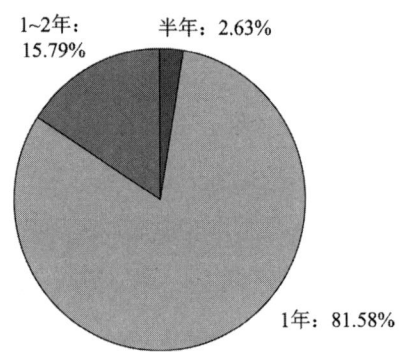

图2-1　广东省高职院校旅游管理专业人才培养方案更新周期

从专业人才培养方案更新的内容看，主要分布在课程体系、教学进程安排、人才培养目标与规格、合作企业、校内外实训基地等，具体如图2-2所示。从图2-2中也可以看出，绝大部分的院校会选择更新与课程相关的内容，包括课程设置、课程体系等，而一半以上的院校会对人才培养目标与规格以及毕业生面向职业及岗位两方面进行更新，从而也会涉及课程和教学的调整。而较少院校会对教师团队、质量监督及评价等方面进行调整。这也说明，高职旅游管理专业人才培养工作基本能够做到紧跟旅游行业发展态势，以更好满足行业企业对技能型人才的需求。

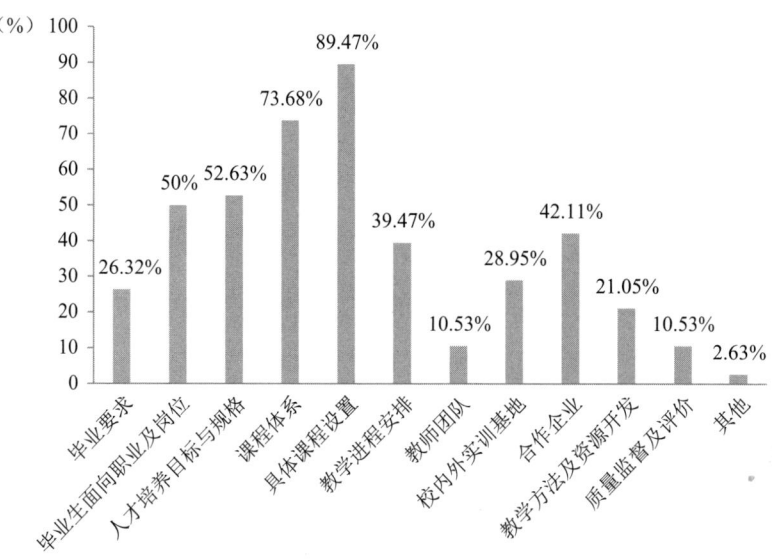

图 2-2　广东省高职院校旅游管理专业人才培养方案更新内容比例

从人才培养方案更新的频率和内容来看，大部分高职院校能够紧密对接旅游行业发展动态，主动适应旅游管理专业教学标准要求，突出职业性、行业性和区域性特点，为旅行社、景区等旅游企业培养高素质劳动者和技术技能型人才。

2. 人才培养模式

在人才培养模式上，通过调研数据以及近10年来广东省高等职业学校优秀教学成果奖（旅游管理类）获奖项目（见表2-3），可以发现省内部分高职院校旅游管理专业在人才培养模式探索与实践上走出了自己的特色，人才培养模式创新效应明显。例如广州番禺职业技术学院形成了以工学结合为特色、具有区域影响的"六双三真一体化"人才培养模式，并率先探索、实践了广东省旅游管理专业三二分段中高职衔接人才培养模式；广东机电职业技术学院形成了国际化与本土化融合的高职涉外旅游人才培养模式；广东轻工职业技术学院形成了"多元协同、全程融入、能力递进"的创新创业育人模式等。

表 2-3　近 10 年广东省高等职业学校优秀教学成果奖（旅游管理类）统计表

序号	成果名称	获奖人	获奖院校	获奖等级	获奖时间	授予部门
1	高职旅游管理专业"六双三真一体化"工学结合人才培养模式的探索与实践	郭盛晖、粮艳玲等	广州番禺职业技术学院	省级二等奖	第七届 2014.06	广东省教育厅

续表

序号	成果名称	获奖人	获奖院校	获奖等级	获奖时间	授予部门
2	旅游英语专业四方协同教学体系的构建与实践	梁悦、胡爱清等	广东农工商职业技术学院	省级二等奖	第七届 2014.06	广东省教育厅
3	旅游管理专业群"多元协同、全程融入、能力递进"创新创业育人模式研究与实践	范智军、万红珍等	广东轻工职业技术学院	省级一等奖	2018.05	广东省教育厅
4	"标准引领、分类培养、多元协同"的旅游管理专业教学改革研究与实践	郭盛晖、吴源等	广州番禺职业技术学院	省级一等奖	2019.08	广东省教育厅
5	国际化与本土化融合的高职涉外旅游人才培养模式研究与实践	王宁、熊少微等	广东机电职业技术学院	省级二等奖	2019.08	广东省教育厅
6	基于国际化职业能力的旅游商务专业群系统化实践育人模式研究与实践	王宁、郑广峰等	广东机电职业技术学院	省级二等奖	2021.01	广东省教育厅
7	欠发达地区职业教育服务旅游扶贫的探索与实践	张颖、俞彤等	河源职业技术学院	省级二等奖	2021.01	广东省教育厅
8	依托产业学院管理类专业数字化转型的路径探索与实践	石强、汤英汉等	深圳职业技术学院	省级二等奖	2021.01	广东省教育厅

（数据来源：广东省教育厅网站公布数据）

在专业人才培养校企合作形式上，根据调查数据，省内各高职院校与企业合作的形式呈现多样化的态势，主要集中表现在实训基地建设、校企合作联盟、师资共建、课程建设、订单班等方面。其中，共建实训基地是最常见的校企合作途径；而校企合作联盟（占比50%）、师资共建（占比57.89%）、课程建设（占比47.37%）、订单班（占比44.74%）等合作形式，其占比均能达到40%以上。但在合作建设产业学院方面占比的院校只有31.58%，校企联合开发教材方面占比的院校也仅有26.32%，具体见图2-3。

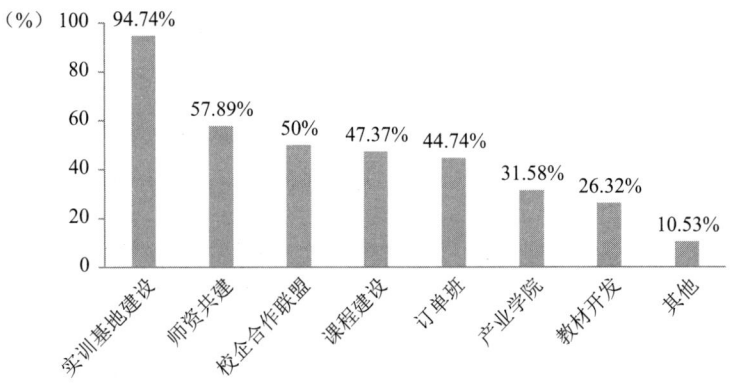

图2-3 广东省高职院校旅游管理专业近五年（2017—2021年）校企合作形式比例

（三）课程教学资源建设

1. 课程体系

在课程体系中，课题组主要从专业核心课程、专业基础课程以及专业实践课程等方面进行调研。

专业核心课程是高职院校根据人才培养目标所开设的关于专业知识和专业技能的重要课程。在调研中发现，省内高职院校旅游管理专业核心课程主要有导游业务、旅游政策法规、旅游电子商务、旅行社计调、旅行社经营管理等。此外，有个别院校结合地方旅游资源特点设置了颇具区域特色的核心课程。例如广州华夏职业学院开设了温泉度假地管理，该校位于温泉之都——广州从化，这在一定程度上说明某些地方院校能根据当地的旅游特色产业，设置相关课程，有针对性地培养相关技能人才，从而更好地服务当地特色旅游业发展。

专业基础课程是高职院校为了专业学习设定的必要基础课程。在调研中发现，省内高职院校旅游管理专业基础课程基本类似，主要有管理学基础、旅游学概论、商务礼仪、旅游政策法规、全国导游基础等课程。此外，有部分院校为适应旅游新业态发展，新增了一些专业基础课程，如广州番禺职业技术学院开设了新媒体营销，广东南华工商职业学院开设了新媒体运营课程，这些课程体现了当下旅游新媒体行业对复合型人才的需求，为学生在专业课知识学习方面打下了一定的基础。

专业实践课程是将所学的专业知识与实践结合起来，培养实操能力、职业认知的课程。在调研中发现，省内高职院校旅游管理专业均开设了顶岗实习课程。除此以外，各院校还开设了其他实训课程，如导游实务、旅游综合实训、计调实务等。在专业实践教学比例上，发现有 27 所院校开设专业实践教学课时比例在 50% 以上，占比 71%；有 4 所院校专业实践课时比例在 60% 以上，占比 15.79%。但仍有 23.68% 的院校专业实践课时比例未达到 50%，说明一小部分院校在实践环节方面仍存在不足，可以进一步推行认知实习、跟岗实习、顶岗实习等多种实习方式，强化学生实习实训。

2. 课程资源

在课程资源建设方面，课题组主要从 1+X 证书制度试点、专业教学资源库建设、课程建设、教材建设等方面进行了调查。

"1+X 证书制度"是国家职业教育制度建设的一项基本制度，也是构建中国特色职教发展模式的一项重大制度创新。在调研中发现，有 32 所高职院校（占比 84.2%）均开设了"1+X 证书制度"的相关课程，如"研学旅行""旅行策划与开发""定制旅行"等，从而与研学旅行策划与管理、旅行策划、定制旅行管理等"1+X 证书制度"推行相配套，这在一定程度上说明课证融通已在省内高职院校旅游管理专业建设中基本达成共识。

在国家教学资源库建设方面，通过调研发现仅有广州番禺职业技术学院1所院校承担了国家资源库（子项目）建设任务，其余院校均没有涉及此项建设工作。在国家精品在线开放课程开发方面，旅游管理专业的建设成果相对较少，仅有3所院校开发了1~3门国家精品在线开放课，分别是广州番禺职业技术学院、阳江职业技术学院和汕头职业技术学院。在省级精品开放课开发建设方面，具有1~3门省级精品在线开放课的院校有15所，占比39.47%，具有3门以上省级精品在线开放课的院校有1所，为河源职业技术学院，共4门。具体见表2-4。在调研中也发现，省内仍有近58%的院校未开发建设省级精品在线开放课程。

表2-4 广东省高职院校省级精品在线开放课（旅游管理专业）统计一览表

序号	院校名称	已开发省级精品在线开放课数量（门）
1	河源职业技术学院	4门
2	广州番禺职业技术学院	3门
3	广州铁路职业技术学院	1~3门
4	广东机电职业技术学院	1~3门
5	广东省外语艺术职业学院	1~3门
6	珠海城市职业技术学院	1~3门
7	中山职业技术学院	1~3门
8	广东科学技术职业学院	1~3门
9	广东轻工职业技术学院	1~3门
10	汕头职业技术学院	1~3门
11	佛山职业技术学院	1~3门
12	广州科技贸易职业学院	1~3门
13	清远职业技术学院	1~3门
14	广州城市职业学院	1~3门
15	广州涉外经济职业技术学院	1~3门
16	江门职业技术学院	1~3门

（数据来源：根据调查问卷数据统计）

总体而言，广东省高职院校旅游管理专业在国家级教学资源建设成果方面实力偏弱，在省级教学资源建设成果方面总体数量不多，未来仍有较大提升空间。

（四）教材与教法改革

在国家规划教材方面，根据调研数据，仅有 11 所院校开发了国家规划教材，占比 28.9%，在 11 所院校中，有 10 所院校开发的国家规划教材为不超过 3 门，仅有广州番禺职业技术学院开发了 6 门国家规划教材，是广东省高职院校旅游管理专业拥有国家规划教材数量最多的院校，具体见表 2-5。

表 2-5 广东省高职院校旅游管理专业国家规划教材统计表

院校名称	国家规划教材（第一主编）数量（门）
广州番禺职业技术学院	4~6 门
广东机电职业技术学院	1~3 门
中山职业技术学院	1~3 门
广东科学技术职业学院	1~3 门
广东轻工职业技术学院	1~3 门
汕头职业技术学院	1~3 门
广东科贸职业学院	1~3 门
广州城市职业学院	1~3 门
广州涉外经济职业技术学院	1~3 门
广东南方职业学院	1~3 门
罗定职业技术学院	1~3 门

（数据来源：根据调查问卷数据统计）

在教法改革中，绝大多数院校都采用了线上线下混合式教学，利用超星、智慧职教、课堂派等校园智慧教学云平台和现代信息技术，实施以学习者为中心、满足个性化学习需求多元混合教学模式。

（五）师资队伍情况

1.专任教师结构

教师是承担专业教学、科研、社会服务工作的主力军，师资队伍建设对专业发展起到至关重要的作用。在所调研的院校中，旅游管理专业专任教师人数在 10 人以下的院校有 24 所，占比达 63.16%，专任教师人数在 10 人以上的有 14 所，占比为 36.84%。在教师学历方面，根据调查数据，获得硕士及以上学位的教师在 10 位以上的有 9 所，占比 23.7%，具体见表 2-6。

表 2-6　广东省旅游管理专业教师数 10 人（含 10 人）以上高职院校统计表

序号	院校	师资规模	获得硕士及以上学位的教师人数
1	广东科学技术职业学院	16	16
2	广东机电职业技术学院	13	13
3	阳江职业技术学院	13	13
4	广东农工商职业技术学院	13	13
5	广州番禺职业技术学院	12	10
6	深圳职业技术学院	13	12
7	汕头职业技术学院	10	10
8	广东茂名幼儿师范专科院校	10	10
9	江门职业技术学院	10	10

（数据来源：根据调查问卷数据统计）

在专任教师的职称方面，根据调研数据，省内高职院校旅游管理专业整体上呈现出两头（高级职称和初级职称）小和中间（中级职称）大的分布规律，如图 2-4 所示。可见，省内高职院校旅游管理专业教师以中级职称为主，占比高达 81.58%；副高职称占比较低，为 13.16%；正高职称和初级职称比例最低，均仅占 2.63%。这也从侧面说明，本专业教师从初级职称晋升中级职称速度普遍较快，但进一步晋升高级职称的速度相对缓慢。

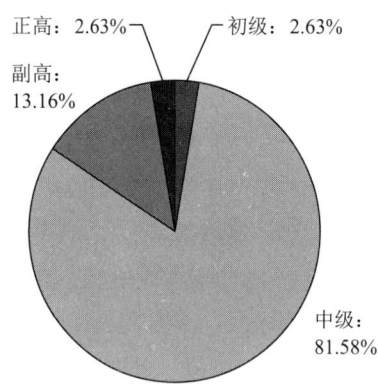

图 2-4　广东省高职院校旅游管理专业专任教师各级职称比例

"双师型"教师是职业教育发展对高职院校教师提出的基本要求。从调研数据看，省内高职院校旅游管理专业都非常重视"双师型"教师的培养，其中，有一半以上的高职院校旅游专业教师"双师型"教师比例达到 90% 以上，占比 65.79%，仅有 2.63% 的院校"双师型"教师占比为 40% 以下，具体见图 2-5。

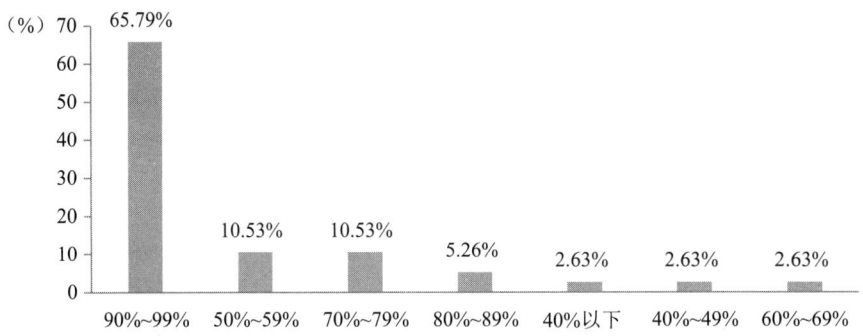

图 2-5 广东省高职院校旅游管理专业"双师型"教师比例

2. 兼职教师情况

旅游管理专业本身就具有较强的实践性，企业兼职教师是专业师资队伍中不可或缺的重要力量。根据教育部《深化新时代职业教育"双师型"教师队伍建设改革实施方案》的要求，要聘请一大批企事业单位高技能人才、能工巧匠、非物质文化遗产传承人等到学校兼职任教。从调研数据看，专业兼职教师占比在 50% 以上的院校仅有 7 所，占比 18.42%，具体见图 2-6。由此可见，广东省高职院校对旅游管理专业的企业兼职教师建设程度还远远不够，兼职教师整体规模较低，可以进一步加大行业专家、一线业务或技术骨干来补充兼职教师的数量，从而建设并扩大兼职教师资源库。

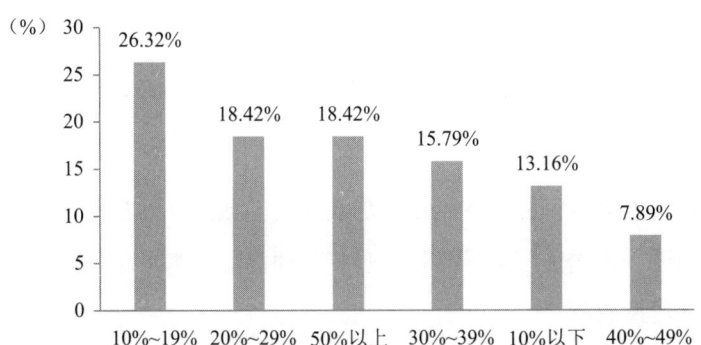

图 2-6 广东省高职院校旅游管理专业兼职教师比例

3. 专任教师实践及参加培训情况

在专任教师下企业实践锻炼方面，省内高职院校普遍较为重视。根据调研数据，本专业每年人均下企业天数在 30 天以上的占比 63.15%，其中有 50% 的院校每年人均下企业天数在 30~60 天，具体见图 2-7。总体来说，本专业专任教师下企业顶岗锻炼天数较多。对于教师个人发展而言，有利于实时掌握旅游行业发展动态，提高专业实践能力。

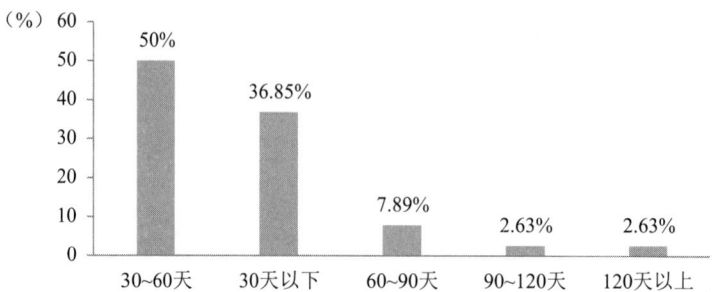

图 2-7　广东省高职院校旅游管理专业教师年均下企业实践比例

此外，本专业也十分重视并支持教师每年参与培训。根据调查数据，有 18 所院校的旅游专业教师每年人均参与培训的天数在 6~10 天，占比 47.36%，有 16 所院校的旅游专业教师每年人均参与培训天数在 10 天以上，占比 42.11%。具体见图 2-8。

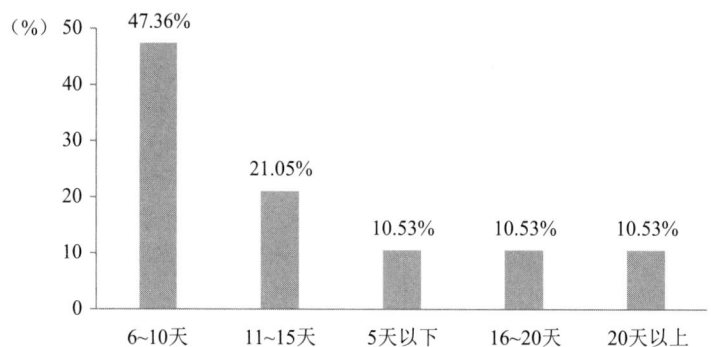

图 2-8　广东省高职院校旅游管理专业教师年均参与培训天数比例

从图 2-7 和图 2-8 可以看出，广东省高职院校旅游管理专业普遍重视教师专业能力的发展，这有利于培养和提升理论知识与实践技能融通、教学能力与专业能力兼备的教师团队，从而进一步提升广东省高职旅游专业师资团队水平。

4. 师资团队建设成就

在师资团队建设成就中，较为重要的衡量指标是国家级教师教学创新团队、国家教学名师和教师教学能力大赛。从调研数据看，广东省高职旅游管理专业有 1 个国家级教师教学创新团队。在国家级教学名师方面，普遍偏弱，目前仅有广州番禺职业技术学院 1 家院校具有国家教学名师 1 名。在教师教学能力大赛方面，在全国教师教学能力大赛中成绩也偏弱，获奖院校数量极少。根据调研数据，只有广东机电职业技术学院曾于 2021 年获国赛二等奖及三等奖各一项，广东农工商职业技术学院也曾在国赛中获得三等奖一项。但从调研数据来看，在全省教师教学能力大赛中，各学校积极参加，整体也有不错的表现，具体见表 2-7。

表 2-7 广东省高职院校旅游管理专业近五年（2017—2021 年）省级教师教学能力竞赛获奖院校名单

序号	院校名称	一等奖总数	二等奖总数	三等奖总数	获奖总数
1	广东农工商职业技术学院	3	0	0	3
2	广东轻工职业技术学院	2	0	2	4
3	珠海城市职业技术学院	2	2	0	4
4	广东机电职业技术学院	2	6	2	10
5	广州科技贸易职业学院	0	2	2	4
6	广东女子职业技术学院	1	1	1	3
7	中山职业技术学院	1	0	0	1
8	广州华夏职业学院	0	1	1	2
9	汕头职业技术学院	0	2	1	3
10	广东科学技术职业学院	0	2	1	3
11	清远职业技术学院	0	1	2	3
12	阳江职业技术学院	0	1	0	1
13	广州城建职业学院	0	1	1	2
14	惠州经济职业技术学院	0	1	1	2
15	河源职业技术学院	0	1	0	1
16	广东省外语艺术职业学院	0	1	0	1
17	广东科贸职业学院	0	1	0	1
18	广州华商职业学院	0	1	0	1
19	广东南方职业学院	0	1	0	1
20	广州涉外经济职业技术学院	0	0	2	2
21	广州番禺职业技术学院	0	0	2	2
22	广州铁路职业技术学院	0	0	2	2
23	江门职业技术学院	0	0	1	1
24	佛山职业技术学院	0	0	1	1
25	茂名职业技术学院	0	0	1	1
26	顺德职业技术学院	0	0	1	1
27	广州城市职业学院	0	2	0	2
28	广东南华工商职业学院	0	1	0	1

（数据来源：根据调查问卷数据统计）

（六）教学条件

1. 校内实训基地建设

在校内实训室建设方面，根据调研数据，一半以上的院校在近五年（2017—2021

年）都新建了实训室，占比达 57.89%，其中，有 13 所院校在 2021 年新建了实训室，占比达 34.22%，具体见图 2-9。

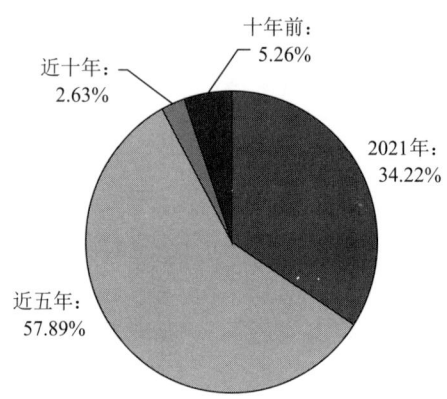

图 2-9　广东省高职院校旅游管理专业实训室更新时间

在实训室数量上，94.74% 的高职院校旅游管理专业拥有 1 间以上校内实训室，其中，有 23 所院校已建成 1~3 间校内实训室，占比 60.53%；有 7 所院校建成 4~6 间校内实训室，占比 18.42%；有 5 所院校已建成 7 间以上校内实训室，占比 15.79%。

在生产经营性实训室建设上，旅游管理专业有 60.53% 的院校建设了 1~3 间生产经营性实训室，但仍然有近 40% 的院校完全建设生产经营性实训室，说明该类实践性教学模式在省内高职院校旅游管理专业的应用程度有限，需进一步加强推进。

2. 校外实训基地建设

在校外实训基地建设方面，根据调研数据，省内高职院校旅游管理专业均建有校外实践基地，且数量较多，从而为学生提供了更加丰富的实践机会，有利于提高其职业素养。其中，有近 40% 的院校拥有 6~10 个校外实践基地，甚至有 18.42% 的院校建设了 21 个及以上的校外实训基地，具体见图 2-10。

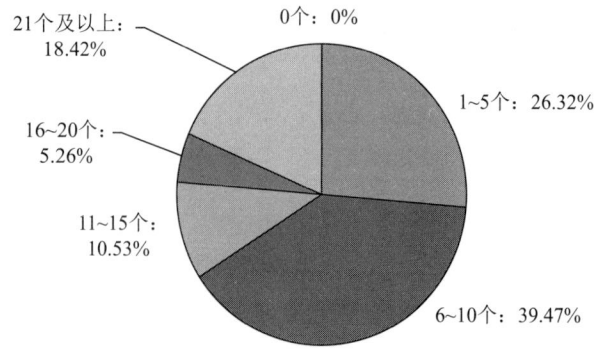

图 2-10　广东省高职院校旅游管理专业校外实训基地比例

（七）人才培养质量

1. 实习就业情况

总体来说，广东省高职院校旅游管理专业毕业生实习就业岗位丰富，根据调研数据，本专业学生近三年（2019—2021年）实习就业岗位主要集中在导游（占比92.11%）、计调（占比65.79%）、景区讲解人员（68.42%）、客服（63.16%）、前厅接待（55.26%）、旅游电商从业人员（44.74%）、行政文员（47.37%）等，具体见图2-11。

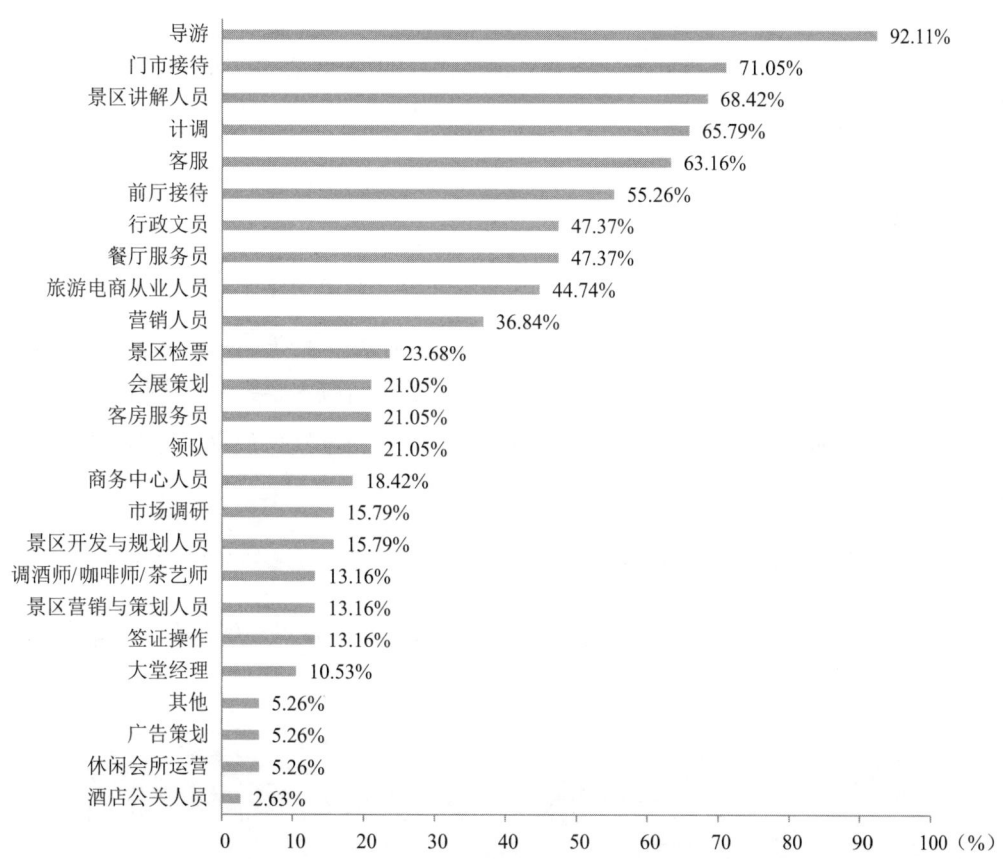

图2-11 广东省高职院校旅游管理专业学生近三年（2019—2021年）实习及就业岗位分布

在就业方面，省内高职院校旅游管理专业毕业生就业率较高。通过调研发现，该专业毕业生近三年（2019—2021年）初次就业率基本在90%以上，仅有一所院校初次就业率低于70%。但在对口就业率方面，根据调研数据，近三年（2019—2021年）仅有6所院校的对口就业率在90%以上，占比15.79%；有9所院校对口就业率在50%以下，占比23.68%。这在一定程度上也说明旅游管理专业对口就业率有待提高。具体见图2-12。

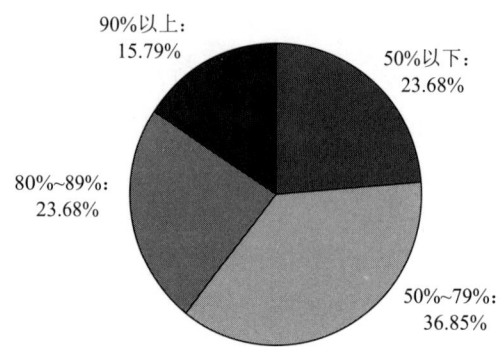

图 2-12　广东省高职院校旅游管理专业学生近三年（2019—2021 年）对口就业率比例

2. 学生职业技能竞赛获奖

学生职业技能竞赛获奖情况在一定程度上体现了高职院校专业的育人成果，反映培养质量。课题组通过统计 2013 年至今举办的全国职业院校技能大赛导游服务赛项获奖数据，发现广东省高职院校在全国职业院校技能竞赛中获奖总体比例较小，特别是一等奖数量较少，具体见表 2-8。通过进一步梳理发现，广东省在全国职业院校技能竞赛导游服务赛项和省级职业技能竞赛导游服务赛项中获奖的院校主要集中在广州番禺职业技术学院、顺德职业技术学院、河源职业技术学院、广东科学技术职业学院等学校，具体见表 2-9、表 2-10。

表 2-8　2013 年至 2021 年全国职业院校技能竞赛导游服务赛项奖项统计表

年度	广东省国赛获奖总数	全国获奖总数	广东省在国赛中获奖比例	广东省一等奖数量	全国一等奖数量	广东省国赛一等奖获奖比例
2013	5	83	6%	1	14	7%
2014	4	86	4.7%	1	14	7%
2015	3	81	3.7%	1	13	7.7%
2016	4	87	4.6%	0	15	0
2018	5	91	5.5%	1	15	6.7%
2019	3	86	3.5%	0	14	0
2021	1	19	5.3%	0	3	0

（数据来源：根据中华人民共和国教育部公布获奖名单统计）

表 2-9　2013 年至 2021 年全国职业院校技能竞赛导游服务赛项广东省获奖院校统计表

序号	院校名称	一等奖总数	二等奖总数	三等奖总数	获奖总数
1	广州番禺职业技术学院	1	2	4	7
2	顺德职业技术学院	0	4	2	6
3	河源职业技术学院	2	1	0	3
4	广东科学技术职业学院	1	1	0	2
5	中山职业技术学院	0	1	1	2
6	广东轻工职业技术学院	0	1	1	2
7	佛山职业技术学院	0	1	1	2
8	珠海城市职业技术学院	0	1	0	1

（数据来源：根据中华人民共和国教育部公布获奖名单统计）

表 2-10　近 5 年（2017—2021 年）广东省职业院校技能竞赛导游服务赛项获奖院校统计表

序号	院校名称	一等奖总数	二等奖总数	三等奖总数	获奖总数
1	顺德职业技术学院	10	1	1	12
2	广州番禺职业技术学院	6	1	4	11
3	佛山职业技术学院	6	1	2	9
4	广东科学技术职业学院	4	2	4	10
5	河源职业技术学院	4	4	1	9
6	珠海城市职业技术学院	3	4	4	11
7	广东轻工职业技术学院	3	4	2	9
8	中山职业技术学院	3	6	2	11
9	深圳职业技术学院	2	4	1	7
10	广东机电职业技术学院	1	6	1	8
11	广东省外语艺术职业学院	1	2	2	5
12	广州工程技术职业学院	1	5	2	8
13	广州科技贸易职业学院	1	2	2	5
14	广州涉外经济职业技术学院	1	2	1	4
15	茂名职业技术学院	1	1	1	3

（数据来源：根据广东省教育厅公布获奖名单统计）

在创新创业类大赛（含挑战杯）获奖方面，根据调研数据，近五年（2017—2021年），所调研的院校中，仅有 6 所曾在国家级创新创业类大赛（含挑战杯）获奖，总共获得奖项有 13 项，其中一等奖 4 项，二等奖 5 项，三等奖 4 项。表 2-11 为近五年

（2017—2021 年）曾在国家级创新创业类大赛（含挑战杯）获奖的院校名单（按一等奖总数排序）。

表 2-11　近五年（2017—2021 年）国家级创新创业类大赛（含挑战杯）获奖院校名单

院校名称	一等奖总数	二等奖总数	三等奖总数	获奖总数
河源职业技术学院	2	2	1	5
深圳职业技术学院	1	1	0	2
广东科贸职业学院	1	0	0	1
汕头职业技术学院	0	1	2	3
江门职业技术学院	0	0	1	1
广东女子职业技术学院	0	1	0	1

（数据来源：根据调查问卷数据统计）

由此可见，本专业在国家级创新创业类大赛（含挑战杯）上获奖较少，反映了本专业院校在此方面仍需要继续努力。

根据调研数据，相比而言，本专业在省级创新创业类大赛（含挑战杯）获奖数量超过国家级同类大赛。表 2-12 为近五年（2017—2021 年）曾获得省级创新创业类大赛（含挑战杯）奖项的院校名单（按一等奖总数排序）。

表 2-12　近五年（2017—2021 年）省级创新创业类大赛（含挑战杯）获奖院校名单

院校名称	一等奖总数	二等奖总数	三等奖总数	获奖总数
深圳职业技术学院	3	0	0	3
江门职业技术学院	2	1	0	3
广东机电职业技术学院	1	1	1	3
河源职业技术学院	1	1	0	2
顺德职业技术学院	1	0	0	1
广州城市职业学院	1	0	0	1
汕头职业技术学院	0	1	6	7
广州科技贸易职业学院	0	1	3	4
广州城建职业学院	0	2	0	2
广州华夏职业学院	0	1	1	2
广东科学技术职业学院	0	1	1	2
广东轻工职业技术学院	0	0	2	2
广东南华工商职业学院	0	0	2	2
广东省外语艺术职业学院	0	1	0	1

续表

院校名称	一等奖总数	二等奖总数	三等奖总数	获奖总数
广东科贸职业学院	0	1	0	1
广东女子职业技术学院	0	1	0	1
惠州经济职业技术学院	0	1	0	1
罗定职业技术学院	0	0	1	1
广州华商职业学院	0	0	1	1
茂名职业技术学院	0	0	1	1
广州铁路职业技术学院	0	0	1	1

（数据来源：根据调查问卷数据统计）

由表2-12可见，所调研的院校中有21所院校在近五年曾获得省级创新创业类大赛奖项，总共获得42个奖项。这也从侧面反映，相对于国家级的创新创业类大赛，省级创新创业大赛的获奖数量有所提升，说明竞争难度相对较小，更有机会获奖。然而，一等奖数量较少，仅有9项，而二等奖则有13项，三等奖达20项。总体而言，在奖项质量上，本专业在省级创新创业类大赛（含挑战杯）上仍有提升空间。

（八）技术研发与社会服务

在技术研发方面，课题组主要选取了国家社会科学基金项目、教育部人文社科项目、文化和旅游部研究项目作为调研指标。国家社会科学基金项目是全国哲学社会科学研究领域层次最高、权威性最强、竞争最为激烈的项目，是衡量一个院校人文社科科研实力和水平的重要标志。根据调查数据，自各调研院校本专业成立以来，广东省内仅有深圳职业技术学院和广东轻工职业技术学院两所院校分别成功立项两项国家社科/自科基金项目。教育部人文社科项目是教育部面向全国普通高等院校设立的各类人文社会科学研究项目的总称，广东省高职院校旅游管理专业立项此项目的也较少，自各调研院校本专业成立以来，只有4所院校获得立项，分别是深圳职业技术学院（2项）、广东机电职业技术学院（1项）、珠海城市职业技术学院（1项）、广东轻工职业技术学院（1项）。文化和旅游部研究项目属于部级社科项目，需围绕文化和旅游建设实践中的难点、热点问题，进行深入调查研究，加强战略思考以及开展前瞻性、决策性研究。广东省高职院校获得文化和旅游部研究项目立项的院校主要是河源职业技术学院、广东轻工职业技术学院、顺德职业技术学院等，具体见表2-13。

表 2-13 广东省获得文化和旅游部研究项目立项高职院校统计表

序号	院校名称	立项总数
1	河源职业技术学院	6
2	广东轻工职业技术学院	6
3	顺德职业技术学院	5
4	广东机电职业技术学院	4
5	深圳职业技术学院	2
6	广州番禺职业技术学院	1
7	珠海城市职业技术学院	1
8	清远职业技术学院	1
9	罗定职业技术学院	1

（数据来源：根据调查问卷数据统计）

在社会服务方面，通过调研发现，省内高职院校主要通过横向课题、企业咨询等方式服务地方经济。例如：深圳职业技术学院与深圳大鹏新区共建了全国首家社区旅游学院——"大鹏新区社区旅游学院"，在师资、科研服务社区劳动力转移、产业转型升级、职业技能培训、社区文化建设等方面全面展开深入合作，助力大鹏新区旅游产业发展；该校旅游管理专业胡卫华教授担任驻镇帮镇扶村农村科技特派员，指导河源市连平县隆街镇发展乡村旅游业。广州番禺职业技术学院旅游商务学院郭盛晖院长曾由广东省委组织部与省科技厅联合选派为"广东省首批科技专家服务团"成员，赴连平县挂职当地工业园管委会副主任，助力当地产业规划与旅游业发展。该校成立了全域旅游智库，积极开展课题研究，为地方政府提供决策咨询服务，先后承担了《南雄市文化广电旅游体育产业"十四五"发展年规划》《江门新会陈皮产业中长期发展规划（2021—2035 年）》等项目，助力地方产业发展。

（九）国际交流与合作情况

在国际交流与合作方面，总体来说，广东省高职院校旅游管理专业与海外交流合作上力度较弱。从调研数据看，开展中外合作办学的仅有 2 所院校，即广东机电职业技术学院和广东女子职业技术学院，占比 5.3%。其中，广东机电职业技术学院于 2005 年开始便与澳大利亚北悉尼学院合作，开设旅游管理高级文凭合作办学班，多年来培养了数以百计的优秀的国际化旅游管理专业人才。广东女子职业技术学院于 2012 年开始与澳大利亚阳光海岸大学合作办学，联合培养旅游管理专业人才。此外，全省仅有 8 所院校建立了海外实训基地，占比 23.7%。

二、广东省高职院校旅游管理专业建设存在的问题

（一）专业建设水平存在地区差异

通过对广东省高职院校旅游管理专业招生就业、课程资源、师资力量、教学条件等方面进行综合调研，发现珠三角地区院校建设水平较高。广东省获得全国职业院校旅游类示范专业点称号的高职院校仅有3所，其中以旅游管理专业获批的院校仅有2所（广州番禺职业技术学院、深圳职业技术学院），分布在广州、深圳两个城市。相对而言，粤西、粤北地区的院校在课程资源、实训条件、学生技能竞赛、技术研发、国际合作等方面还存在一定的差距。

（二）校企合作广度和深度存在不足

在校企合作的形式和深度方面，广东省高职院校旅游管理专业还有较大的提升空间。近年来，产业学院是高校深化产教融合的新举措，是当前校企合作的关键落脚点，有利于造就产业需要的高素质应用型、复合型、创新型人才，为提高产业竞争力和汇聚发展新动能提供人才支持和智力支持。高职旅游管理专业行业的产业属性极强，必须与企业深度合作，但从目前来看，全省近70%的院校都还没有成立产业学院，说明校企合作仍停留在传统形式上，未来在产教融合机制、协同育人等方面仍有待进一步提高。

（三）高水平课程资源建设成果不足

无论是教学资源库、精品资源共享课程，还是规划教材，与浙江省、江苏省高职院校旅游管理专业相比，广东省高水平成果数量与类型存在明显不足，难以满足教师、学生、企业员工、社会学习者的学习需求。高职教育的性质和功能要通过课程来实现，优质课程资源是旅游管理专业建设的重要载体。这就要求省内高职院校要在课程资源建设方面提高重视程度，加大建设力度，以满足学习者需求并提升专业建设内涵。

（四）师资力量有待进一步加强

专业人才的培养离不开专业的教师。从广东省高职院校旅游管理专业师资建设情况来看，一方面，专任教师比例不合理，以中级职称教师为主，高级职称总体比例也偏低，影响了专业发展。而大部分专任教师缺乏旅游行业实践经验。随着信息技术、人工智能等新技术在旅游业中的应用，对教师的教学实践也提出了极大的挑战。另一方面，企业兼职教师任用情况不均衡，部分院校受到课酬支付的制约，还未聘请企业兼职教师授课。还有一部分学校因为人事制度、保证机制等，无法真正吸纳企业优秀骨干人才，从而造成人才流失。

（五）国际化合作水平不足

在国际化交流与合作方面，广东省高职院校旅游管理专业相对滞后，只有广东机电职业技术学院、广东女子职业技术学院两所学校开展了国际合作办学。就浙江旅游职业技术学院而言，自 2005 年开始就有 600 多名学生赴韩国、乌克兰、美国、法国等国家和地区开展留学、实习、培训等活动，每年出国研修、实习、访学的学生达到毕业生总数的 10% 以上。旅游业是国际化水平最高的行业，而广东省作为改革开放的前沿阵地，国际化程度相对较高，这就要求旅游职业教育办学中必须具有国际视野和一流水平。

三、广东省高职院校旅游管理专业建设面临的新形势

中国旅游业宏观政策和市场环境的变化，都促使旅游职业教育不断改革，广东省高职院校旅游管理专业建设也面临着全新的发展形势。

（一）文旅融合，旅游业发展呈现新变化

自文化和旅游部成立以来，深化文旅融合成为新时代文旅事业发展的重点任务。《中华人民共和国国民经济和社会发展第十四个五年规划和 2035 年远景目标纲要》中提出要加快构建以国内大循环为主体、国内国际双循环相互促进的新发展格局，推动文化和旅游融合。国务院印发的《"十四五"旅游业发展规划》更释放出增强文旅融合发展的新信号。这就需要更多的具备创意思维、文化内涵、创新能力和综合素养的文旅人才。

同时，随着人工智能、大数据等互联网技术对旅游业的影响，旅游业发展呈现新业态、新变化，旅游市场需求也愈加多元化、细分化。新的旅游形式，不断扩大的业务范围，线上线下的不断融合，智慧旅游的迅猛发展、全产业链的深度打造，使旅游业的传统界限不断受到挑战。这也对旅游人才的综合素质、专业技能和可持续发展能力提出了新挑战和高要求。

（二）区域优势，大湾区旅游业发展迎来新机遇

广东是我国的旅游大省，国内旅游人数、出入境旅游人数、星级酒店数、旅行社营业收入等多项旅游业发展指标均居全国首位。粤港澳大湾区对全国入境旅游具有重要的带动作用。根据国务院对粤港澳大湾区的战略规划，要将其建设成充满活力的世界级城市群、具有全球影响力的国际科技创新中心、"一带一路"建设的重要支撑、内地与港澳深度合作示范区和宜居宜业宜游的优质生活圈。这就需要更多具有良好文化素养和外语应用能力，能从事旅游经营管理、资源开发与规划，以及涉外旅游业务等的国际化旅

游人才。

（三）新冠疫情，旅游业发展面临新挑战

2019年底至今，由于新冠疫情的发生，我国旅游业发展受到巨大影响。从短期来看，疫情会重挫国内游、出境游和入境游三大市场，并且使得旅游供需两侧发生彻底改变；但从长期来看，疫情对旅游业的影响是一次性的、暂时的、有限的。在疫情过后的修复重建期，预计旅游业将迎来以下两个新的变化：一是在线旅游提供的民宿、自驾、预订、私人定制等渠道服务，以及在线攻略、点评、推荐、地图等延展服务将获得较快增长；二是智慧文旅的发展将变得越来越重要，智慧防灾、智慧预测、智慧疏导、虚拟现实体验、基于大数据的风险对冲工具等会成为更需着力发展的领域，将对过于依赖于人的流动的传统文旅行业产生重要补充作用。

（四）政策利好，职业教育进入黄金发展期

自2019年以来，国务院先后颁布了《国家职业教育改革实施方案》《中国教育现代化2035》《关于实施中国特色高水平高职学校和专业建设计划的意见》等文件，在政府工作报告中明确提出要加快对现代职业教育的重大改革与战略部署。教育部牵头发布了《职业教育提质培优行动计划（2020—2023年）》《国家产教融合建设试点实施方案》《深化新时代职业教育"双师型"教师队伍建设改革实施方案》等支持文件。广东省颁布了《推进提质培优建设职业教育创新发展高地的意见》，明确新增高职学位12万个以上。2022年4月20日，十三届全国人大常委会第三十四次会议表决通过新修订的职业教育法，明确了职业教育是与普通教育具有同等重要地位的教育类型，并且明确了本科及以上教育层次的高等职业学校也是高等职业学校教育的实施主体，这就从立法的角度确定了职教本科的地位和办学方向。各级部门对职业教育发展日渐重视，支持力度不断加强，职业教育迎来了最好的黄金发展期，这也为广东省高职院校旅游管理专业建设创新驱动发展等提供了政策支持和良好机遇。

四、对策与未来展望

国家"十四五"规划建设明确提出，将建设一批高水平职业技术院校和专业，稳步发展职业本科教育。广东省教育"十四五"规划明确提出，将推进省内高职"双高"建设，打造一批国家级"双高"院校，建设一批省级高水平高职院校和专业群；规划中还提到，将稳步发展本科层次职业学校，积极推动国家"双高计划"高职院校办成本科层次职业学校。因此，"十四五"规划期间，高职院校双高建设以及职教本科建设将进一步落地。展望未来，广东省高职院校旅游管理专业建设将大有可为，通过把握历史机遇，聚焦专业发展，助力区域旅游产业发展的职业人才高地价值将进一步凸显。

（一）坚持立德树人

立德树人是办好中国特色高职教育的中心环节[2]。党的十九大报告中强调"要全面贯彻党的教育方针，落实立德树人根本任务，发展素质教育，推进教育公平，培养德智体美全面发展的社会主义建设者和接班人"。而落实立德树人根本任务也是《职业教育提质培优行动计划（2020—2023年）》的十大重点任务之一，是引领职业教育提质培优、实现高质量发展的出发点。

对于广东省高职院校旅游专业来说，必须根据党和国家的新形势、新政策、新要求，不断调整人才培养方案和课程体系，全面推动社会主义核心价值观进课堂、进教材、进学生头脑，在重视专业知识、职业技能的同时，将思政元素和职业精神放在更加根本和重要的位置，构建符合新时代要求的广东省高职旅游人才培养模式。同时，我国旅游业进入高质量发展时期，新时代旅游业的发展定位对旅游从业人员的职业素质提出了新的要求，更加强调人才的综合素质，这也需要将立德树人作为高职院校旅游专业人才培养目标，为广东省旅游行业培养具有一定的科学文化水平，良好的人文素养、职业道德和创新意识，精益求精的工匠精神，较强的就业能力和可持续发展能力的高素质、复合型、创新型技术技能人才。

（二）持续创新人才培养模式

人才培养模式是指一定的教育理论、教育思想指导下为实现培养目标（含培养规格）而采取的培养过程的某种标准构造样式和运行方式[3]。在旅游产业高质量发展背景下，人才培养模式如何应对，产教融合是关键。2019年1月，国务院专门印发《国家职业教育改革实施方案》（即"职教20条"），明确要求，要坚持知行合一、工学结合，促进产教融合、校企"双元"育人，推动校企全面加强深度合作。

高职院校旅游管理专业建设的根本任务在于人才培养，必须以产教融合为突破口，由政府、职业院校、行业企业等多元主体参与，完善旅游管理专业建设指导委员会机制，特别是充分发挥企业重要的主体作用，通过产业学院、职教集团、职教联盟等形式，共生互助、协同育人。对于广东省设立旅游管理专业的高职院校来说，要持续创新人才培养模式，在课程设计上要以市场为导向，与旅游行业目标岗位相结合；与企业专家共同研制课程标准、开发新形态教材；在教学实施上将课程内容与企业生产经营紧密结合，通过真实的工作场景或虚拟仿真让学生学习知识和提升技能；与旅游企业共同开展技能竞赛、工匠精神培育等活动，将企业需求贯穿到人才培养的各个环节。

（三）不断加强课程资源建设

课程资源建设是高职院校旅游专业建设的重要内容。为了打造广东省高职院校旅游类课程共享资源库及开放课程平台，针对广东省课程资源高质量成果不足的状况，需要从以下几个方面着手。

1. 联合打造广东省高职院校旅游类课程共享资源库

从调研的情况看，广东省大部分高职院校的旅游管理专业都在不断探索课程建设，并具有一定数量的省级以上课程资源。可以通过广东省高职旅游教指委平台，由其中一两家高职院校牵头，联合省内其他院校的师资力量，共同打造旅游类课程共享资源库，从而让有学习意愿并具备基本学习条件的学生、教师和社会学习者，均可以通过登录资源库，自主选择进行系统化、个性化的学习，实现学习目标。

2. 联合企业优秀资源，共同开发建设课程

省内高职院校旅游管理专业基本都与旅游企业建立了一定的联系，在产教融合切入点下，要发挥企业特别是技术人员和高管人员在职业教育体系中的主要作用，将企业的诉求、文化等融入旅游职业课程开发体系中。必须由校企双方组成的课程开发团队共同调研课程需求、共同确定课程目标、共同选择和组织课程内容、共同实施与管理课程、共同进行课程评价和反馈，这样才能真正建设一批优质、实用的课程资源。

3. 充分挖掘课程内涵，开发建设特色课程

旅游管理专业课程体系中，有一些是与地方旅游资源相结合的特色课程，如"地方导游基础知识""广东旅游"等，也有一些是应对新业态变化开设的新课程，如"旅游电子商务""旅游新媒体营销""研学旅行""旅行策划"等。这些课程本身具备一定的特色，教师在授课中要充分挖掘其内涵，特别是与课程思政元素、乡村振兴、创新创业等元素充分结合，多方位多角度进行课程资源开发和建设，形成一批具有广东特色的旅游职业教育课程资源。

4. 应对信息化趋势，广泛运用信息化手段

随着信息技术的快速发展，网络技术、移动通信技术、云计算技术、多媒体技术在教育中的应用越来越广泛，微课、MOOC、翻转课堂等教学形式越来越被学习者所接受。而与此同时，"互联网+"与人工智能创新了旅游文化发展业态，数字博物馆、虚拟现实剧场、智慧旅游等新技术、新媒体的应用给传统文化的发展带来了前所未有的机遇。因此，在进行旅游专业课程资源开发时，一方面要熟悉运用信息技术和平台，如学习通、云班课、雨课堂等，创造场景式、交互式的教学环境，开展线上线下混合式教学；另一方面要充分利用社会及企业信息技术，如AR、VR技术等，打造"科技+文

创 + 教育"课程。

（四）加快师资队伍建设

组建高水平、结构化的师资团队对提升旅游专业建设水平具有积极作用。针对目前广东省高职院校旅游管理专业教师团队结构不合理等问题，需要政府、高职院校、旅游企业和教师个人协同推进。

1. 拓宽人才引进路径

在以往的人才招聘中，大部分高职院校旅游管理专业都是强调学历层次，与学历相比，具有丰富企业工作经历的本科生或者是高级技术人员很难进入高校师资队伍，而高职旅游管理恰恰是实践动手能力非常强的专业，教师若缺乏实践技能在教学中也难以得心应手。因此，在人才招聘中，不仅要关注应聘者的学历情况，还要注重他们的专业实践能力或企业工作经历。对于实践能力强、有丰富企业工作经历的应聘者，可适当降低他们的准入学历门槛，通过后期的教师岗前培训进一步提升他们的教育教学能力。

2. 加大专任教师"双师型"培养力度

专任教师是高职院校旅游专业师资团队的主力军，高职院校要通过国内外培训、境内外进修、骨干教师培训班、专业学术交流活动、"课堂革命"等方式，提高专任教师的专业水平。同时，要真正落实教师5年一周期的全员轮训制度，持续推进专任教师每年至少1个月在企业或实训基地实训锻炼计划，增加教师的实践经验，提升其专业技能，并利用其专业理论知识帮助企业解决在实际运营中出现的问题。

3. 积极发挥名师和大师力量

在师资团队建设中，要充分发挥教学名师和行业大师的力量。目前，各院校都有名师计划，旅游专任教师要积极参与名师申报工作，通过参加教师教学能力大赛等，不断提升教学素养和信息技术应用能力，从而涌现更多的省级教学名师和国家级教学名师。对于已经有教学名师的院校，建设"双师型"名师工作室及教师技艺技能传承创新平台，充分发挥教学名师在教学、科研、社会实践方面的优势，打造高水平教师教学创新团队。同时，旅游行业有很多优秀的大师和技术能手，各院校要充分挖掘行业企业资源，通过建立大师工作室等方式吸纳企业优势资源，共同为旅游行业人才培养做贡献。

4. 加强院校师资交流与学习

促进省内甚至国内相关院校的交流学习是师资建设的重要途径之一。要在立足于粤港澳大湾区建设对旅游人才的需求，对接区域旅游产业的升级转型方向的前提下，通过加强与相关院校旅游专业的交流与联动，向兄弟院校的优秀教师学习，提升本校教师的相关素质素养。有计划、分批次地派教师参加省内、国内旅游职业教育发达地区院校的线上线下教育教学类学术会议,并到相关院校交流学习教育教学经验。以教师交流学习为突破口,从而促进师资建设。

(五)加强国际交流与合作

国际化是旅游业的特有属性,培养国际化旅游人才是旅游职业教育的必然趋势。广东省高职院校旅游专业更要以放眼全球的眼光,加快国际化进程。

1. 实施"请进来"战略

各高职院校旅游专业要积极与当地政府、行业协会联络,拓展海外教育资源,加强与世界各国旅游专业的教育机构、研究机构之间的交流与合作。通过邀请境外知名旅游行业专家、教师来校交流、讲学、短期工作、合作研究等方式,提升专业建设水平和学校知名度。有条件的学校还可以去境外优秀的教育机构联合办学,招收留学生。

2. 积极主动"走出去"

配合国家"一带一路"倡议,主动"走出去"。高职院校要主动创造为老师和学生参与国际化项目的条件,让老师去国外留学、进修,到处于行业发展前沿的国家和地区取经,同时参加国际交流和项目研究;让学生去国外实习、就业,扩大海外实习规划,培养学生的国际视野和国际化服务能力。

3. 开展专业国际化认证

联合国世界旅游组织旅游教育质量认证为世界各国旅游教育院校设定了统一的质量认证体系,侧重与旅游教育相关的理念、教学方法、领导力等多方面的评定。目前,广东省旅游管理专业获得此项认证的多数是本科学院,如中山大学、华南师范大学等,而高职院校中只有广东科学技术职业学院通过了此项认证。一些具备条件的高职院校要广泛参与世界旅游组织(UNWTO)旅游教育质量认证,加快推进专业的国际化水准。

(主要执笔人:吴源　赖迪晖)

参考文献

[1]中华人民共和国国务院新闻办公室.中国的全面小康[M].北京:人民出版社,2021.

[2]周建松.精心构建新时代高职院校立德树人新机制[J].中国职业技术教育,2019(1).

[3]龚怡祖. 略论大学培养模式[J]. 高等教育研究,1998(1).

3. 广东省高职院校酒店管理与数字化运营专业发展调研报告

2021年3月,教育部印发《职业教育专业目录(2021年)》,高职院校酒店管理专业正式更名为酒店管理与数字化运营。作为对职业教育进行宏观管理的指导性文件,《职业教育专业目录》是职业教育、国家教学标准体系的基石和重要组成部分,在新时代职业教育体系的构建中具有基础性作用,专业改名反映了酒店行业急需高职教育深刻变革、改造升级。在迎来新机遇、新挑战之时,我们更加需要梳理专业过去发展的经验、成绩,展望未来。

为更好地了解广东省高职院校酒店管理与数字化运营发展现状,深入发现问题,课题组在广东省高等职业院校旅游大类专业教学指导委员会的帮助和组织下,对广东省高职院校展开有关酒店管理与数字化运营专业发展现状调研,了解广东省高职酒店管理与数字化运营专业发展现状,经过与国内标杆院校对比分析广东省高职酒店管理与数字化运营专业存在的问题,并展望酒店管理与数字化运营专业建设面临的新形势。因本调研开展之时,恰逢专业更名,故本调研报告中提到的"酒店管理专业"即为"酒店管理与数字化运营专业",特此说明。

广东高职院校酒店管理专业是随着改革开放的浪潮带来的酒店行业企业的快速发展而发展起来的,经过几十年的发展,酒店管理专业培养了一批批服务企业的专业技能人才,但同时面临新形势、新挑战,所以,我们要总结发展的成果、反思发展中的问题,提出新的方案和模式,以满足职业教育提质培优的新要求,高度匹配行业发展的需求,丰富并提升酒店专业人才培养质量及专业建设内涵,探索服务国民经济发展、推进共同富裕的具有中国特色的高职酒店管理与数字化运营专业教育人才培养模式[1]。

3. 广东省高职院校酒店管理与数字化运营专业发展调研报告

一、广东省高职院校酒店管理与数字化运营专业总体概况

（一）开设时间

随着改革开放的发展，酒店管理与数字化运营专业高职教育在广东随着本土星级酒店的发展而蓬勃兴盛起来。

根据广东省教育研究院及广东高职各学院官方网站信息统计，广东省40所已开设本专业的高职院校中，平均专业开设年限为10.5年，有22家院校酒店管理专业开设年限超过10年。广州番禺职业技术学院、广东南华工商职业学院、深圳职业技术学院、广东农工商职业技术学院等一批职业院校在20世纪90年代开始创办酒店管理专业，是我省最早开办高职酒店管理专业的一批院校。

（二）开设的院校数量及分布情况

根据教育部发布的2021年度全国高等学校名单，截至2021年9月30日，全国高等学校共计3012所，普通高等学校2756所（本科1270所、专科1486所），成人高等学校256所（名单未包含香港特别行政区、澳门特别行政区和台湾地区高等学校）。其中，广东省专科层次的学校91所，26所民办专科院校；广东省开设了酒店管理专业的高职院校有40所，26所公办院校、14所民办院校，主要集中在广州、珠海、惠州、佛山等珠三角地区，具体见表3-1、图3-1。

表3-1 开设酒店管理与数字化运营专业的广东高职高专院校名单

序号	学校名称	所在地	隶属院系	公民/民办
1	东莞职业技术学院	东莞市	经济管理学院	公办
2	佛山职业技术学院	佛山市	财经管理学院	公办
3	广东碧桂园职业学院	清远市	智慧管理与服务系	民办
4	广东创新科技职业学院	东莞市	管理学院	民办
5	广东工商职业技术大学	肇庆市	商学院	民办
6	广东酒店管理职业技术学院	东莞市	酒店与旅游学院	民办
7	广东科贸职业学院	广州市	餐旅学院	公办
8	广东科学技术职业学院	广州市	旅游学院	公办
9	广东理工职业学院	广州市	经济管理学院	公办
10	广东岭南职业技术学院	广州市	管理工程	民办
11	广东茂名幼儿师范专科学校	茂名市	旅游学院	公办
12	广东南方职业学院	江门市	管理学院	民办

续表

序号	学校名称	所在地	隶属院系	公民/民办
13	广东南华工商职业学院	广州市	文化旅游学院	公办
14	广东农工商职业技术学院	广州市	商学院	公办
15	广东女子职业技术学院	广州市	管理学院	公办
16	广东轻工职业技术学院	广州市	管理学院	公办
17	广东生态工程职业学院	广州市	旅游与文化学院	公办
18	广东省外语艺术职业学院	广州市	餐饮旅游学院	公办
19	广东松山职业技术学院	韶关市	外语商务学院	公办
20	广东文理职业学院	湛江市	国际教育与文法学院	民办
21	广东文艺职业学院	广州市	酒店管理学院	公办
22	广东新安职业技术学院	深圳市	管理系	民办
23	广东行政职业学院	广州市	经济管理系	公办
24	广州城市职业学院	广州市	旅游学院	公办
25	广州番禺职业技术学院	广州市	旅游商务学院	公办
26	广州华商职业学院	广州市	酒店管理学院	民办
27	广州华夏职业学院	广州市	管理学院	民办
28	广州科技职业技术大学	茂名市	经济与管理学院	民办
29	广州涉外经济职业技术学院	广州市	商务学院	民办
30	河源职业技术学院	河源市	工商管理学院	公办
31	惠州城市职业学院	惠州市	民生学院旅游观光系	公办
32	惠州经济职业技术学院	惠州市	旅游学院	民办
33	茂名职业技术学院	茂名市	经济管理系	公办
34	汕头职业技术学院	汕头市	经济管理系	公办
35	深圳职业技术学院	深圳市	管理学院	公办
36	顺德职业技术学院	佛山市	酒店与旅游管理学院	公办
37	阳江职业技术学院	阳江市	旅游管理系	公办
38	湛江幼儿师范专科学校	湛江市	经济管理系	公办
39	珠海城市职业技术学院	珠海市	旅游管理学院	公办
40	珠海艺术职业学院	珠海市	文化与旅游学院旅游系	民办

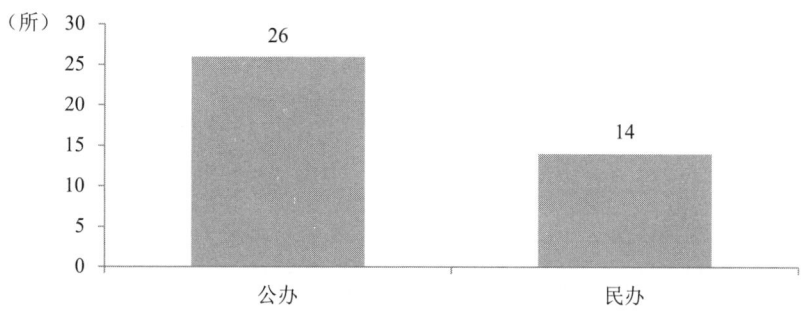

图3-1　广东省开设酒店管理与数字化运营专业的高职学校办学类型及数量

(三)专业建设特色

1. 始终坚持校企合作,大力改革专业人才培养模式

酒店管理专业实践性强,开设酒店管理专业的院校均非常重视校企合作,在实际岗位中去培养学生的综合素质和能力。能始终坚持高职教育的本质要求和酒店管理的专业特色,强调实践,注重深度校企合作,持续变革专业教学模式,关注学生专业性和职业性的培养,为行业提供合格人才。校企合作和教学改革的广度、深度和效果成为本专业的特色之一[2]。

如广东农工商职业技术学院自1999年建立之初,酒店管理专业一直致力于探索人才培养模式的改革;从简单的交易会实习、毕业实习,逐渐向订单班、人才培养基地、现代学徒制演化,积累了较为丰富的校企合作经验,教学改革效果非常显著,使得专业教学富有生命力。目前,该校开设多家酒店校企合作订单班,具体包括酒店管理(广州星河湾订单班)、酒店管理(芊丽订单班)、酒店管理(喜来登订单班)。广东轻工职业技术学院已开设酒店管理(唐宫班)、酒店管理(学徒制)、酒店管理(燕岭班)等企业订单班;广东女子职业技术学院开设酒店管理(花园酒店班)、酒店管理(洲际英才订单班)等订单班等。

2. 开展"现代学徒制"试点,服务企业

东莞职业技术学院、佛山职业技术学院、广东碧桂园职业学院、广东女子职业技术学院、广东轻工职业技术学院、河源职业技术学院、汕头职业技术学院、顺德职业技术学院、珠海城市职业技术学院等学校酒店管理均开设了"现代学徒制",与企业共育人才。

广东农工商职业技术学院在农垦总局与学校牵头的职教集团框架内,与兄弟酒店燕岭大厦在2013年成立燕岭大厦旅游酒店管理学院;积极尝试"现代学徒制":与燕岭大厦共同尝试实施"现代学徒制",发扬已有校企合作经验,真正尝试工学交替,突破校企合作育人的固定模式，为农垦系统培养专业人才；同时在 2020 年，获得省教育厅批准，与广州星河湾酒店开展酒店管理（高职扩招）班。

3. 实施"三二分段"中高职衔接及专业学院，践行终身教育理念

目前，与各中职院校酒店相关专业开展中高职衔接的高职院校有：东莞职业技术学院、佛山职业技术学院、广东农工商职业技术学院、顺德职业技术学院、珠海城市职业技术学院等；广东轻工职业技术学院开设了酒店管理（高技能）班；顺德职业技术学院、珠海城市职业技术学院等均开设了酒店管理高职专业学院。2011 年，广东农工商职业技术学院酒店管理专业成为省内首个开展中高职衔接，即"三二分段"试点的酒店管理专业。与中职学校一起制订 5 年一贯制人才培养方案，利用各自资源，共同完成专业人才培养的升级。

（四）专业品牌及荣誉

广东省高职高专院校酒店管理专业团队致力于专业品牌建设，多家学院酒店管理专业先后被评为校级省级重点专业和品牌专业。根据不完全调查统计，广东省 11 所高职高专院校的酒店管理专业获得了不同级别的专业品牌或特色项目，具体见表 3-2。

表 3-2 广东省高职高专院校酒店管理特色/品牌建设情况

序号	学校名称	专业特色或品牌
1	佛山职业技术学院	省品牌专业
2	广东岭南职业技术学院	校级重点专业
3	广东农工商职业技术学院	国家骨干专业；省品牌专业；省级高水平专业群建设单位
4	广东轻工职业技术学院	国家骨干专业；省品牌专业；省一流高职高水平建设专业；全国职业院校旅游类示范专业点
5	广州番禺职业技术学院	国家骨干专业；省品牌专业
6	广州华商职业学院	校级特色专业；第一批省级高水平专业群建设单位
7	广州涉外经济职业技术学院	省高水平建设群建设单位；省级重点专业
8	河源职业技术学院	教育部第三批现代学徒制试点立项
9	惠州经济职业技术学院	校重点建设专业
10	深圳职业技术学院	省示范专业、省一流院校重点建设专业
11	珠海城市职业技术学院	学徒制试点专业

备注：按学校名称拼音升序排序。

广东农工商职业技术学院、广东轻工职业技术学院两家学院酒店管理专业为国家骨干专业，同时为第一批广东省品牌专业；佛山职业技术学院和广州番禺职业技术学院酒店管理专业为第三批广东省二类品牌建设专业。广东农工商职业技术学院、广州华商职业学院、广州涉外经济职业技术学院、深圳职业技术学院等院校酒店管理专业进入广东省高水平建设群建设专业。

二、广东省高职酒店管理与数字化运营专业发展现状

（一）招生与在校生情况

根据《2018年广东省高校毕业生就业质量年度报告》，2018年广东省各院校旅游管理类毕业6756人，就业率为96.09%，平均初次就业月薪为3244元。

在被调查的广东省开设酒店管理专业的高职院校中，酒店管理专业全日制在校学生人数为9149人；在校生人数超过300人的有顺德职业技术学院、广东轻工职业技术学院、广东农工商职业技术学院、广东女子职业技术学院、广州科技职业技术大学、东莞职业技术学院、广东酒店管理职业技术学院等院校。

在招生来源方面，高中起点的学生数为6721人，三二分段（中高衔接）的人数为2177人。各高职院校积极开展多种创新招生形式，开设的班型包括酒店管理普通班、中高衔接班、高技能班、专业学院、高本衔接班、现代学徒制班、高职扩招班、企业订单班等（见图3-2）。

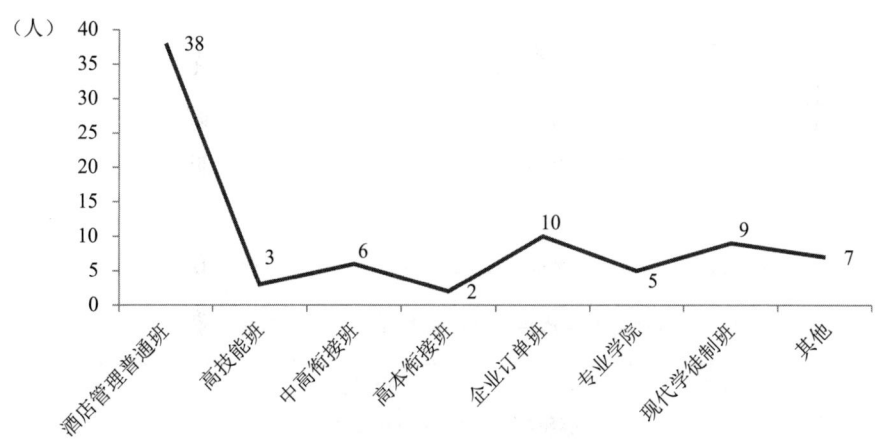

图3-2 酒店管理专业招生类型分布

（二）专业人才培养目标与模式

1. 专业人才培养目标

根据各高职高专院校酒店管理专业公开的人才培养方案，本专业人才培养的目标较为明确，集中在为酒店等服务型企业培养思想政治坚定、德技并修、全面发展，具有良好的职业精神和工匠精神，掌握服务和管理技能的复合型技术技能人才。

2. 人才培养模式改革探索

开设酒店管理专业的各高职院校积极探索人才培养模式改革，坚持高职教育的本质要求和酒店管理的专业特色，强调实践，注重深度校企合作，持续变革专业教学模式，关注学生专业性和职业性的培养，为行业提供人才。

广东碧桂园职业学院依托碧桂园集团的核心联盟企业、拥有 70 余家五星级酒店的凤悦酒店及度假村，实施具有碧桂园职教特色的"产教融合、校企共育"的人才培养模式，为遍及全国及部分国家的高星级酒店培养具有国际视野的基层管理专业人才；依靠千玺机器人餐饮集团先进的智能技术与强大的产业优势，校企"双主体"共同培养符合餐饮行业智能化发展大趋势的机器人餐厅基层管理人才。广东农工商职业技术学院依托"燕岭旅游酒店管理学院"平台，开设多家酒店校企合作订单班，具体包括酒店管理（广州星河湾订单班）、酒店管理（芊丽订单班）、酒店管理（喜来登订单班）；广东轻工职业技术学院已开设酒店管理（唐宫班）、酒店管理（学徒制）、酒店管理（燕岭班）等企业订单班；广东女子职业技术学院开设酒店管理（花园酒店班）、酒店管理（洲际英才订单班）等订单班。

3. 教学改革实践

为深化教育教学改革，培育理论研究成果，各院校均重视提升学校的教学改革实践研究水平和科研竞争力。在受访院校中，有 3 所获得文化和旅游部研究项目，有 10 余所获得省级教育教学改革研究与实践项目，其中 2018 年省质量工程项目中，广州华夏职业学院等 4 所院校获得省级教改项目立项（见表 3-3）；另外，广东轻工职业技术学院、广东农工商职业技术学院等酒店管理教师的研究项目获得省级协同机制创新改革研究与实践项目等项目立项。

表 3-3 2018 年省教育教学改革研究与实践项目（酒店管理专业部分）

序号	学校名称	项目名称	主持人
1	广州华夏职业学院	酒店管理专业现代学徒制本土化人才培养模式研究	杜莉莉
2	顺德职业技术学院	生源结构多样化背景下的高职分层分类教学研究与实践——以酒店管理专业为例	綦恩周
3	阳江职业技术学院	高职酒店管理专业"双主体、三递进"的现代学徒制人才培养模式研究与实践	刘玲
4	佛山职业技术学院	现代学徒制酒店管理专业人才培养模式的创新与实践——以佛山职业技术学院为例	王炜

（三）课程教学资源建设

广东省高职院校酒店管理专业注重与酒店企业按照"任务驱动、项目导向"模式共同建设开发教材，与企业共同开发紧密结合生产实际的实训教材和体现"工学结合"的自编教材以及与其相配套的实训指导。广东农工商职业技术学院以"工学结合，校企共建"为指导思想，先后编写《饭店管理》《餐饮实务》《酒店领班实务》《厅房管理》《旅游市场营销》等自编校企讲义，并建设相应网络课程或在线开放课程。

广州番禺职业技术学院"餐饮管理"课程为国家级精品课程，广东农工商职业技术学院"餐饮实务"、广州番禺职业技术学院"调酒与酒吧管理"、广州科技贸易职业学院"酒店英语"等课程，先后立项为省级精品课程或在线开放课程。

（四）教材与教法改革

1. 教材建设

在教材建设方面，广东轻工职业技术学院陈的非等老师主编的《饭店前厅服务与管理》（第二版）、伍剑琴老师著的《酒店营销与策划》（第二版）等教材被评为"十二五"职业教育国家规划教材；广州番禺职业技术学院饶雪梅老师在中国科技出版传媒股份有限公司出版的《茶艺服务与管理》（第三版）被评为"十三五"职业教育国家规划教材。

2. 课程改革

在课程改革方面，广州番禺职业技术学院聚焦酒店数字人才培养，携手美团打造数字化课程。为了解决酒店业数字化运营人才的短缺，广州番禺职业技术学院酒店管理专业与国内领先互联网生活服务平台美团合作，开展酒店业数字化人才培养计划，由学校提供场地，美团提供相关信息化设备与软件，建成全国第一所美团大学美酒学院数字化人才实训中心，首期面向2019级酒店管理专业的96名学生；由美团提供贴合市场的酒店行业指导课程，包括酒店平台运营攻略、酒店收益管理工具RMS、酒店管理系统PMS等。

（五）师资队伍情况（含省级以上教学名师、省级以上教师创新团队）

根据调研，广东省高职酒店管理专业专任教师中，中级职称的居多，中青年教师为主力军，"双师"素质教师超过半数，各校注重聘请行业企业的技术专家，已逐步形成实践技能课程和顶岗实习主要由酒店兼职教师讲授和能工巧匠指导的机制，参与调查的高职院校中超过56%的院校企业兼职教师比例达到30%以上（见图3-3），形成"校企共建、工学结合、专兼交替"的教学团队。广东轻工职业技术学院酒店管理专业教师团队为广东省"优秀教学团队"。深圳职业技术学院酒店管理专业教师房厦获得广东省第二届职业技能大赛酒店接待项目金牌。

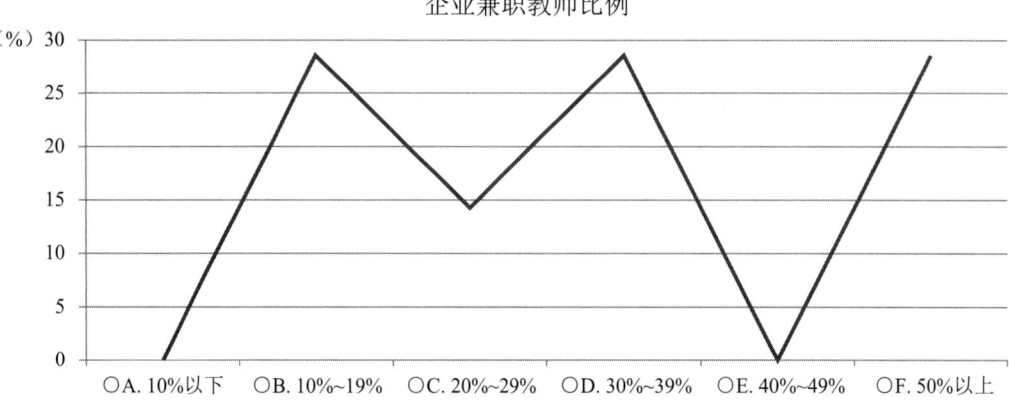

图 3-3　酒店管理专业的企业兼职教师比例

（六）教学条件（含校内外实训基地建设）

1. 校内实践教学基地建设

开设酒店管理专业的各高职院校非常重视学生实践操作专业技能的培养，注重校内实践教学基地建设，实训条件良好。如东莞职业技术学院拥有面积达875平方米的酒店管理实训室，包括前厅实训室、餐饮实训室、形体实训室、茶艺实训室和客房实训室5部分；广东科贸职业学院建设了茶艺师实操、茶艺编创、茶叶博物馆、烹调烘焙、食品工艺、酒类品鉴与营销、酒店客房等实验（训）室近40个；广东岭南职业技术学院建设有前厅客房、中西餐饮、酒吧酒水、中华茶艺等校内酒店模拟实训室5间，凤凰公寓、创客咖啡吧、崇正茶语等校内综合实训基地3个，面积达4000多平方米。惠州城市职业学院建有旅游酒店学苑教学楼，有完备的实验实训室20多间，包括餐饮实训室、客房实训室、导游实训室、中餐基本功训练实训室、中餐烹饪实训室、烹饪教学演示教室、西餐实训室、西点实训室、茶艺实训室、花艺实训室、酒水酒吧实训室、前厅实训室等。惠州经济职业技术学院建有前厅、餐厅、客房、调酒、咖啡、茶艺和插花等各类一体化实训室30余间，建筑面积达8000平方米。

广东农工商职业技术学院酒店管理专业拥有中央财政项目投资300万建设的校内实训基地和投资500万建设的"智慧酒店实训中心"，包括茶艺实训中心、形体实训中心、餐饮实训中心、酒店经营沙盘实训中心、酒店VR实训中心、创新创业实训中心、客房实训中心等，校内实践教学基地由单一的"客房服务基地"向综合性、智慧化、生产性"客房＋餐饮＋康乐"实训基地发展。

根据2018年省高等职业教育教学质量与教学改革工程项目申报和认定通知，广东碧桂园职业学院、广东环境保护工程职业学院、广东轻工职业技术学院、广州城市职业学院、广州科技职业技术大学等酒店管理专业相关实训基地获评省级校内实践教学基地，详见表3-4。

表3-4　2018年省高等职业教育教学质量与教学改革工程校内实践教学基地（酒店管理专业相关）认定名单

序号	学校名称	项目名称	负责人
1	广东碧桂园职业学院	凤凰教学酒店	吴建华
2	广东环境保护工程职业学院	烹饪与餐饮管理实训基地	郝志阔
3	广东轻工职业技术学院	酒店管理专业实训基地	伍剑琴
4	广州城市职业学院	酒店管理综合实训基地	严辉华
5	广州科技职业技术大学	酒店管理专业双主体实践教学基地	黎翔

广东碧桂园职业学院凤凰教学酒店实训基地成立于2018年6月，是融教学、培训、职业技能鉴定和技术服务为一体的技术技能人才培养基地、社会企业培训的桥梁、校企合作的载体、产学研结合的平台。基地占地面积555.6平方米，有标准客房48间，豪华套房7间，并建有前厅实训室、餐饮实训室、客房实训室、酒吧实训室、茶艺实训室和前厅操作系统电脑室，实训设备配置合理，种类齐全、数量充足，具有一定的超前性，能够满足酒店专业实践教学、职业培训、技能鉴定、技能竞赛、教师为行业企业开展技术服务的需要。

凤凰教学酒店作为广东碧桂园职业学院酒店管理专业校内实践教学基地，目前开展了与酒店前厅、客房和餐饮工作岗位相关共20多个实训项目，真实的经营管理与工作环境极大地增强了学生的职业技能水平。基地实训指导教师资源雄厚，不仅有校内专业导师，还聘请了碧桂园酒店集团的兼职实训指导教师，负责指导学生的实训；碧桂园酒店集团的资深专家，指导学生中西餐服务、主题创意设计，参加历年省职业技能大赛均获得优异成绩。

（资料来源：广东碧桂园职业学院官网）

2. 校外实践教学基地建设

在校外实践教学基地建设方面，各高职院校积极主动，与国内外知名酒店及酒店集团开展了广泛合作，成果丰硕。经过调研发现，参与调研的所有院校均开展了校外实践教学基地建设工作，作为校外实训基地的企业接受专业课程实践课的参观、实习和兼职极大地满足了酒店管理专业顶岗实习和就业的需求，校外实践教学基地数量达10家以上的约占42%，详见图3-4。

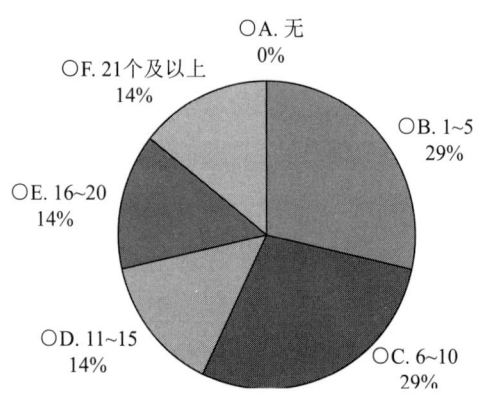

图 3-4 各高职院校酒店管理专业校外实践教学基地数量

广东理工职业学院"东莞欧亚国际酒店校外实践教学基地"、广东农工商职业技术学院"星河湾酒店集团酒店管理专业校外实践教学基地"、河源职业技术学院"河源翔丰国际酒店校外实践教学基地"等一批省级校外实践教学基地已经顺利通过验收。2018年,佛山职业技术学院等高职院校立项了7项省级校外实践教学基地。详见表3-5。

表3-5 2018年广东省高等职业教育教学质量与教学改革工程校外实践教学基地(酒店管理专业相关)认定名单

序号	学校名称	项目名称
1	佛山职业技术学院	佛山职业技术学院——奥威斯集团酒店管理专业实践教育基地
2	广东轻工职业技术学院	广州富力丽思卡尔顿酒店酒店管理专业大学生校外实践教学基地
3	河源职业技术学院	河源市客天下文化旅游管理有限公司酒店管理专业校外实践教学基地
4	顺德职业技术学院	广州琶洲香格里拉酒店管理专业校外实践教学基地
5	阳江职业技术学院	阳江中心华邑酒店酒店管理专业大学生校外实践教学基地
6	茂名职业技术学院	珠海度假村酒店酒店管理专业校外实践教学基地
7	广州城市职业学院	中国大酒店酒店管理专业校外实践教学基地

(七)人才培养质量(含就业、各类获奖等)

1. 职业资格证书获取情况

2015年以来,因国务院先后分批取消了"饭店服务人员(前厅服务员、客房服务员)""餐厅服务人员(餐厅服务员)""插花员"等酒店管理专业相关的专业资格许可和认定,通过网络调查各校酒店管理人才培养方案,各院校为同学们推荐的职业资格证书主要包括茶艺师、评茶员、咖啡师、调酒师、酒店管理师等证书。

2020年3月,"学历证书+若干职业技能等级证书"(简称1+X证书)证书制度试点的第三批职业技能等级证书标准发布,酒店管理专业可参与邮轮运营服务资格证试点申报。经统计，2020 年，广东省有 19 家院校酒店管理专业获得邮轮运营服务 1+X 资格证书试点资格，其中包括广东农工商职业技术学院、广州番禺职业技术学院、广东南华工商职业学院、广东女子职业技术学院、广东科贸职业技术学院等 13 家高职院校。

2021 年，教育部职业技术教育中心研究所公布 1+X 第四批职业教育评价组织和等级证书名单，其中高职院校酒店管理专业可参与申报的证书有 14 个，详见表 3-6。证书种类逐年增加，会进一步促进高职院校酒店管理专业人才培养标准化、规范化。

表 3-6　第四批职业教育评价组织和等级证书名单（酒店管理专业相关证书）

序号	培训评价组织名称	证书名称
1	北京三快在线科技有限公司	酒店收益管理
2	上海棕榈电脑系统有限公司	旅游大数据分析
3	携程旅游网络技术（上海）有限公司	定制旅行管家服务
4	中国旅游协会	旅行策划
5	中国饭店协会	酒店运营管理
6	华住酒店管理有限公司	现代酒店服务质量管理
7	北京中凯国际研学旅行股份有限公司	研学旅行课程设计与实施
8	北京首旅集团培训中心	前厅运营管理
9	北京首旅集团培训中心	餐饮服务管理
10	新疆芳葡香思教育咨询有限公司	侍酒服务
11	中国饭店协会	餐饮管理运行
12	网育网（北京）国际教育科技发展中心	会展管理
13	广东省餐饮技师协会	粤菜制作
14	广东省餐饮技师协会	粤点制作

2. 学生参加技能大赛情况

各高职院校酒店管理专业对学生技能大赛非常重视，各校积极组织学生参加各类技能大赛。职业院校学生专业技能大赛餐厅服务赛项、全国旅游院校服务技能（饭店服务）大赛为各高职院校备受关注的赛事，通过参与专业技能大赛，赛教融通，极大地提高了各校酒店管理专业学生技能水平。广东农工商职业技术学院近三年，获得全国职业院校技能大赛高职组广东选拔赛一等奖 2 项、三等奖 2 项，2019 年全国旅游饭店院校职业技能大赛获得一等奖 1 项、三等奖 1 项。2020—2021 年度广东省职业院校学生专业技能大赛餐厅服务赛项（高职组）获奖名单见表 3-7。

表 3-7 2020—2021 年度广东省职业院校学生专业技能大赛餐厅服务赛项（高职组）获奖名单

序号	学校名称	指导老师	参赛选手	奖项
1	广州工程技术职业学院	郭娜，王学孔	黎梓亮，周明浪	一等奖
2	广东科学技术职业学院	段金梅，李嘉伟	林佳豫，梁静怡	一等奖
3	珠海城市职业技术学院	常白云，王楠楠	杨诗媚，张嘉仪	一等奖
4	广东农工商职业技术学院	梁佼佼，宋焱琼	张沐荣，李晓琳	一等奖
5	顺德职业技术学院	刘畅，陈兰	柯承楷，陈雯忻	一等奖
6	惠州城市职业学院	陈斐斐，刘锦连	吴依凡，聂晨宇	一等奖
7	广东碧桂园职业学院	张俊，胡安群	陈华楠，古兰花	二等奖
8	广州涉外经济职业技术学院	叶茵，叶亚雯	柯海燕，康建雄	二等奖
9	广东理工职业学院	丁颖，刘伟	司徒竹瑜，刘雨倩	二等奖
10	佛山职业技术学院	马锦，曾慧珠	李嘉欣，吕明珠	二等奖
11	广州科技职业技术大学	郑华俊，张鹏	彭干嫚，陈晓冰	二等奖
12	阳江职业技术学院	刘玲，谭智敏	洪景颜，龙惠婷	二等奖
13	广州华商职业学院	周期，方雪	符子欣，林国安	二等奖
14	广东机电职业技术学院	黄晓云，周金玉	张龙燕，蔡少诗	二等奖
15	江门职业技术学院	倪晓添，陈若梦	李焕清，岑嘉颖	二等奖
16	深圳职业技术学院	钟华，容莉	吕荣欣，李展鸿	二等奖
17	广东食品药品职业学院	钟丹，李威	欧月儿，伍沛琦	三等奖
18	广东轻工职业技术学院	刘秀珍，胡芳	马思婷，龚俊历	三等奖
19	广东环境保护工程职业学院	郑晓洁，郑海云	李楚莹，丘川梅	三等奖
20	广东生态工程职业学院	李蓉，黄放	罗缘慈，潘燕珍	三等奖
21	广东创新科技职业学院	侯俊娜，李艳	彭晓彤，成贤涛	三等奖
22	中山职业技术学院	文新跃，王晓世	江家连，潘霜瑜	三等奖
23	广东新安职业技术学院	李萍，王琼	游珊珊，杨盛强	三等奖
24	广东女子职业技术学院	李贵峰，侯灵战	袁小荣，陈炎萍	三等奖
25	广州城建职业学院	曾丽华，冯倩欣	蔡洁华，李洁尚	三等奖
26	广东科贸职业学院	孙伶俐，香嘉豪	高晓纯，李雪莹	三等奖
27	广东交通职业技术学院	王芷燕，陈溶	叶勇，陈美龄	三等奖
28	清远职业技术学院	曾锦涛，黄艳男	许楚鑫，董希怡	三等奖
29	广州科技贸易职业学院	黄薇，刘莉	陈清蓉，邓敏婷	三等奖
30	广州城市职业学院	严辉华，杨晓陶	李颖瑶，龙纪瑶	三等奖
31	广东酒店管理职业技术学院	徐晨，熊瑛	吴湘玉，杨茹漫	三等奖

除全国、省级学生技能大赛外，世界技能大赛开始受到高职酒店管理专业师生重视。2020 年，深圳职业技术学院郑晓雯同学先后荣获第 46 届世界技能大赛广东赛选

拔赛酒店接待项目二等奖、深圳市技能大赛酒店接待职业技能竞赛学生组第一名；同年12月，她代表广东省出征全国第一届职业技能大赛酒店接待项目，在国赛赛场上稳定发挥，荣获中华人民共和国第一届职业技能大赛酒店接待项目银牌，并获得"国家技术能手"称号。2021年3月，被授予"广东省技术能手""深圳市三八红旗手"等荣誉称号。

3. 毕业生就业情况

酒店管理专业培养的学生主要面向高星级酒店的前厅部、客房部、餐饮部、人力资源部、市场营销部、宾客服务部，大型餐饮连锁企业、国际邮轮、各级旅游相关政府部门、旅游组织及企事业单位等相关岗位。

根据问卷统计调查，目前各校酒店管理专业实习就业岗位前六名为前厅接待、餐厅服务、宴会服务、礼宾、商务中心、调酒师/咖啡师/茶艺师。具体见图3-5。

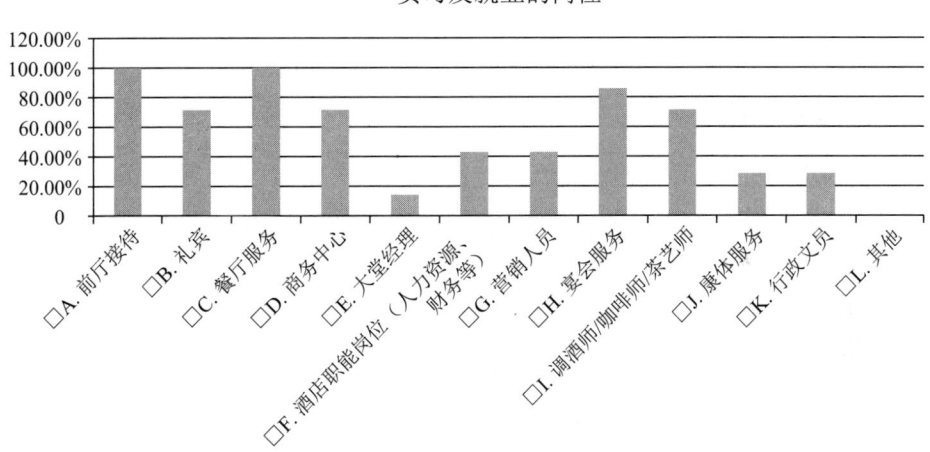

图3-5 各高职院校酒店管理学生近三年（2019—2021年）实习就业岗位分布

根据问卷调研，超过70%的高职院校酒店管理专业学生实习期间起始月薪较低，为2000~3000元（不含隐性福利，如绝大多数酒店都提供包吃包住等），具体见图3-6。根据麦可思数据有限公司调研报告，广东农工商职业技术学院酒店管理专业2016届、2017届、2018届毕业生初次就业率分别为97%、95%、100%。2018届毕业生初次就业平均月收入为4269元。广东酒店管理职业技术学院2019届酒店管理专业毕业生为该专业第一届毕业生，总体就业率达98.67%。

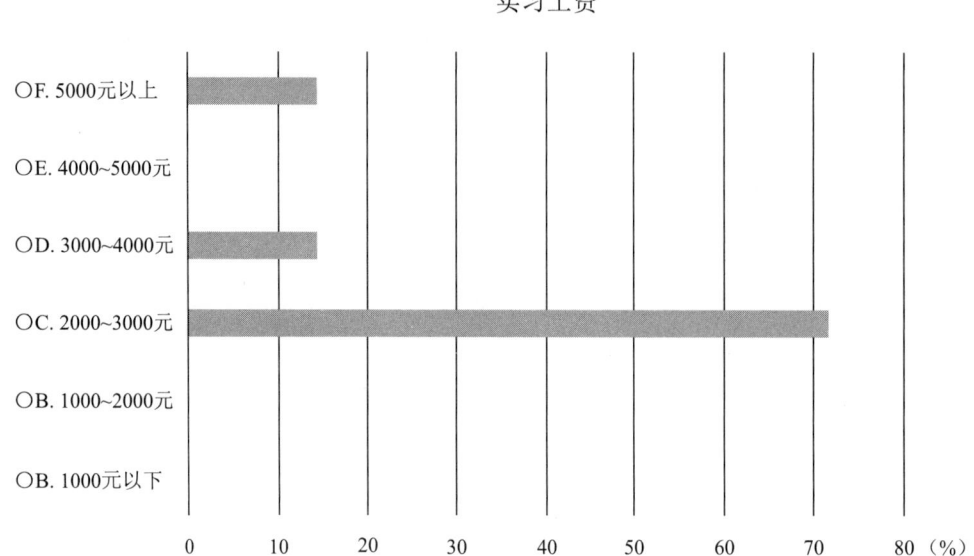

图 3-6　各高职院校酒店管理学生近三年（2019—2021 年）实习工资分布

（八）技术研发与社会服务

1. 产教融合建设

目前，各高职院校开展了形式多样的校企合作、产教融合，超过 70% 的高职院校开展了校企合作实训基地建设和订单班，超过半数的高职院校开展了师资共建，42% 的高职院校与企业联合建设产业学院、校企合作联盟、课程建设等[3]，详见图 3-7。

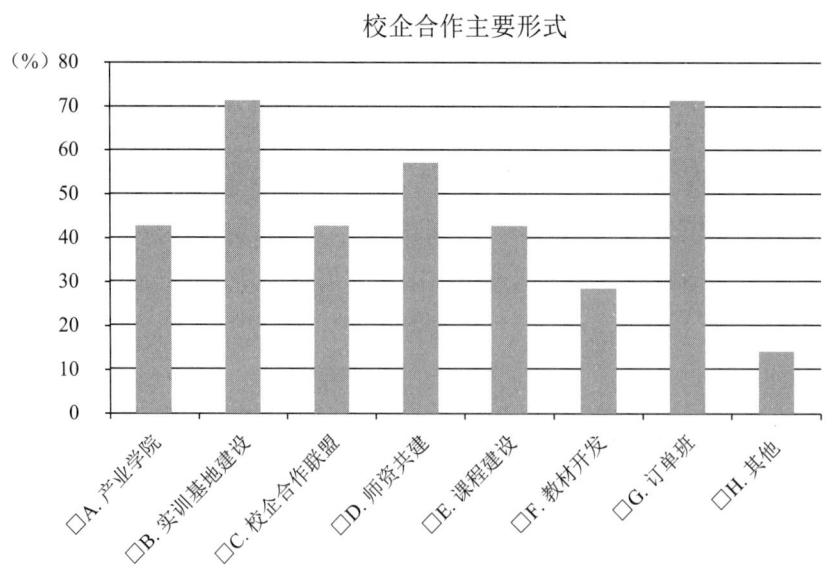

图 3-7　各高职院校酒店管理专业校企合作主要形式

2. 社会服务

高职院校酒店管理专业关注酒店行业发展和社会发展需要，积极参与企业技能培训、人才服务等。通过调查了解到，超过80%的学校组织教师利用假期到酒店企业挂职，为企业提供专业咨询、技能培训等服务（见图3-8）。

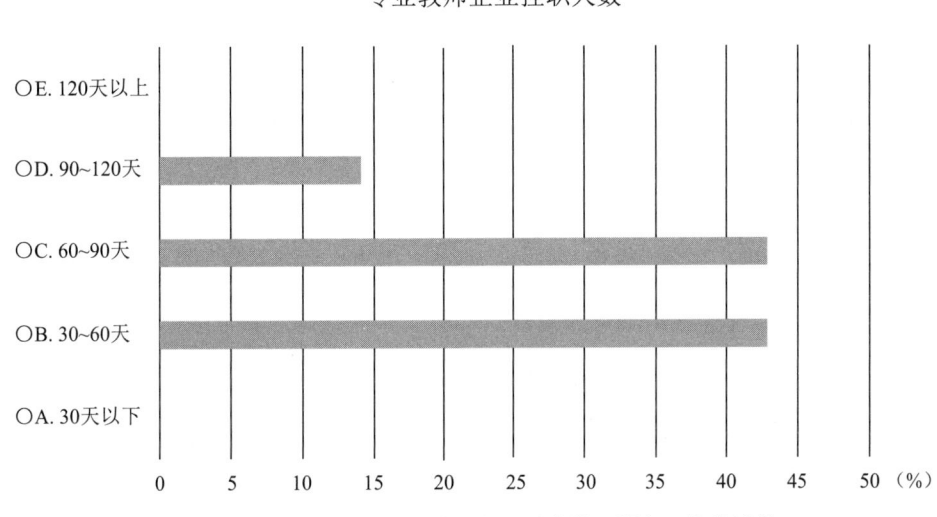

图3-8 高职院校酒店管理专业教师社会挂职服务天数统计情况

（九）交流与合作情况

高职酒店管理专业交流与合作情况主要包括国内兄弟院校的合作交流和国际院校合作交流两个部分。

各高职院校积极组织教师到旅游酒店管理优秀标杆兄弟院校开展调研交流，向优秀同行取经。广东农工商职业技术学院、广东轻工职业技术学院、广州番禺职业技术学院、佛山职业技术学院等院校酒店管理专业同国内兄弟单位酒店管理专业建立姊妹专业，师资互助，资源共享，互派学生，实现跨区域的培养合作。

在国际交流与合作方面，广东农工商职业技术学院主动服务国家"一带一路"倡议和广东自贸区建设，加强与职业教育发达国家和地区的交流与合作，与泰国格乐大学、博仁大学、马来西亚砂拉越科技大学建立师生交流等合作关系；与加拿大美斯学院建立姊妹专业关系，探索国际合作育人机制，培养具有国际视野的高素质技术技能人才。广东轻工职业技术学院酒店管理在菲律宾开办分校；与澳大利亚昆士兰科技学院开展中外合作项目；与新加坡博伟国际学院、澳大利亚Evolution酒店管理学院、新西兰北方理工、菲律宾特雷斯顿国际学校开展学历和国际生交流合作项目；与美国饭店协会开展WSET、SCAA和CHE等国际职业资格认证项目。广东文理职业学院引进国外酒店管理专业资格认证体系课程，培养具有良好的语言应用和公关能力，掌握国际酒店管理基本经营、管理理论，掌握酒店基本服务技能，具有良好的修养和社交能力，具备涉外酒店管理人员的基本素质以及旅游业相关知识，能在涉外酒店从事管理、咨询、业务洽谈、市场调研等工作的应用型人才。广州涉外经济职业技术学院酒店管理专业与香港公开大学开展国际合作项目，以"3+1+1"专科、本科、硕士紧密衔接的直通车办学模式为特色，双方强强联合，培养具有国际竞争力的国际酒店高端管理和技术人才。2021年深圳职业技术学院与瑞士教育集团SEG合作共建深圳职业技术学院蒙特勒酒店管理学院。双方将在人才培养模式、课程体系、师资队伍、资格认证等方面开展国际化、全方位的合作，打造粤港澳大湾区一流的国际酒店管理学院，共筑泛酒店产业人才培养和社会服务高地。

通过各种交流合作，培养了教师国际思维，学习境外优秀的职业教育理念和专业教学方法，有助于教师学习境外专业发展前沿知识和了解境外的行业发展状况。通过教师言传身教，提升学生的思维广度和国际视野、认知能力、口语表达能力、解决问题能力等，使学生能更好适应酒店业的工作环境，更好地实现个人的可持续发展，缩短中国酒店业人才与国际市场的差距。

三、广东省高职酒店管理与数字化运营专业建设存在的问题及对策

（一）国内外标杆院校分析

1. 国内同类专业标杆：青岛酒店管理职业技术学院[4]

青岛酒店管理职业技术学院（以下简称"青酒"）位于山东省青岛市，是经山东省人民政府批准、教育部备案的全日制普通高校，是山东省首批特色名校、山东省首批优质高等职业院校、青岛市首批品牌高职院校、教育部第一批教育信息化试点单位。学院的前身是1945年成立的私立青岛商科职业学校，2002年在青岛商业学校和山东省饮食服务技工学校基础上创办青岛酒店管理职业技术学院。该校成为高职院校的历史并不长，但作为我国第一所独立设置的酒店管理职业技术学院，获得了一系列荣誉，在教学条件、师资队伍、人才培养模式、教学成果、科研成果、交流合作等方面都取得了辉煌的成绩，是值得学习的标杆。

（1）坚持落实推进"双师型"培养，提高教师教育教学和专业实践能力

"青酒"坚持"双师型"教师个体成长和"双师型"教学团队建设相结合，提高教师教育教学能力和专业实践能力，建成一支师德高尚、技艺精湛、专兼结合、充满活力的高素质"双师型"教师队伍。根据官方网站资料，现学院已经建有国家级职业教育教

师教学创新团队、国家首批教师实践流动站、齐鲁技能大师工作站；教育部职业教育教学指导委员会专家4名，省级教学指导委员会专家9名，全国技术能手3人，山东省教学名师4人，省级教学团队5个，省级青年技能名师4人，省级职业教育名师工作室2个，省级职业教育技艺技能传承创新平台4个，青岛高校教学名师6人，山东省先进工作者1人，青岛市劳动模范2人，青岛市会计领军人才1人。

（2）深度改革课程教法学法，改善教学资源条件

"青酒"大力推进课程、实践教学条件建设，现有国家级课程思政示范课程1门，国家在线开放课程2门，省级以上精品课程37门，省级精品资源共享课7门，省级教学资源库2个，省级职业教育课程思政示范课程4门，青岛市首批现代学徒制特色课程4门；拥有国家教学成果奖1项，省级教学成果奖13项，省级教改立项33项；"十三五"职业教育国家规划教材5本，首届全国教材建设奖二等奖1项；中央财政支持实训基地1个，省级重点实验实训室1个；拥有各类生产型实训室72个，覆盖了所有专业。

（3）"聚焦酒店业办专业"，深化产教融合，打造校企命运共同体

"青酒"办学思路和目标明确，坚持"聚焦酒店业办专业"的思路，围绕酒店业产业链需求，树立建设国内一流、国际知名的酒店业全科型专业链的目标。对接文化创意、精品旅游等新旧动能转换10强产业，融入本土产业新体系，构建"1个国家'双高计划'专业群，2个省级高水平专业群，8个院级专业群"的专业群发展架构，形成了以住宿餐饮业的智能化、数字化转型升级为主线的专业群建设体系。

"青酒"深化产教融合、校企合作，打造校企合作命运共同体，努力提高人才培养质量。牵头成立了山东现代酒店业职业教育集团。校企共建了山东文旅产业学院、顺丰运营管理学院、舜和餐饮产业学院等8个产业学院，与青岛市文化和旅游局共建了"青岛市旅游大数据中心"，牵头组建青岛市旅游智库，为区域产业发展贡献智慧力量；政行企校共建"山东省研学旅行研究院"，推进人才培养、专业建设和服务社会良性互动。

（4）注重技能培养，培养"绅士风度、淑女风范"的职业化人才

"青酒"落实立德树人根本任务，坚持"职业素养过硬、职业技能扎实、职业发展持续"的人才培养理念，培养"绅士风度、淑女风范"的职业化人才。学院学生素质教育体系完善，坚持用中华美德引领立德树人、文化育人教育实践，将职业素质养成教育渗透到课堂教学和日常育人的过程中，增强人文情怀，拓展知识视野，塑造健康人格，着力培养具有良好现代服务理念、创新意识和国际视野、富含文化底蕴的技术技能型专门人才。学院重视学生技能培养，2012年以来，累计获得餐厅服务、烹饪、中英文导游、中餐宴会设计、西餐宴会设计、市场营销技能等国赛项目一等奖24个。近年来，

学生整体就业率均在 95% 以上，用人单位对学生的满意度超过了 98%。

（5）科研能力、社会服务能力突出

"青酒"科研和社会服务能力显著增强，牵头成立山东省职业院校"三教"改革联盟，举办有全国高等职业学校专业骨干教师培训项目、省级骨干教师培训项目；建设有科技部"海斯曼"创客岛众创空间；立项山东社科基金项目、山东省哲学社会科学规划项目、国家旅游局专项等国家、省市级科研课题 179 项；与李沧区人民政府签署了全面战略合作框架协议，助力区域经济社会发展；自主开发《山东省社会导游员管理体系标准》《鲁菜标准化工艺流程》等行业标准和制定了青岛市智慧旅游企业建设标准文件。

（6）坚持开放办学，注重对外交流

"青酒"坚持开放办学，全面推进国际化办学工作。举办中澳酒店管理专业专科中外合作办学项目 1 个，境外建有中国烹饪学院 3 所，是全国首批"中美高素质技能型、应用型人才联合培养百千万交流计划"项目院校、山东省首批留学生奖学金获批单位，目前招收韩国、柬埔寨等"一带一路"共建国家留学生。与加拿大卡纳多学院、澳大利亚南澳 TAFE 学院、中国台湾高雄餐旅大学等 10 个国家和地区的 20 余所院校、16 个教育机构建立合作关系，广泛开展师资交流、学生交流、境外实习、外籍教师引进、优质教育资源引进等工作。2017 年、2019 年被评为全国高等职业院校"国际影响力 50 强"，2018 年、2019 年被评为"亚太职业教育影响力 50 强"，荣获世界职业院校与技术大学联盟卓越奖。

（资料来源：青岛酒店管理职业技术学院）

2. 国外同类专业标杆：瑞士洛桑酒店管理学院[5]

瑞士洛桑酒店管理学院（EHL）是世界上第一所酒店管理学院，创建于 1893 年，与美国康奈尔大学并列世界酒店管理专业第一。深深植根于瑞士人独有的待客理念使该大学成为酒店教育方面的领跑者，并激发着全世界热情好客的服务精神。

（1）国际化氛围浓厚，行业影响力深远

学校非常国际化，学校约有 1700 个学生，来自全球 87 个国家。学校采用法文、英文教学，学生可以选择以英文或者是法文进行学习。洛桑酒店管理学院历届毕业生共有约 25 000 名，分布在全球 106 个国家，现在校友会共有 7000 名成员，其中 65.5% 的人在酒店行业、餐饮行业工作。在酒店行业有巨大的影响力。全球几乎所有国际酒店连锁品牌都有洛桑酒店管理学院的校友，很多人担任高层职位。全球 25 家著名酒店集团中有 18 家的董事长和总经理是洛桑酒店管理学院毕业生。这为洛桑酒店管理学院实现教学实习、就业推荐等创造了良好的基础。

（2）教师团队实力强，与行业结合紧密

洛桑酒店管理学院的教师均经过严格的选拔，绝大多数有在酒店长期工作的经历，有丰富的职业经验，不少人甚至担任过总经理等高级职务。为了使教师队伍始终处于高水平状态，学院实行高工资制，并且鼓励教师一专多能，允许教师在企业中担当一定的职务，甚至主动向企业推荐他们担任兼职顾问。保证教师不脱离经营管理实践，保证"洛桑模式"的生命力。

（3）人才培养注重理论与实践的结合

洛桑酒店管理学院以治学严谨而闻名，并且十分注重传统与现代的结合，力图使教学与实践既体现出传统酒店的技术服务特点，又能反映出现代酒店管理的精髓所在。实践课是洛桑酒店管理学院的一大特点。强调理论与实践相结合；教学方式是书本知识的教授与实际操作的指导相结合。学院在课程设置、师资选择、教材编写和学生管理上都十分重视这一原则。无论是学制两年至四年的学位学习，还是短期培训，学院都会严格按照一贯的原则精心安排课程和任课教师。实习在瑞士洛桑酒店管理学院的国际酒店管理课程中是不可或缺的一部分，学生会在第一学年参加运营类实习（家政、后厨、接待等方面）、在第三学年参加管理类实习（市场营销、人力资源、商务拓展、金融等方面），这两种实习时长均为6个月。

可以说，特色明显，注重实用，既传统又现代，是洛桑酒店管理学院成为国际知名的酒店业高等学府之关键。

（二）广东省高职酒店管理与数字化运营专业建设存在的问题及对策[1]

广东省高职酒店管理与数字化运营专业取得了一定的成绩，同时也存在一些问题。传统的培养模式以及人才培养目标，与蓬勃发展的酒店企业数字化需求有一定距离，酒店管理专业毕业生低专业对口就业率与酒店"用工荒""高流失率"现象并存。现有酒店管理高职人才培养在承接酒店产业变革进程中，普遍遇到一些问题。

1. 人才培养目标定位创新性不够，人才培养模式设计理念两极分化

酒店管理专业职业教育经过多年的发展，已经形成了一套完整的人才培养方案，但人才培养模式设计理念呈现两极分化，一部分院校坚持注重理论知识的培养的理性主义课程设计理念，一部分院校在探索校企结合中走上了关注学生实践能力，毕业即可上岗的"功利主义"。

数字化时代对酒店管理专业提出更高的要求、流程的更新，要求学生在对理论的理解和应用，以及知识的迁移能力上有所提高。高职酒店管理专业教育更要突出教育的本质，积极探索以结构主义理念，打破专业界限意识，在匹配企业当下发展人才需求的同时，关注学生未来职业成长性，培养能适应经济发展趋势的服务业人才。

2. 高水平教学资源及实训条件有待进一步优化，缺乏有效的行企校三方共建共享平台

广东高职院校的软硬件虽逐年好转，但一些高职院校仍然处于基本办学条件的合格线上，酒店管理作为文科类专业，在实训条件建设资金分配上并不受重视。省内高职院校酒店管理专业实训室多数为基础性酒店环境模拟空间，校内实训资源较为单一、多为传统酒店场景模拟实训室，缺少数字化运营环境和信息化管理系统。同时，随着酒店快速发展，酒店行业人才需求量大、流动率高、基层岗位员工素质参差不齐等人力资源问题也不断凸显。酒店企业逐步形成了通过校企合作的方式，储备一定规模的一线员工。但在以往的校企合作中，企业更加关注顶岗实习的即时"用工"，缺少提升"准员工"职业发展能力的培养，忽视员工长期职业规划，缺乏参与高职院校人才培养的意识和积极性。

高职院校应在原有校企合作的基础上，通过行、企、校联合，搭建三方共建共享平台，升级校内实训资源，实践教学条件紧跟行业企业发展，行业企业助力培养技术技能人才。

3. 缺乏具有行业影响力的专业带头人及与企业关系紧密的教师团队

省内各高职酒店管理专业团队建设已初步形成了实践技能课程和顶岗实习等实践性强的教学环节由酒店企业兼职教师指导的意识，但与标杆专业相比，在企业经验和行业影响力方面略显不足。

通过完善并建立相关长效机制，为教师团队建设提供有力保障，通过培养、引进和聘请等具有影响力的专业带头人，具有高水平高技能和丰富行业经验的专家充实专业教师队伍。

4. 专业辐射能力和品牌影响力可进一步提升，应增强服务广东省经济发展的能力

广东省高职院校酒店管理专业关注酒店行业发展和社会发展需要，积极参与企业技能培训、人才服务，搭建产教融合平台，推动校企联合酒店专业人才培养。但与标杆专业相比，专业服务地方产业和地方经济的力度和能力有待加强，有进一步提升空间。广东省旅游教指委等机构可利用现有资源和平台，联合政企行校四方，建立互助机制，牵头组织高职酒店管理专业参与当地经济发展，扩大专业辐射能力和影响力。

四、广东省高职酒店管理与数字化运营专业建设面临的新形势及展望

2021年3月，教育部印发《职业教育专业目录（2021年）》，高职酒店管理专业正式更名为酒店管理与数字化运营。专业更名反映了高职酒店管理教育改造升级已经迫在眉睫，适应酒店行业数字化、培养对接产业新需求的专业人才是所有高职酒管专业需共同面对的关键问题。

同时，根据中国智慧酒店联盟以及CHAT资讯发布的《2021年中国酒店业数字化转型趋势报告》，中国酒店业已经进入数字化转型之局，新冠疫情加速了线上渗透，数字化的发展促使大量具有实力的酒店转向建设智慧酒店，酒店行业逐步实现从酒店运营到客户、员工、流程、硬件、系统数字化。

这一系列的变化，对高职酒店人才培养提出了更高的要求，也是广东省高职酒店管理专业建设面临的新形势。

项目组通过现场发放问卷、电子邮件、问卷调查网址链接等方式发放问卷开展数字化酒店背景下人才需求的调研。结果显示排在前10位的酒店管理人员胜任特征要素是学习能力、客户服务意识、沟通应变能力、人际洞察能力、成本控制意识、数字化技术应用能力、企业忠诚度、市场意识、团队协作、承受压力能力，体现了数字化时代酒店对人才的基本素质要求。

未来，酒店管理专业积极探索酒店管理专业数字化运营人才培养，从专业课程设置、教学模式改革、实践条件改善、产教融合创新等方面进行实践探索，针对数字化发展趋势，开展专业改造升级，提升酒店管理专业人才培养质量和适应性。

（主要执笔人：宋焱琼　张春娥）

参考文献

[1]宋焱琼.数字化背景下高职酒店管理专业人才培养质量提升研究[J].佳木斯职业学院学报，2022（03）.

[2]吴家清.人才培养与专业建设[M].大连：东北财经大学出版社，2007.

[3]纽曼.大学的理念[M].北京：中国人民大学出版社，2012.

[4]孟凤娇，田张珊."双高计划"背景下高职院校专业升级转型的探索与实践：以青岛酒店管理职业技术学院为例[J].济南职业学院学报，2022（10）.

[5]何晓岩.瑞士"洛桑模式"对我国旅游职业教育的启示[J].教育与职业，2019（02）.

4. 广东省高职院校会展策划与管理专业发展调研报告

会展业作为现代城市中地标式产业之一，在区域经济发展中发挥重要作用，广东省由于独特的地理优势以及经济发展优势，凭借粤港澳大湾区的建设契机，会展业得到了飞速发展，粤港澳大湾区会展产业的发展，需要大量的精通营销策划、会议展览、商务旅游、金融服务等领域的高素质人才。粤港澳大湾区会展产业的未来发展离不开专业人才的支撑，这不仅体现在对会展人才数量增长的需求方面，更体现在对会展专业人才质量的提升方面。

广东省内高职院校最早自2005年开设会展策划与管理专业，立足于琶洲国际会展商务区，面向省内会展业，服务于以广交会为核心，建设国际会展中心城市等重大战略，培养具有国际化视野，具备从事会展项目调研、营销、策划、公关传播、新媒体运营、品牌管理等岗位工作的高素质创新技能型人才。

广东省内最早开设会展专业的高职院校，经过近二十年的专业建设历程，无论在人才培养还是师资配备等方面均较为成熟，但新近开设会展专业的院校也有数家。高职院校开设会展专业无论年限长短，其专业建设都经历过市场探索、改进、成熟、修正这一建设过程，但由于各院校所处环境、专业建设目标、师资力量、制度保障等各方面条件不同，专业建设情况也各不相同。随着经济的发展，会展行业随之发生变化。尤其是受疫情影响，会展企业无论从岗位类型、人员需求、业务范围还是经营模式方面，都发生了巨大变化，这对会展专业人才的培养提出了新要求和新挑战。广东高职会展专业人才的培养如何跟上行业的变化和企业的需求，这是院校迫切需要解决的问题。但迄今为止，还没有一份较为完整的有关广东高职院校会展专业建设情况的调研报告，为各院校会展专业建设提供数据参考。因此，本次项目调研活动开展与调研报告的撰写具有重要意义。

4. 广东省高职院校会展策划与管理专业发展调研报告

一、广东省高职会展策划与管理专业总体概况

根据 2022 年高职院校专业检索数据，广东省有 22 家高职院校开设了会展策划与管理专业，详见表 4-1。

表 4-1 高等职业学校拟招生专业设置备案结果数据检索（2022 年 12 月）

序号	省份	专业代码	专业名称	学校标识码	学校名称	年限	所在地	开办时间	办学性质	在校生规模
1	广东省	540112	会展策划与管理	4144010831	顺德职业技术学院	3	佛山	2013	公办	450
	广东省	540112	会展策划与管理	4144010831	顺德职业技术学院	2				
2	广东省	540112	会展策划与管理	4144010833	广东轻工职业技术学院	3	广州	2008	公办	380
3	广东省	540112	会展策划与管理	4144010861	广东交通职业技术学院	3	广州	2007	公办	695
4	广东省	540112	会展策划与管理	4144011114	广东南华工商职业学院	3	广州	2005	民办	330
5	广东省	540112	会展策划与管理	4144012322	广东农工商职业技术学院	3	广州	2012	公办	322
6	广东省	540112	会展策划与管理	4144012572	广东科学技术职业学院	3	珠海	2016	公办	448
7	广东省	540112	会展策划与管理	4144012576	珠海艺术职业学院	3	珠海	2016	民办	392
8	广东省	540112	会展策划与管理	4144012736	广东职业技术学院	2	佛山	2011 年商务英语下设会展方向/2020 开设专业	公办	155
	广东省	540112	会展策划与管理	4144012736	广东职业技术学院	3				
9	广东省	540112	会展策划与管理	4144013710	中山火炬职业技术学院	3	中山	2012	公办	400
10	广东省	540112	会展策划与管理	4144013713	珠海城市职业技术学院	3	珠海	2011	公办	230
11	广东省	540112	会展策划与管理	4144013715	广州涉外经济职业技术学院	3	广州	2012	民办	215
12	广东省	540112	会展策划与管理	4144013721	广东工商职业技术大学	3	肇庆	2020	民办	165
13	广东省	540112	会展策划与管理	4144013912	广州现代信息工程职业技术学院	3	广州	2007	民办	284

续表

序号	省份	专业代码	专业名称	学校标识码	学校名称	年限	所在地	开办时间	办学性质	在校生规模
14	广东省	540112	会展策划与管理	4144013919	广东理工职业学院	3	中山	2015	公办	150
15	广东省	540112	会展策划与管理	4144013927	广州华南商贸职业学院	3	广州	2017	民办	150
16	广东省	540112	会展策划与管理	4144013929	广州城市职业学院	3	广州	2011	公办	313
	广东省	540112	会展策划与管理	4144013929	广州城市职业学院	2				
17	广东省	540112	会展策划与管理	4144014065	广州科技贸易职业学院	3	广州	2009设会展方向/2010成立专业	公办	278
	广东省	540112	会展策划与管理	4144014065	广州科技贸易职业学院	2				
18	广东省	540112	会展策划与管理	4144014136	广州城建职业学院	3	广州从化	2012	民办	173
19	广东省	540112	会展策划与管理	4144014268	广州华夏职业学院	3	广州从化	取消会展专业	民办	56
20	广东省	540112	会展策划与管理	4144014361	广东青年职业学院	3	广州	2014	公办	457
21	广东省	540112	会展策划与管理	4144014362	广州东华职业学院	3	广州	2017	民办	210
22	广东省	540112	会展策划与管理	4144014572	广东酒店管理职业技术学院	3	东莞	2017	民办	200

备注：部分院校在校生数据根据学院招生计划数收集整理，存在一定误差。

根据实际调研得知，广州华夏职业学院2021年度取消会展策划与管理专业。广东青年职业学院更名为：广东行政职业学院。截至2022年底，广东省实际开设会展专业高职院校共计为22家。这些院校所在区域以广州为主，其他区域分布为：珠海（3所）、佛山（2所）、东莞（1所）、顺德（1所）、中山（1所）、肇庆（1所）。从院校所在区域看，这些区域正是粤港澳大湾区所属城市范围，也是广东省内会展行业发展较好区域。

所调研院校中，"双高"院校为4所（广东轻工职业技术学院、顺德职业技术学院、广东科学技术职业学院、中山火炬职业技术学院），广东省级及以上示范院校6所（广东轻工职业技术学院、中山火炬职业技术学院、广东农工商职业技术学院、顺德职业技术学院、广东交通职业技术学院、广东科学技术职业学院）。会展策划与管理专业被评为省示范重点专业有2所，省品牌建设专业3所，省级高水平专业群3所，中央财政支持重点建设专业1所。

二、广东省高职会展策划与管理专业建设发展现状

广东省高职会展专业建设时间最早从 2005 年开始，较晚的则在 2020 年设立会展专业。为充分了解会展专业实际建设情况，本项目计划从师资构建、专业人才培养模式、校内外实训基地建设、校企合作开展、专业课程建设、科研情况、社会服务开展等九个方面进行调研，了解各院校会展专业建设的现状、剖析其存在的问题，并提出相应的对策建议，为专业进一步建设提供可参考数据。

（一）招生与在校生情况调研

1. 招生情况

据调研数据分析，高职会展专业的招生类型来源比较广泛，主要来源包括：普通高考班、高本衔接班、中高衔接班、学考班、3+X 证书班、自主招生班、退伍军人班、现代学徒制班以及其他类型。各院校的会展专业首先是以普通高考班型为主，其他各类班型作为补充。在专业的招生类型中，除普通高考班外，其他班型依次主要有：学考班（占比52.94%）、3+X 的证书班（占比41.18%）、自主招生班（占比35.29%）、退伍军人与中高衔接班（占比均为29.41%）、现代学徒制班（占比11.76%）、高本衔接班（占比5.88%）（见图 4-1）。

招生类型的多元化，是与教育部高职院校扩招政策密切相关的。会展业作为现代服务业，对所从业的人员能力要求比较宽泛，且入职门槛相对较低，会展专业招生生源日趋多元化是符合会展专业发展要求的。

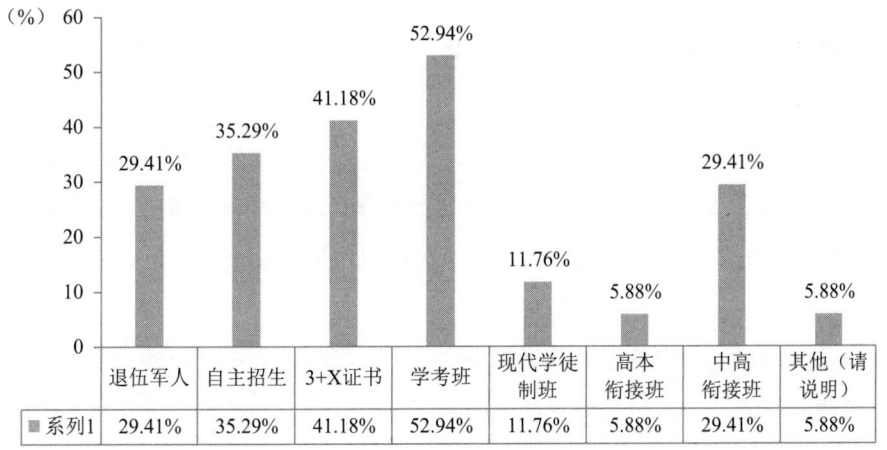

图 4-1　招生类型

2. 在校生情况

院校所提供的近三年招生及就业相关数据显示：各院校年度招生人数范围集中在100~200人。会展专业在校生的人数范围集中在150~700人，其中广东交通职业技术学院在校生人数最多，达695人。2020年度广东省高职会展专业毕业生人数约2000人，2021年度广东省高职会展专业毕业生约1800人。

从以上数据可以看出，高职会展专业近几年招生维持相对稳定状态，在校生规模并不算多，每年输出的会展专业人才数量维持在2000人左右。广东省会展经济经过近些年的快速增长，已经成为构建现代市场体系和开放型经济体系的重要平台，在2020年度疫情发生前，2019年广东省展览面积全国排名第二，广东展览数量为1029场。智研咨询发布的《2021—2027年中国展览行业市场全面调研及市场规模预测报告》数据显示：总体来看广东展览数量占全国展览总量的比例呈上升趋势，2019年广东展览数量占全国展览总量的9.33%，较2018年增长了0.38%（资料来源：中国会展经济研究会、智研咨询整理）。2021年度，全国范围内的展览展出共计5400余场，展览展出面积达到9000余万平方米，分别比2020年度增长1%和8%。按照面积统计，广东2021年度展览展出的总面积达到了1500万平方米，占全国的比例达到16.8%，排名全国第一。按展览展出场次统计的话，广东715场，占全国的比例为12.8%，仍然排名第一（数据来源：中国会展经济研究会《2021年度中国展览数据统计报告》）。无论从展览面积还是展览数量情况来看，广东省会展专业毕业生的数量显然达不到企业的用人需求，会展企业存在较大的人才缺口，院校的招生规模还有进一步扩大的空间。[1]

（二）专业人才培养目标与模式调研

1. 会展业人才需求与就业岗位现状分析

会展产业链中，企业类型主要有三类：

一是以举办展会项目为主营业务的展会主办类企业。该类企业的主营业务是展会项目的策划与组织实施，涉及主要工作内容是为围绕展会项目的招展、招商及展务服务进行的，与此相匹配的岗位主要为策划岗、营销岗以及项目管理类岗位；对应岗位能力要求主要集中在策划、营销、管理等方面。

二是以展馆运营为主营业务的场馆类企业。该类企业的主营业务是围绕展馆的租赁与运营管理展开的，需求较多的岗位一般为营销岗以及与展馆租赁运营相关的市场推广及项目管理类。

三是为主办企业提供各类展会项目服务的公关、服务类企业。展会的服务供应商种类较多，其中特装搭建类企业对于展示设计人才的需求量大，其他的服务供应商如餐饮、物流、运输、商务旅游规划、会议组织、公关公司、展会现场服务等,其中与高职会展专业人才就业比较密切的岗位多集中在会议组织、公关及展会现场服务类。

受疫情影响,线下展会几乎停顿,会展业遭遇巨大挫折,企业在经过早期的受挫后,纷纷寻求新举措,开展线上展,数字时代信息技术的变革,使数字会展成为目前企业着重考虑的展会新模式,也使得新媒体运营、编导、平台主播等新岗位类型成为现阶段会展类企业的热门招聘岗位。

高职院校所培养的会展毕业生正是这些企业所需的基础类岗位从业者。项目调研团队与企业专家进行定性分析,梳理出针对线上和线下的两种展会模式,广东省高职会展专业所培养的会展人才对应的市场需求及岗位状况如表 4-2 所示。

表 4-2 职业岗位类型、岗位工作职责及岗位能力

序号	职业岗位名称	岗位工作职责	岗位能力
1	展会/展馆营销岗 展会/展馆招展岗 展会/展馆市场部	对展会项目的市场调研 展会/展馆的销售推广工作 展会广告及相关活动的招租工作 展位售后服务工作	能制订展会推介方案、招展招商方案 能设计与制作招展书 能掌握电话、传真、E-mail、拜访等招展技术,拟参展合同 能建立观众数据库 能设计与制作参观者邀请函 能选择展馆,合理进行展区展位布局
2	展会/会议策划岗	会议、展览、节事活动、场馆租赁和奖励旅游等项目的市场调研 会展的立项、主题、招商、招展、预算和运营管理等方案的策划	能进行会议、展览、节事活动、场馆租赁和奖励旅游等项目的市场调研 能进行会展的立项、主题、招商、招展、预算和运营管理等方案的策划 能做好项目财务预算 能对会展项目进行可行性分析 能进行基本的会展立项策划
3	展会服务岗	展会现场的接待和服务 展会交通和商务服务 展会安保和清洁 展会运输及其他	能进行周密的展会现场接待 能安排通畅的展会交通 能进行相关的商务服务 能组织展会的安保和清洁工作 能组织展品的运输通关 能进行紧密的客户跟踪服务 能组织展会的礼宾、翻译及法律咨询服务
4	展会运营与管理	对展会项目做可行性分析 做项目预算 进行活动策划	能对会展设计内容有正确的认知 能判断区分会展设计风格的差异 能对设计软件有正确的认知 能理解设计在会展宣传中的重要性 能设计展位设计图
5	新媒体运营岗 平台主播岗 编导岗	新媒体平台运营 各新媒体平台主播 新媒体平台编导	能编写简单的会展调查问卷 能设计三日内的会议议程安排 能做好项目财务预算 能设计会展活动策划书 能对会展项目进行可行性分析 能进行基本的会展立项策划

备注:平台主播类岗位为疫情期间会展类企业新增,且需求量较大的岗位类型。

2. 高职会展专业人才定位

据调研结果来看，尽管各院校在会展专业人才培养定位上略有差异，但总体来说，专业的人才定位还是围绕旨在培养具备现代会展管理服务和庆典策划的基础理论、基本知识和基本技能，富有创新精神和实践能力，掌握策划、组织、管理、营销、文案等实务技能，熟悉有关会展、庆典的法律法规和相关政策，能够较好地从事会展企业经营管理、服务运作等方面工作的高端技术技能型人才。这是会展类企业在举办线下展时需求量较大的人才类型。高职院校的专业人才定位大体来说是符合广东地区会展经济发展需求，与企业用人需求相匹配的。但调研中也发现个别院校存在人才定位不精准的现状。

3. 专业人才培养目标与模式

人才培养模式是基于知识、素质、能力结构构建的模式，是在一定的教育理念、教育思想指导下，按照特定培养目标和人才规格，构建相对稳定的教学内容、课程体系、管理制度和评估方式实施人才教育的过程，其具体实施方案则体现为专业人才培养方案，这也是院校日常教学的行动指南。人才培养方案的编写质量决定了专业的建设和发展质量。

一般而言，各院校会根据专业建设情况，定期对专业人才培养方案进行修订，在被调研的院校中，专业人才培养方案更新的周期为一年的占比70.59%，更新周期为半年的占比5.88%，更新周期为1~2年的占比23.53%（见图4-2）。可以看出，大部分院校每年更新人才培养方案，这是符合院校人才培养需求的，每届新生入校前，学院都会制订该届学生的人才培养方案。更新周期为半年的院校则是因为存在春季和秋季一年两次的招生情况。院校方人才培养方案的制订是根据每届新生入校定期更新的，这也说明院校方对人才培养目标的确定是一个动态调整过程。

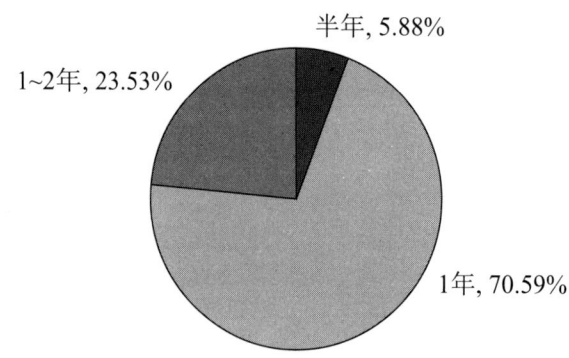

图4-2 专业人才培养方案更新周期

会展专业人才培养是根据行业发展和企业需求动态变化的，因此对于人才培养方案的更新是非常有必要的。专业人才培养方案的更新内容主要体现在哪些方面，则是院校根据自身情况具体确定。据调研的结果分析，大部分院校针对专业人才培养方案更新的内容，排在首位的是"具体课程的设置"，占比为82.35%，其次是"课程体系"，占比为70.59%，排在第三位的则是"人才培养目标与规格"，占比为64.7%。其余的诸如"教学方法及资源开发""毕业生面向职位及岗位""校内外实训基地""合作企业"等均属于更新的范畴（见图4-3）。

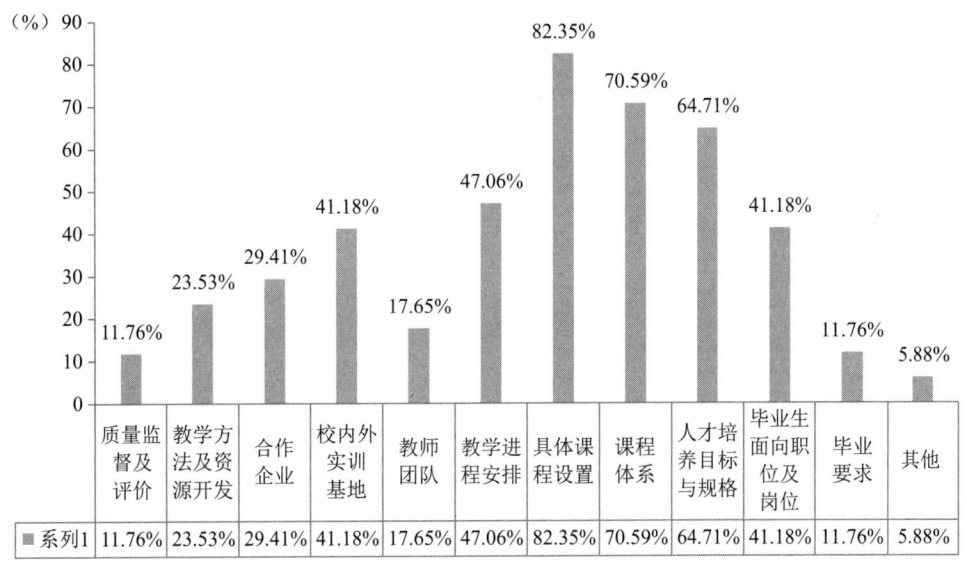

图4-3 专业人才培养方案的更新内容

进行人才培养目标调整，是院校明确专业办学定位，制定发展战略的一个重要举措，尤其是当前会展业面临重大变革的时期，企业也在不断转变经营思路，探索和尝试各种不同的经营模式，因此在用人方面发生了较大变化，院校方需在把握行业与企业发展变化的基础上，及时调整人才培养方案。

（三）课程教学资源建设调研

1. 专业课程设置情况

根据调研结果分析，广东省高职院校会展专业在课程设置上主要分为：专业基础课程、专业核心课程、专业拓展课程以及专业实践课程这四大模块。四个模块的主要课程科目如下所示。

专业基础课程主要包括：会展概论、商务/会展礼仪、会展项目管理、展示设计、会展创新创业、文案写作、市场营销、会展英语、人力资源管理、管理学原理、会展法律法规、新媒体运营、会展财务管理、会展市场调查、平面设计软件、展馆物流、会计学基础、客户沟通与管理、经济学基础、办公基础等。

专业核心课程主要包括：策划文案、大型活动策划、会展数字化营销、会展旅游、国际会展实务、展销创意策划、展览实务、会展策划与管理、节事管理、会展营销、会展英语、展示设计、会议接待实务、会展管理实务、国际会展实务、会展现场服务、会议运营、会展项目管理、展示设计、市场营销、展览策划与营销、会议策划与组织、节事活动运营管理、会奖旅游、展馆设计与布置、展览策划、会议运营与管理、节事策划与组织、会展文案等。

专业拓展课程主要包括：会展设计、会展项目管理、酒店管理、场馆管理、团队建设、广告策划、展示设计、会展旅游设计类、烘焙、非遗文化、网络营销实务、广告策划、品牌策划实务、SYB 创业、市场调查与预测、会展英语口语、会展文案、商务礼仪、新媒体运营、婚庆策划实务、中青旅课程包、婚庆策划与管理、国际贸易实务、会展人力资源管理、会展礼仪等。

专业实践课程主要包括：展会现场实训、展览策划与营销、节事活动运营管理、专业认知实习实训、商务礼仪实训、会展综合实训、创新创业实训、网络营销实训、广告策划实训、认知实习、顶岗实习、综合实训、每门专业及核心均匹配实践课程内容、H5 制作、大型活动策划、企业教学、专业技能实训、综合技能实训、市场营销实训、会展英语实训、会展认识实训、会展项目活动周、就业实训、项目执行实训、专业综合实践等。

各院校在制订人才培养方案时，考虑到学校特色、师资情况等综合因素，在课程设置方面存在差异。如某些院校的专业核心课对于其他院校来说只是专业基础课。

相对于本科院校来说，高职院校在培养学生时更注重其职业能力的培养，因此课程更偏重对于专业技能的掌握。这也体现在课程设置方面实践教学所占的比重。在被调研的院校中，专业实践教学的课时比例，占比 50% 以下约为 17.65%，占比 50%~59% 区间的为 58.82%，占比 60%~69% 区间的为 23.53%（见图 4-4）。从调研结果来看，院校方在理论与实践的教学比例的设置方面，基本上按照 1∶1 的比例开展教学，这也是符合高职院校课程设置中专业实践教学课时所占比例要求的。

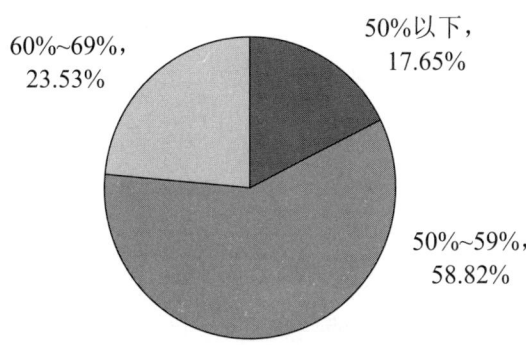

图 4-4 专业实践教学课时比例

2015 年李克强同志召开国务院常务会议曾指出关于"众创空间"的政策，构建面向人人的"众创空间"等创业服务平台，激发亿万群众创造活力，培育包括大学生在内的各类青年创新人才和创新团队，带动扩大就业，打造经济发展新的"发动机"，具有重要意义。会展业是一个极具创意的行业，会展业的从业者更需要紧跟时代发展，行业发展，不断创新思维。因此在所调研院校中，本次调研加入了对创新创业类课程设置的调研内容，根据调研结果，院校中开设 1 门创业类课程的占比为 35.29%，开设 2 门创业类课程的院校占比为 52.95%，开设 3 门课程的占比为 11.76%（见图 4-5）。可以看出大部分院校比较注重对学生创新创业能力的培养。

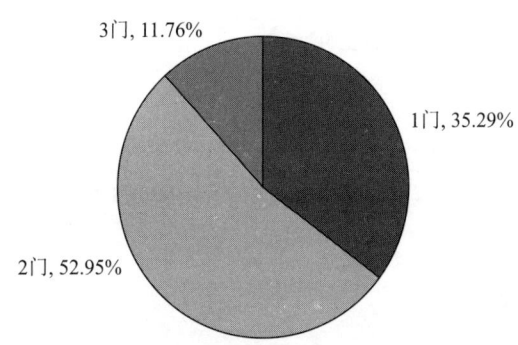

图 4-5 开设创新创业类课程门数

综上所述，从专业课程设置情况来看，各院校选择开设课程会根据学院自身情况，侧重点有所不同。专业核心类课程，主要还是围绕会展活动的策划、营销、管理、服务等项目展开的。专业拓展类课程，主要则是围绕会展业从业者所需的各种能力开设的，比如语言表达、商务礼仪、职业素养、创业思维、文案写作、新媒体运营等。实训类项目的开展，主要分校内与校外两大部分，校内主要以认知实训、模拟实训、专业核心课程的配套实训为主。校外则以校企项目合作、展会实习、企业顶岗等形式为主。

在专业课程的设置方面，尽管各院校开设的核心课程的名称略有不同，但课程主要内容是相似的，专业拓展类课程以及实训类课程，在授课内容与课程要求方面差距较大，这与院校方的实践教学水平、实训基地建设以及校企合作情况密切相关。

2. 专业资源建设情况

专业资源建设情况能直观反映院校方在专业建设方面的资源数量及质量。针对会展专业资源建设情况的调研，主要是围绕着院校方的精品资源共享课程建设及会展专业资源库建设情况这两个方面展开。因为精品资源课程的建设反映了单门课程的建设水平，会展专业资源库的建设则反映了整个会展专业建设的资源水平。

在被调研院校中，承担国家资源库建设任务的学校有三所，分别是广东交通职业技术学院、广东轻工职业技术学院和中山火炬职业技术学院。

拥有1门国家级精品资源或在线开放课程的院校仅有中山火炬职业技术学院。

拥有省级精品资源或在线开放课程的院校如表4-3所示。

表4-3 拥有省级精品资源或在线开放课程情况

课程门数	院校名称	课程名称
1门	广东农工商职业技术学院	市场营销
	广州涉外经济职业技术学院	会展概论
	广州科技贸易职业学院	展览实务
	广东开放大学（广东理工职业学院）	实用文写作
2门	广东交通职业技术学院	国际会展实务、会展项目管理
	广东轻工职业技术学院	会展旅游、会展服务

从专业资源建设的情况来看，承担国家资源库建设任务的三所院校，均是具有较高水平的高职院校。

（四）教材与教法改革调研

1. 教材建设情况调研

教材是教学的主要依据，教材的建设是课程建设的核心。开展教学，提高教学质量的重要保证首先在于教材，因此教材的建设是体现专业建设水平的一个重要指标。根据本次调研结果，在所调研院校中，编写会展专业相关的国家规划教材（第一主编）情况如表4-4所示。

表 4-4 开发了国家规划教材（第一主编）情况[2]

序号	院校名称	教材名称
1	广东轻工职业技术学院	展示设计（第二版）（"十二五"规划教材）
2	广东青年职业学院	会展项目策划与组织（"十三五"规划教材）

2. 教法改革

教学方法改革是提高教育教学质量的关键。落后的教学观念和陈旧的教学方法会极大妨碍学生自主学习及独立思考、探索的积极性。尤其是对于会展行业来说，从业人员更需要开阔思维、积极思考、独具创意。

根据调研结果，随着教学的信息化改革，历经了 2020 年疫情的"停课不停学"，各院校都非常注重教法改革。而最能反映教师开展教法改革水平的有效方式，就是参加各级别的教师教学能力竞赛项目。除了提升教师的教学能力以外，各院校还积极探讨与企业合作进行教法改革，如通过与企业共同进行课程建设、共同开发实训类教材、共建实训基地等合作方式，探索教法改革。

（五）师资队伍情况调研

2006 年教育部发布的"16 号文件"中指出了高职发展要注重教师队伍的"双师"结构，改革人事分配和管理制度，加强专兼结合的专业教学团队建设。这说明师资队伍建设至关重要，专业建设的质量很大程度上取决于专业师资的建设情况。师资队伍构成是否合理，专兼职教师配比是否合适，教师的职称、学位等情况对专业建设质量都有非常直接的影响。针对师资队伍建设情况的调研结果分析如下所示。

1. 专任教师情况

（1）专任教师学历及职称分布情况

所调研院校中，首先是专任教师队伍人数，在 10 人以下的占约 71%；10 人以上的占比约 30%，从数据中可以看出，会展专业师资队伍的建设还较薄弱。

其次是教师队伍中有关高级职称人数的占比情况。高级职称人数占总人数 10%~25% 的院校比例约为 58%，占总人数 26%~40% 的院校比例约为 24%。

最后是专业教师的学历情况。所调研院校中专任教师 90% 获得了硕士及以上学位，这也从侧面说明了高职会展专业教师队伍中，以高学历的中、青年教师为主，高级职称教师所占比例稍低。

（2）"双师型"教师比例

高职院校在人才的培养中更注重对学生实操技能方面的培养，因此对教师的要求不同于普通高等院校，更强调教师具有"企业化"的特性，即教师本身要掌握与企业岗位工作密切相关的职业技能。据调研结果分析，被调研高职院校中，"双师型"教师在专任教师中占比达90%以上的院校占比近71%，"双师型"教师在专任教师中占比不足50%的院校占比仅约5.8%，这说明院校方较为重视"双师型"教师的建设工作。

（3）专业教师培养情况

"双师型"专业教师的培养是一个持续发展的过程，因此院校方也会采取各种形式提升教师的职业技能，其中进企业顶岗锻炼是最常用也是最有效的方式。在被调研院校中，教师每年在企业进行顶岗实践的天数在30天以内的占比约为53%，顶岗天数在30~60天的占比约为41%，顶岗天数在60~90天的占比约为6%（见图4-6）。这说明院校方较为重视教师职业能力的提升，对教师在企业顶岗的天数是有一定要求的。大部分院校能够让老师每年安排30~60天的时间用于企业顶岗实践。

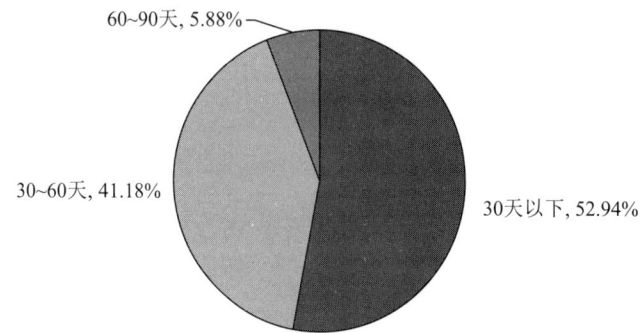

图4-6 专业教师每年人均下企业顶岗锻炼天数

除企业顶岗实践外，院校方还会通过安排相应的专业培训课程提升教师职业能力。据调研数据得知，专业教师每年人均参与培训的天数在60~90天的占比约为6%，培训天数在30~60天的占比约为41%，培训天数在30天以下的占比约为53%。

从专业教师参与培训课程的内容来看，主要是集中在课程改革、实训室建设、先进教学方法和教学理念、信息化教学、教师或者是学生参与的各类竞赛等相关内容，培训的内容较为丰富（见图4-7）。

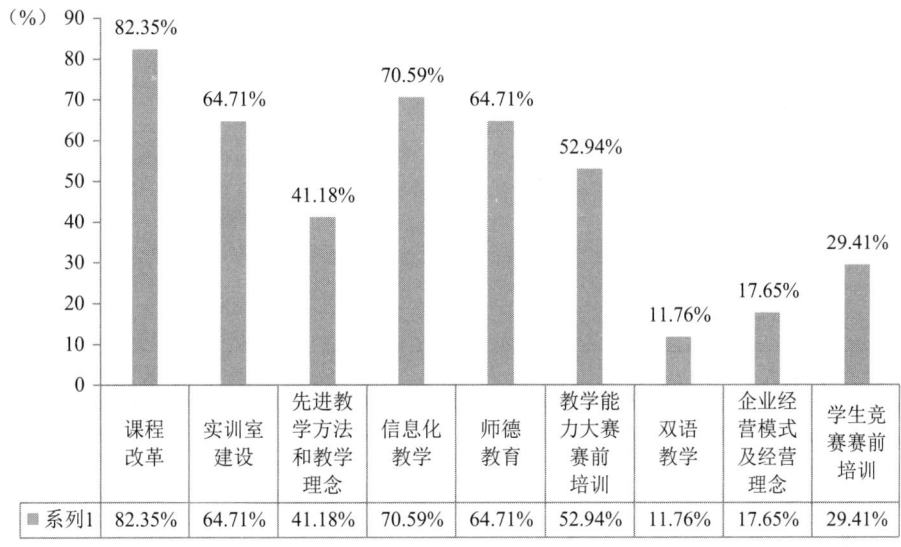

图 4-7 专业教师参与培训的内容

据调研数据，从专任教师的构成、学历结构、企业顶岗天数、参与培训天数及培训内容等方面可以反映出院校方一方面非常重视专业教师的师资建设工作，另一方面能根据学院及教师自身需求，采取多元化的形式提升教师的教学能力和水平。在被调研院校中，广东轻工职业技术学院已经建设了 1 个国家教学团队，拥有 3 位国家教学名师，是师资建设成果最为突出的院校。

（4）专任教师获奖情况

目前能体现教师教学能力和水平的、较为权威的官方赛事是教学能力大赛和教师职业能力大赛这两个赛事活动。目前广东省高职会展专业近 5 年所取得的教学能力大赛、职业技能大赛获奖项目如表 4-5、表 4-6 所示。

表 4-5　广东省高职会展专业近五年（2017—2021 年）教师教学能力大赛获奖统计表

奖项	学校	一等奖	二等奖	三等奖	获奖总数
国家级	广州科技贸易职业学院	0	1	0	1
省级	广东轻工职业技术学院	3	1	0	4
	广州科技贸易职业学院	2	2	1	5

表 4-6　广东省高职会展专业近五年（2017—2021 年）教师职业技能大赛（教育部门主办）获奖统计表

奖项	学校	一等奖	二等奖	三等奖	获奖总数
国家级	广东农工商职业技术学院	2	0	0	2
省级	广东农工商职业技术学院	1	3	5	9

续表

奖项	学校	一等奖	二等奖	三等奖	获奖总数
省级	广东交通职业技术学院	1	3	2	6
	珠海城市职业技术学院	0	2	3	5
	广东轻工职业技术学院	67	28	0	95
	珠海艺术学院	0	2	2	4
	顺德职业技术学院	0	0	3	3
	广东科学技术职业学院	0	1	3	4

教师教学能力大赛与教师职业技能大赛作为官方的权威赛事，能真实反映教师的教学水平和教学能力，各院校都非常重视这两项赛事活动，专业教师也通过参与这类赛事活动，不断提升自身的教学水平和职业能力。

2. 兼职教师情况

2006年教育部发布的"16号文件"以及相关文件的要求，对高职院校兼职教师队伍的建设是有一定的要求的，兼职教师的引入对于大力推行工学结合、突出实践能力培养、加强校企合作、实训实习基地的建设都起到非常重要的作用。

在被调研院校中，每个院校的会展专业都配备了一定数量的兼职教师。从专、兼职教师的人数比例来看，其中兼职教师人数1~3人的占比约18%，4~5人的占比约59%，6~9人的占比约6%，10~15人的占比约18%，15人以上的为0。从校外兼职教师的来源来看，其中来自会展类企业员工占比约71%，会展相关类企业员工占比约53%，会展行业专家占比约71%，其他院校的专业教师占比约47%，还有一些其他来源途径占比约18%（见图4-8）。

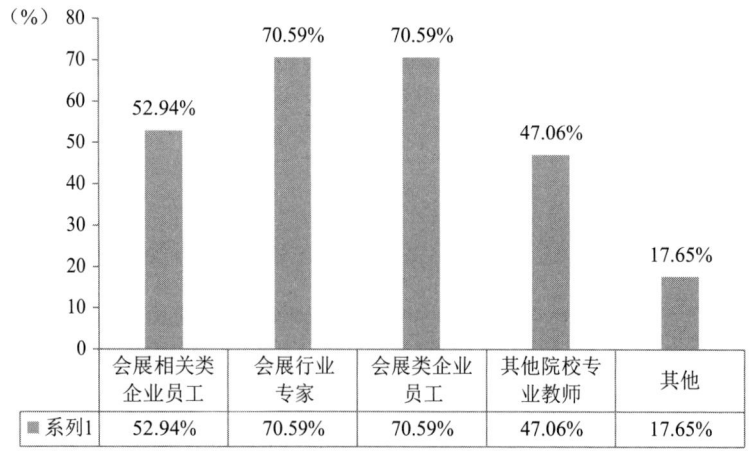

图4-8 校外兼职教师来源

从调研数据来看，在选择校外兼职教师时，多数院校首选是专业对口的会展类企业资深员工。其次是会展行业相关专家。而选择其他院校的专业教师多半是由于专业团队师资相对紧缺，部分专业课程需要借助校外兼职教师完成。来自企业一线的资深员工或者行业专家作为校外兼职教师，主要完成的课程类型以实践课为主，行业专家多采用开展专题讲座的形式。

（六）教学条件现状调研

1. 校内、外自建实训基地

会展作为服务业，对从业人员的实操能力要求较高。高职的会展教育尤其需要强调对学生实践能力的培养。实践能力的培养不能仅仅在课堂上完成，学生一定要通过接触具体的工作岗位，完成相应的工作任务，才能真正地锻炼实操能力，这需要院校方创造一定的教学条件。会展专业学生实操能力的培养，主要是通过校内、外实训基地完成的。因此，校内、外实训室的建设质量直接影响到会展专业实践教学质量。

根据调研结果，目前各院校已经拥有的自建实训室总数量在1~3个范围内的占比为70.59%，拥有的实训室数量在4~6个范围内的占比为23.53%，其中还没有建设会展专业实训室的院校占比为5.88%；院校方自建的实训室多采用实景式模拟实训中心、综合性实训室等形式，该类实训室主要功能是协助师生完成专业课程中实操技能的模拟实训任务部分。在所调研院校中，完全由院校方投资建立的校外实训基地目前还没有。

从实训室建设的时间来看，2021年新建实训室院校占比35.29%，实训室在近三年内完成建设的院校占比41.18%，实训室在近五年内完成建设的院校占比17.65%，实训室在近十年内完成建设的院校占比5.88%（见图4-9）。

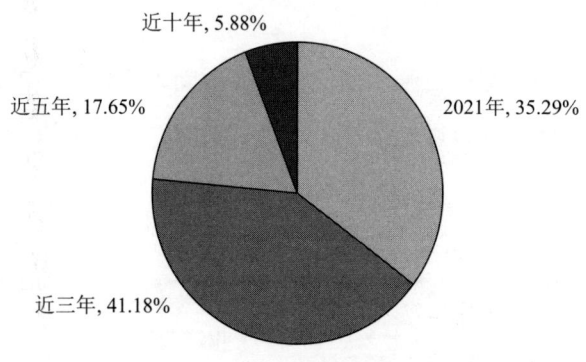

图 4-9　实训室建设时间

实训室建设时间是与院校方会展专业设立的时间相匹配的，有些院校专业建设时间长，在专业持续建设过程中，原有的实训室已不能满足现在的实训需求，因此对旧的实训室进行了改造和升级。有些院校会展专业设立的时间较短，因此实训室的建设年限也较短。调研数据显示大部分院校的实训室建设时间还是集中在近三年，尤其是2021年新建实训室项目的占比还是比较大的。

2. 校企合作提升教学条件

院校方除了自建实训室的方式以外，还通常会采用校企共建实训基地的方式改善实训教学条件。根据调研数据，目前院校拥有校企共建教学实训室数目在1~5个范围内的占比为58.82%，实训室数目在6~10个范围内的占比为17.66%，实训室数目在11~15个范围内的占比为5.88%，实训室数目在16~20个范围内的占比为5.88%，实训室数目在21个及以上范围内的占比为5.88%，完全没有校企共建实训室项目的院校占比为5.88%（见图4-10）。

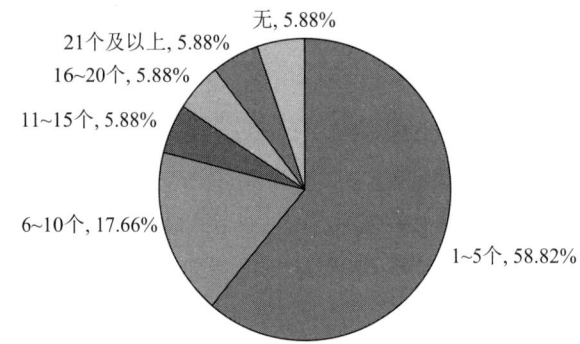

图4-10 拥有校企共建教学实训室数目

校外实训基地的建设多采用校企合作的形式，院校方会争取多与知名会展类企业共建实训教学基地，为学生的企业实践、顶岗实习等实训项目提供平台。校企共建实训室的建设不仅是为在校学生提供多一些的实习场所，更重要的是能够借助企业资源，从教材开发、课程建设、课程资源、师资提升等方面为会展专业的建设提供更好的条件。校企共建实训室能否充分地发挥作用，运转良好，最终取决于学校与企业的合作情况。

据调研结果分析，近五年院校方与企业的合作方式按照所占比例大小依次是：共建实训基地占比94.12%，课程建设占比58.82%，成立校企合作联盟占比47.06%，师资共建占比35.29%，教材开发占比29.41%，产业学院与订单班分别占比11.76%（见图4-11）。

4. 广东省高职院校会展策划与管理专业发展调研报告

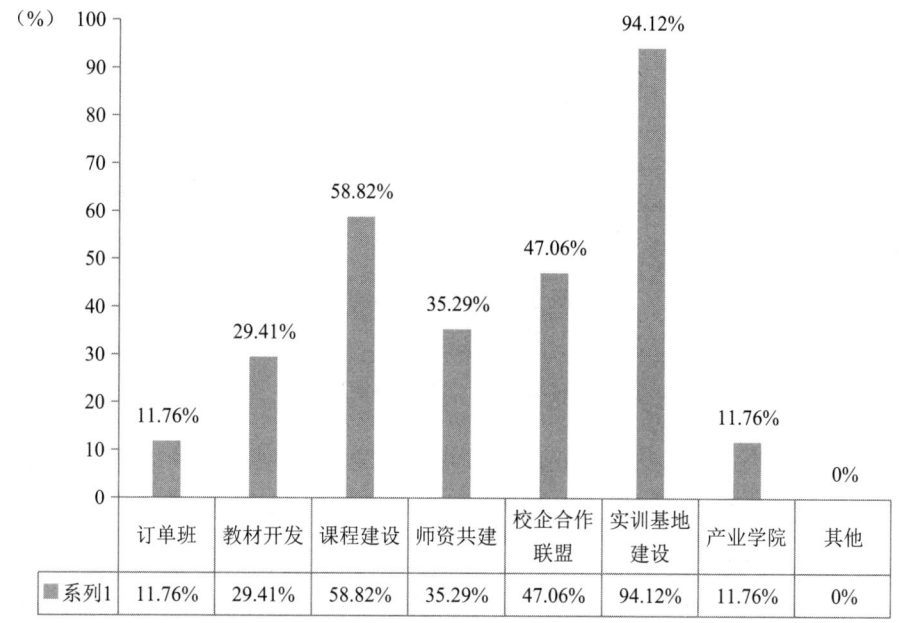

图4-11 近五年（2017—2021年）与企业的合作方式

从合作类型中也可以看出校企共建实训基地项目是最普遍的，院校方利用企业资源进行课程建设与教材开发等合作方式也较为常见，一方面是因为这类合作方式操作相对容易，便于资源整合，另一方面企业也需借助院校，进行专业人才的储备。校企合作中订单班及产业学院的合作模式占比相对较少，其根本原因应在于广东省内会展类企业大多是以中、小型企业为主，一家企业很难同时消化大量的应届毕业生，因此采用订单班的形式较少。

（七）人才培养质量情况调研

1. 学生实习顶岗质量状况调研

毕业生能否适应行业要求，能否在入职企业后顺利适应岗位需求，快速进入职业角色，是衡量人才培养质量的一个重要指标。在校期间，院校会通过为学生提供各类有关职业技能的培训、企业顶岗实习、考取职业资格证书等形式快速提升学生的职业技能，培养职业道德。

调研数据显示，学生在校期间实习时长为期3个月以下的占比5.88%，为期3~6个月的占比47.06%，为期6个月的占比41.18%，为期12个月的占比5.88%（见图4-12）。

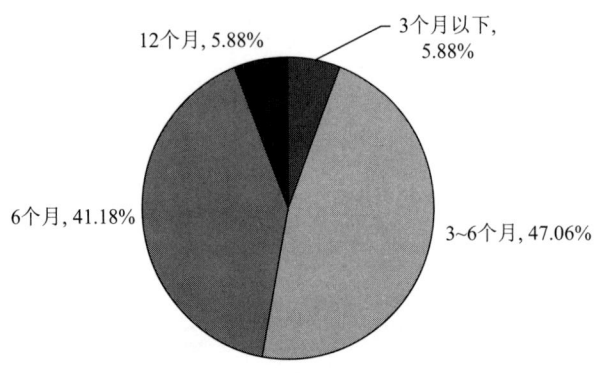

图 4-12　学生实习周期

从数据可以看出，大部分院校的在校生实习期为期 6 个月，少数院校由于特殊需求，会延长实习期至一年。实习期的安排为学生毕业后顺利进入企业，从学生转化为职业者身份奠定了很重要的基础。

跟踪了各院校学生实习顶岗的地点，近三年在广东省内实习的地点主要集中在广州、深圳及珠三角地带（见图 4-13），在省外的实习地点主要集中在北京、上海等地区（见图 4-14）。

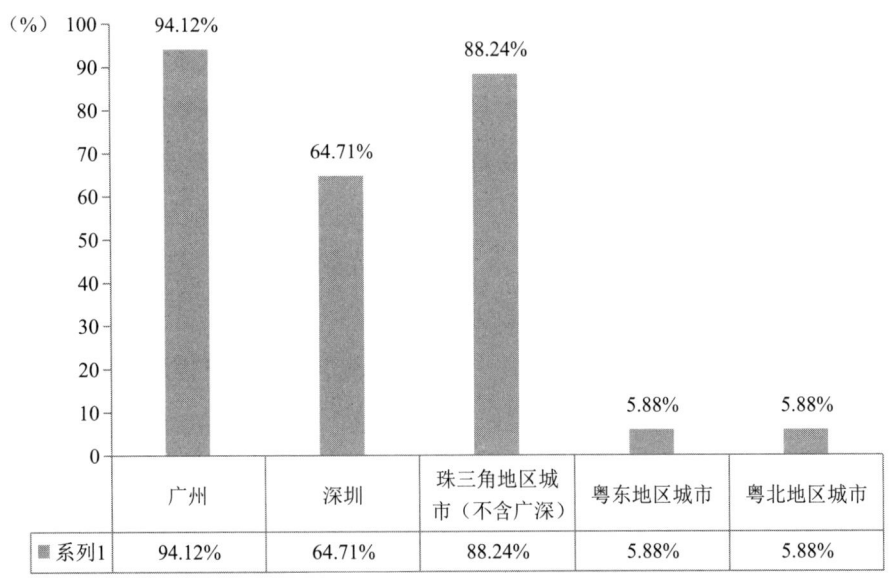

图 4-13　近三年（2019—2021 年）省内实习的地点

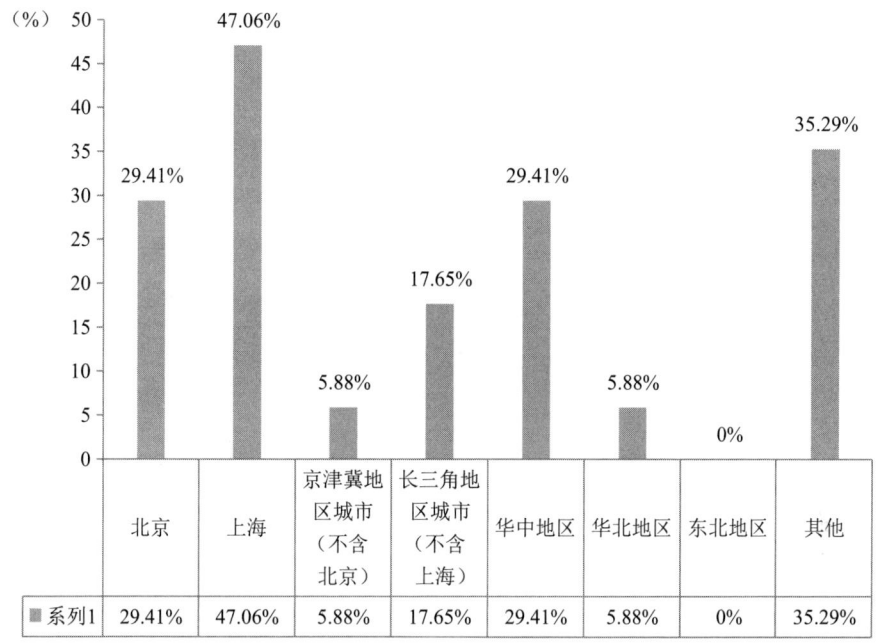

图 4-14 近三年（2019—2021 年）省外实习的地点

学生选择顶岗实习的地区分布与会展经济发展的区域特点密切相关。会展业较为发达的一线城市，以北京、上海、广州、深圳为主，这些城市会展企业较多，且企业实力较强，大型展会项目多，能够提供的会展实践机会多，因此学生实习多集中在这类区域。

2. 考证及就业状况

（1）考证

高职在毕业时会考取相应的职业资格证书。但我国会展高等教育，包括高职教育，也只有近 20 年的发展历程，教育系统官方考证中还没有会展类的考证项目，与会展相关的考证很多是由行业协会等非官方机构组织实施的。调研结果显示，高职院校会展专业学生首选职业资格考证项目为"会展职业经理人"的占比为 52.94%（见图 4-15），其余考证项目有助理商务策划师、会展策划师以及人力资源师等。高职院校会展专业并没有硬性规定毕业生一定要考取相关职业资格证书，但大多数院校会推荐学生考取相关职业资格证书。通过考证，一方面可以提高就业概率，另一方面通过考试复习和巩固了学科理论知识，锻炼了岗位实操能力。

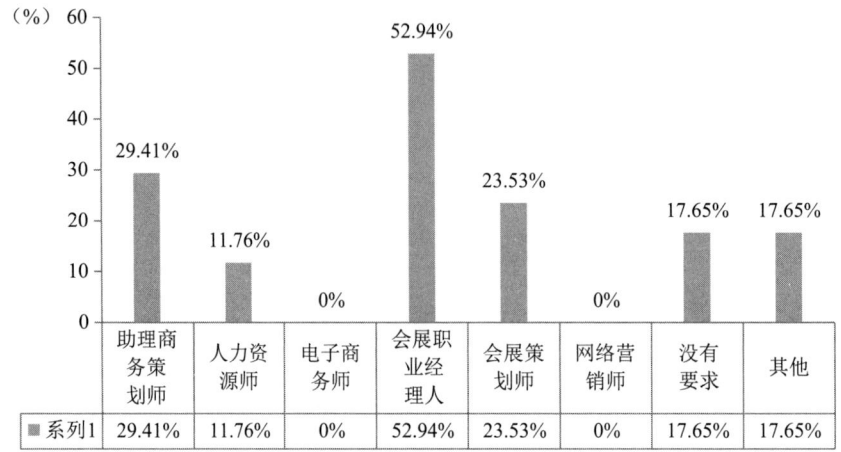

图 4-15 考取的职业资格证书

（2）就业情况

毕业生就业质量如何是反映人才培养质量的重要指标。本次调研跟踪了各院校 2019—2021 年这三年毕业生的就业情况，分别从平均初次就业率、初次就业的平均薪酬、平均对口就业率、就业岗位类型这四个指标了解专业学生的就业质量。

①平均初次就业率

对比三年的平均初次就业率情况来看，2019 年度平均初次就业率情况良好，就业率达到 90% 以上的院校占比 82.35%，就业率在 80%~89% 之间的院校占比 17.65%，从学生就业的角度来看，这个数据是非常合理的。从 2020 年度和 2021 年度的数值来看，平均初次就业率占比情况稍有下降（见表 4-7）。

表 4-7 平均初次就业率

年度平均初次就业率	平均初次就业率占比情况			
	70% 以下	70%~79%	80%~89%	90% 以上
2019 年度	0	0	17.65%	82.35%
2020 年度	0	11.76%	5.88%	82.35%
2021 年度	5.88%	11.76%	11.76%	70.59%

从近三年平均初次就业率数据变化可以看出，2020 年度由于疫情的原因，广东省会展业在前半年几乎处于停顿状态，广交会也是自创办以来首次停办，疫情对会展业的影响是巨大的，企业也面临着较大的经济压力，整体就业环境对会展专业学生来说非常不理想，因此平均初次就业率下降也是正常现象。2021 年度，疫情虽然在国内得到了有效控制，但外围环境疫情形势仍然比较严峻。对于会展这类聚集型活动来说，疫情传

播的风险非常大，所以到 2021 年底为止，国内会展行业还没有恢复，企业也放缓了招聘节奏，因此 2021 年度统计到的高职会展专业平均初次就业率仍然有所下降。

②初次就业的平均薪酬

对比近三年的年度初次就业的平均薪酬发现，约 40% 的毕业生初次就业的岗位薪酬范围是在 2500~3500 元 / 月，这也是符合市场的普遍行情，作为高职毕业生初入职场的岗位薪酬行业标准一般就在这个范围之内。与 2019 年、2020 年相比，2021 年度会展专业初次就业的平均薪酬范围在 5500~6500 元 / 月区间占比情况有所增加。根据部分企业走访反馈的结果得知，2020 年度，疫情对会展业的冲击较大，造成人员流失较多，2021 年度企业逐步恢复了业务项目，重新开始招聘相关专业人士，由于招聘专业人才的标准相对提高，因此起薪点也略有上升（见表 4-8）。

表 4-8 初次就业的平均薪酬

年度初次就业的平均薪酬	年度初次就业的平均薪酬占比情况				
	2500~3500 元 / 月	3500~4500 元 / 月	4500~5500 元 / 月	5500~6500 元 / 月	6500 元 / 月以上
2019 年度	47.05%	41.18%	5.88%	5.88%	0
2020 年度	41.18%	41.18%	11.76%	5.88%	0
2021 年度	35.29%	35.29%	11.76%	16.66%	0

③平均对口就业率

对比近三年的平均对口就业率发现，毕业生在会展类企业或者会展服务类企业就业的对口就业率呈现的变化趋势为：2019 年度专业学生平均对口就业率达到 90% 以上的情况占比 11.76%；2020 年度专业学生平均对口就业率达到 90% 以上的占比 17.65%；2021 年度专业学生平均对口就业率达到 90% 以上的占比 23.53%（见表 4-9）。

表 4-9 专业学生平均对口就业率

年度专业学生平均对口就业率	专业学生平均对口就业率占比情况			
	50% 以下	50%~79%	80%~89%	90% 以上
2019 年度	0	70.59%	17.65%	11.76%
2020 年度	5.88%	64.71%	11.76%	17.65%
2021 年度	0	64.71%	11.76%	23.53%

从近三年就业对口率数据来看，2019 年和 2020 年受疫情影响，毕业生专业对口就业率不高。2021 年度对口就业率略有提升，这也是疫情影响下广东省会展企业用人需求变化趋势的正常反应。疫情前毕业生可选岗位类型余地较大，大部分学生会选择会

展服务类或相关企业就业。疫情防控下，近三年会展企业是见缝插针式地发展，当疫情暂时稳定，符合条件的展会项目恢复线下展，当疫情又出现反复情况，线下展又被全面叫停。企业在用人需求方面也出现了波段式的发展趋势。2021年度经过疫情洗礼，会展企业也在摸索中寻求了新的发展思路，对人才的需求也有部分复苏，因此学生的对口就业率反而有所提升。

据教育部统计数据，2022年高校毕业生预计1076万人，这意味着就业形势依然严峻，会展专业毕业生也不例外。

④就业岗位类型

文秘、市场营销、项目管理、活动策划、服务等岗位是会展专业毕业生从事较多的岗位类型。据调研数据得知，毕业生就业岗位类型中，就业人数最多的是市场营销岗，占比88.24%，其次是会展策划岗与会展执行岗，占比均为64.71%，客服接待岗占比58.82%，排在第三（见图4-16）。

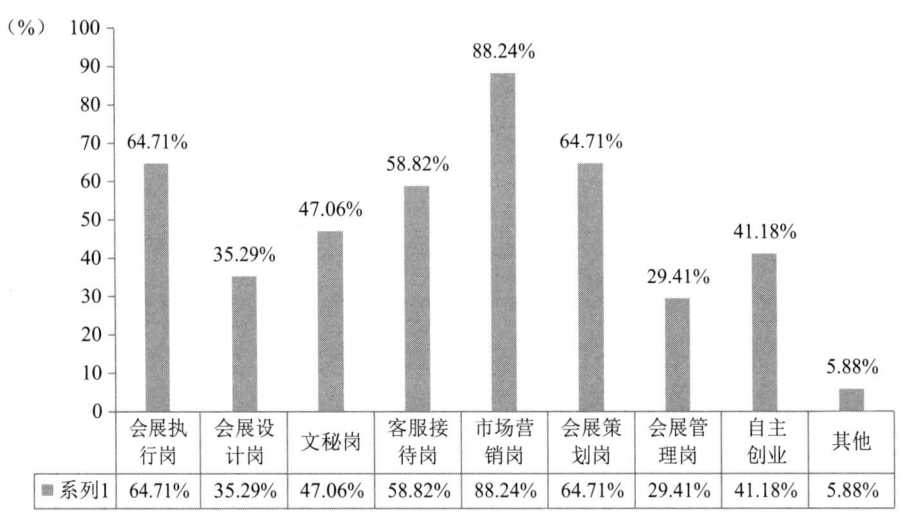

图4-16　毕业生就业岗位类型

从就业岗位类型来看，与会展行业密切相关的岗位类型主要有会展策划岗、会展执行岗、会展设计岗、市场营销及客服接待等岗位。学生就业的岗位类型反映出，高职院校会展专业开设的课程基本是围绕这几类岗位能力与需求所设计的。

受疫情的影响，高职会展专业学生的初次就业情况、平均薪酬、对口就业率等在近三年呈现波段式的变动趋势，这与会展行业及企业的发展变化密切相关。尽管行业受疫情所限发展受挫，但毕业生就业质量还是保持在一个较好的水平，这也从侧面反映出广东省会展产业发展在受挫中仍坚持向前发展的趋势，广东省高职院校会展专业学生的毕业质量是有保障的、深受企业欢迎的。

3. 学生获奖情况

学生积极参与各项赛事活动，一方面能提升自身的能力和实操水平，另一方面能加深对企业行业的关注和了解。因此院校方会鼓励学生积极参与各类会展策划类、会展设计类等竞赛项目。由于会展类目前还没有教育部门组织的官方比赛项目，因此本次调研只针对创新创业类大赛项目获奖情况进行统计。近5年广东省各院校会展专业参与创新创业类项目获奖情况如表4-10所示。

表4-10 近五年（2017—2021年）创新创业类大赛（含挑战杯）获奖数

奖项	学校	一等奖	二等奖	三等奖	获奖总数
国家级	广东轻工职业技术学院	0	2	0	2
	广东科学技术职业学院	1	0	0	1
省级	广东轻工职业技术学院	5	2	0	7
	广东科学技术职业学院	1	0	0	1
	广东交通职业技术学院	0	2	6	8
	广东南华工商职业学院	0	0	3	3
	珠海艺术学院	0	0	1	1
	顺德职业技术学院	0	0	1	1

受专业特性影响，会展专业学生普遍思维活跃，接受新事物能力较强。学生参与的展会实习项目机会相对较多，能真正参与企业实际工作，通过近距离接触企业，更深刻地了解了行业的发展和企业的需求，一方面提升了学生的学习能力，另一方面也让他们思路更活跃、更富有创意。因此，学生参与各类竞赛项目的积极性也比较高。

（八）技术研发与社会服务情况调研

1. 技术研发

会展业属于服务业，专业特性决定了会展专业在技术研发方面较为薄弱。但专业的发展需要教师团队具备一定的教学科研能力，从更高的理论层面思索专业建设和发展路径。因此，各院校会展专业团队均在积极申报各类课题和科研基金项目，打造教学名师与教学团队。其中成绩较为突出的院校有：广东轻工职业技术学院会展专业获得一项国家教学成果奖（二等奖），获得一项省级教学成果奖（一等奖），拥有一个国家教学团队，专业有三位国家教学名师，专业获得一项优秀科研成果奖；广东开放大学（广东理工职业学院）申报立项一个国家社科/自科基金项目；广东农工商职业技术学院、广州现代信息工程职业技术学院以及珠海艺术学院均申报立项一个教育部人文社科研究项目。其他院校均积极申报各类省、市级科研项目。

2. 社会服务

高职教育的特色就是以服务为主旨，以就业为导向，以提高对社会经济的贡献率为目标。高职教育其功能定位于服务和促进所属区域社会经济的发展，满足地方对现代化进程中人才的需求。教育部曾经专门提出增强高职院校服务社会的能力，促进劳动力的职业技能的提升，促进职业教育的发展。高职院校专业建设之间的竞争、发展，其核心就是服务能力的竞争。社会服务水平是衡量专业建设的一个重要指标。据调研结果来看，广东省高职会展专业在建设过程中大部分院校能加强学生的职业训练，积极开展对外的合作，争取更多的社会资源，培养更具备职业能力的从业人员，服务于区域会展经济的发展。

社会服务不仅是为区域经济服务输出适合的人才。从专业教师团队角度来看，专任教师非常有必要提升自身的社会服务能力。专任教师的社会服务能力一方面是服务于学校，做好本职工作，另一方面则是服务于社会。但据调研结果看，高职院校会展专任教师的社会服务能力还存在较大欠缺，专任教师一般以个人身份通过提供培训咨询、参与企业项目等形式开展社会服务工作。院校方较少从学校层面上协助教师开展社会服务项目。

（九）国际交流与合作情况调研

中国展览业要做大做强，国际化是一个必经的途径。但目前广东地区展览业国际化的发展水平还不算太高，国际性大型展览企业纷纷在中国设立企业，开办展会项目，相比较而言，中国企业在海外办展业务还不算多。由于国内会展企业国际化发展水平的失衡，大部分中国会展企业以中、小、微型模式为主。从人才质量上来看，国际化会展专业人才属于会展人才需求较高层次上的高层人才。从数量上来说，只有少数大型展览公司涉及跨国业务较多，对会展人才的国际化有较高要求，这也导致了高职院校在会展专业建设方面，国际化的交流与合作较少，在被调研院校中，目前还没有一家院校建立了海外实训基地，也没有一家院校开展了与海外企业的合作项目。

高职会展专业在国际化交流与合作方面，主要还是采用院校与海外相关学校联合办学，鼓励学生通过自主选择交流项目实施留学。但近三年（2019—2021年）受疫情影响，大部分院校的海外合作办学项目暂时中止。

三、广东省高职会展策划与管理专业建设存在的问题剖析

广东省各高职院校开设会展专业的时间长短不一，但会展专业建设所遵循的原则和

规律是相似的，专业建设中出现的问题也存在共性。根据调研数据，企业、行业专家与项目团队成员运用头脑风暴，采用定性分析方法梳理了目前广东省高职会展专业建设存在的主要问题。

（一）招生与在校生情况存在的问题剖析

通过企查查（https：//www.qcc.com），以"会展"为核心词进行搜索，了解到广东地区的会展类企业数量情况如表4-11所示。

表4-11 广东地区的会展类企业数量

搜索区域	"会展"为核心词	注册10年以上	注册5年以上	注册1年以内
广州	189 146	16 725	60 391	31 616
广东	501 662	30 765	134 372	110 946

陆续再以"展装"为核心词进行搜索，可以查到广东省内公司注册名称中有"展装"字样的公司相关信息7356条。以"展会服务"为核心词进行搜索，可以查到广东省内公司注册名称中有"展会服务"字样的公司相关信息5263条。

网络查询数据中可能存在重复计算的现象。尽管如此，从搜索数据中可以看出广东省内会展及相关类企业数量有五十多万家。一般而言，企业用人来自两个途径，一是应届毕业生，二是社会招聘。从企业数量可以看出，广东省内会展企业即便是一家企业每年需要招聘一个工作人员，那么人才需求的数量也达五十万人。目前广东省内21家开设会展专业的高职院校，每年毕业生数量约2000人，在校生数量总计不到6000人，从数据来看，会展专业培养人才数量还远远不能满足现阶段企业的用人需求。

（二）专业人才培养目标与模式存在的问题剖析

专业人才培养质量是否符合企业实际用人需求，取决于院校方能否制订一份高质量的人才培养方案，并构建具有院校特色的人才培养模式。据调研数据分析，被调研院校中，部分院校在人才培养目标与模式构建方面尚存在如下问题。

1. 专业定位不明确

会展活动涉及的内容很多，策划、管理、展示设计、活动实施、商务服务等，部分院校在制订人才培养方案时没有进行精准的人才培养定位，究竟计划培养的是创意策划人才还是展示设计类人才，在人才培养方案中没有明显体现，在课程设置方面也没有重点，好像每种类型的课程都有，但是没有重点培养目标。

2. 人才培养模式不清晰

部分院校还没有梳理出具有自身特色的专业人才培养模式，人才培养模式不清晰，导致专业建设过程中目标不明确，也影响了课程构建、师资团队培养、教学资源建设、教学实施开展等各方面工作的质量。

（三）课程教学资源建设存在的问题剖析

从教学资源建设情况来看，即便是会展专业建设水平较高的几所院校，在课程资源建设方面也存在不足。

1. 缺乏高质量的教学资源

从目前已经建设的教学资源数量来看，广东高职开设会展专业的院校中，承担国家资源库建设任务的学校仅有三所，且还没有一所是属于牵头院校。拥有国家级精品资源课程仅有1门。拥有省级精品资源或在线开放课程有8门，其中会展专业类课程仅有6门。数据反映出会展专业核心类课程的资源建设不足。会展专业教学资源建设有很大的提升空间。

2. 缺乏实践教学类资源

在目前已经建设具有一定成效的教学资源中，完全没有实践类教学资源。院校方师资团队在实践性教学资源的建设方面也缺乏相关经验。无论是教材还是视频类资源，有关实践教学的素材较为缺乏。

3. 缺乏一定的资源共建共享平台

教学资源的建设不能仅依靠个别院校的努力，高质量的资源应该是团队协作、院校企业合作共同建设完成的。同时对现有的优质教学资源，还没有形成共享机制，缺乏一个共建共享的平台让各院校能一起使用优质的课程资源。

（四）教材与教法改革存在的问题剖析

从数据上来看，在被调研院校中，会展核心类课程的国家规划教材仅有2门。会展专业核心类课程的国家规划教材非常缺乏，教材建设空间很大。但高质量教材的建设不是短时期内可以完成的，且不是靠个人能完成的。

疫情影响加快了教学信息化改革的进度。"停课不停学"让"线上+线下"的教学模式成为常态。传统的教学模式和教学方法面临来自学生和环境的双重挑战。高职生思维活跃，更愿意接受多元化的教学方式。

据调研分析，目前高职院校在教材与教法改革方面存在的主要问题如下。

1. 教材更新频率低

教材建设是一个长期的过程，以纸质教材为代表的传统资源建设，其建设周期长、资源更新频率低。不少院校核心课程采用的教材使用年限已经超过5年。会展业是不断变化发展的，教材中的案例、实操方法等年限久远，教材更新频率低，导致相关知识陈旧，很多已经不符合现在企业的需求，甚至是已经被淘汰的实操方式。

2. 教学观念滞后，教法学法方式单一

部分教师还存在对教学信息化了解和重视不够，对于采用"线上+线下"的教学模式认识不到位。还是习惯性使用传统教学方式，以至于教学方面还保持着"教师面面俱到、谆谆教诲"，学生则"消极被动地听"，教学效果不佳。

会展专业课堂授课过程中，很难真实展现企业的各类工作场景。教师单纯通过知识讲解进行授课活动，一方面学生听课的积极性不高，另一方面，没有任何职场经验的学生，对众多实操性的项目较难通过语言的讲解去理解，并学会操作技能。在教学方法单一、教学场景单一的情况下，会展专业课堂授课比较难吸引学生的学习注意力。

（五）师资建设存在的问题剖析

1. 师资数量不足

所调研院校中，会展专业教师团队中科班出身的教师所占比例不大，大部分高职会展专业教师是由其他专业教师经过培训转岗担任的。这与我国会展教育起步较晚的因素密切相关，我国会展策划与管理专业本科教育是从2002年开始，至今也就20年的发展历程，因此科班出身的师资数量不足。部分院校师资较为缺乏，以至于专业核心课程也需外聘教师完成。

2. 教师实操能力缺乏

高职会展教育更强调对学生职业能力的培养。对学生实操技能的培养，前提是教师本身应具备较高的实操技能。但据调研所知，目前广东高职院校中会展专业教师队伍中有实际会展类企业工作经验的教师非常缺乏。实操能力的欠缺是目前专任教师队伍中存在的一个较大问题。因此，各院校都采取提供培训、鼓励教师企业顶岗等形式提高教师的实践教学水平。但在实际操作中，还存在一些问题，比如，教师的企业顶岗质量如何完全取决于教师的自我要求。专业教师参与的培训类型虽然较多，更多还是集中在教学改革、教学能力方面，真正的企业岗位类培训较少，针对会展行业发展的相关资讯类培训几乎没有。院校教师实操能力水平的提升是目前师资建设中急需解决的问题。

3. 兼职教师队伍不稳定

院校方在构建专业兼职教师队伍时，一般会优先选择校区合作企业中的资深员工，但企业员工由于受工作时间所限，或者个人职业发展所限，较难有稳定的授课时间保障。在授课内容方面，大多只能承接实践类课程，且需要集中在某一时间段完成授课任务，因此以企业员工为主的兼职教师队伍存在着不稳定的因素，且授课内容存在不一致的现象。

（六）实践教学条件存在的问题剖析

1. 对实践教学的重要性认知不足

不少专业教师把实践教学仅仅看作是理论教学的一个环节和补充，处于附属地位，授课过程中偏重理论知识的讲授，忽视实践动手能力的培养。教学过程中理论和实践脱节的情况比较普遍。

2. 实践教学质量难以保障

实践教学质量的好与坏受到诸多因素影响，教师的实践教学能力水平、是否有足够的组织实践教学的经费、是否有合适的实践教学场地等，都会影响实践教学质量。目前高职会展专业普遍存在实践教学深度不够，不能高效、高质量地完成学生专业技能训练的情况。

对于由企业兼职教师完成的整周实训类实践课程，课程内容有时会与企业的真实项目相承接，也就是以完成企业真实项目为主的实践学习，这类项目对于学生的实操能力训练是非常有利的。但受企业业务的影响，实践课程内容设计在稳定性与长期性方面有所欠缺，这会导致每一届学生参与的实践课程、学习内容是不一致的。

3. 实践教学条件不足

从调研的情况也可以看出，部分院校迄今为止还没有校内、外实训基地，实践教学环境存在较大欠缺。学生如果不能深入企业内部去了解工作内容和岗位职责，那么校内实训基地中的实践教学是一种很好的替代方式。院校方如果不能提供这样的实践教学环境，仅仅依靠从课堂上获取理论知识，很难做到学以致用。有的院校虽然建立了实践教学基地，但由于建设年限较长，设备陈旧，没有及时更新，对于专业实践教学来说所起的作用也不大。

4. 实践教学创新不足

实践教学是重点培养学生的实操能力，是与会展企业岗位、职业能力相匹配的职业技能训练，也是学生毕业后能快速适应企业需求的能力训练。会展业的发展变化较快，企业无论从营销方式还是管理手段都在不停变革，但是院校中的实践教学环节往往还是沿用以往的教学内容和模式，缺乏创新，跟不上企业发展的速度。

（七）人才培养质量存在的问题剖析

从院校的角度来看，人才培养质量与师资水平、教材质量、课程设置、课程内容与教学方法等因素密切相关。从近三年广东高职会展专业学生的就业情况来看，会展专业人才的培养质量不错。但据企业访谈结果来看，企业相关专家认为院校方人才培养质量还存在部分问题。

1. 实践能力有待提升

高职院校毕业前一般会有为期半年的实习顶岗期，这段时间是真正在企业工作，参与具体会展项目工作。通过走访企业了解到，高职毕业生以实习形式留下来的人员数量并不多，企业专家认为毕业生在实践能力方面存在欠缺，与企业需求还有一定的距离，毕业生要沉淀 2~3 年后，才能更符合企业的需求。

2. 职业素养方面存在缺失

企业用人时看重的不仅是知识和技能，更看重的是员工适应企业环境、应对挫折、团队协作的能力，还有坚韧的心性、良好的品格等方面的职业素养。个别实习生在顶岗实习中不愿担任基础服务岗位工作，面对挫折时也不能很好地应对和处理，这些都是缺乏职业素养的表现。相对于知识和技能来说，企业用人更看重学生职业素养方面的表现。

3. 校企合作深度不够

校企合作、工学结合是职业教育的本质特点，也是实现人才培养目标的重要举措。广东省高职院校会展专业经过多年建设，部分院校的会展专业与企业形成了较为稳定的合作关系，如校企共建实训基地、共建产业学院，邀请企业资深员工为学生开设专题讲座，或者担任实践教学课程导师，校企共同进行课程建设与教材开发等。但在被调研院校中也有部分院校没有形成较好的校企合作机制，专业建设还是以院校方为主导，以专任教师团队为主，教师参与校企合作的积极性也不高。校企合作发展不太理想的院校，究其原因主要存在以下几个方面问题：首先是院校方的支持力度不够；其次是院校方校企合作意识较为缺乏；最后是缺乏一系列的制度保障。校企合作深度不够，严重影响了会展专业的人才培养质量。

（八）社会服务存在的问题剖析

社会服务能力增强是高职院校服务社会的需求，也是高职院校完善自身发展的需要，目前高职院校也越来越意识到社会服务能力建设的重要性。根据调研的情况来看，广东省高职会展专业的社会服务能力存在的主要问题如下。

1. 社会服务意识欠缺

专任教师的精力主要还是用于日常教学及个人提升方面，教师的社会服务意识不强，也不愿意花太多额外的时间投身到社会服务中，而是更愿意进行科研学术研究。

2. 教师本身缺乏社会服务的实践能力

部分教师是自毕业后直接从教，没有企业工作经历和实践经验，因此能够为企业提供的社会服务类型有限。有些教师尽管具备企业工作经历，但在既要做好教学工作，又要进行社会服务这两项选择中，如果没有相应的制度和时间保障，二者难以兼顾，自然就缺乏服务社会的动力和热情。

四、广东省高职会展策划与管理专业建设提质培优发展对策

（一）招生与在校生提质培优对策建议

自 2019 年疫情开始，以人员流动与集结为主要特征的会展业首当其冲地成为新冠疫情影响的重灾区，成为受新冠疫情影响较大的行业之一。展会项目被叫停，收入急剧减少，现金流量的断层，客户的流失以及成本和支出的增加等，使企业的生存和发展面临极大的风险，甚至导致一些小型和微型企业走向了消亡。对会展专业毕业生来说，对口就业前景堪忧。但根据目前广东省注册并运营的会展类企业数量看，会展类人才需求缺口保守估计也达数十万人。高职院校每年为社会输出的毕业生仅数千人，远远达不到行业的用人需求，这也反映了会展人才需求空间较大。院校方有必要积极采取措施，扩大招生人数。

1. 加大专业宣传力度，扩大招生

院校方要主动进行专业招生宣传，让考生了解会展行业的状况、会展业发展趋势及未来的就业前景。院校方可以制作相关专业宣传的物料、视频等，让考生及家长对专业有初步了解，增加考生报考专业的信心，以此增加专业报考人数。

2. 采取校企合作方式加大人才培养力度

除了通过增加招生报考人数，提升人才培养数量措施以外，院校方还可以考虑开展多种形式的校企合作方式，如可以联系数家企业通过订单培养方式进行人才输出，协助企业开展员工培训工作，加大为社会输出会展人才的数量。

（二）专业人才培养目标与模式提质培优对策建议

在被调研院校中，部分开设专业较早、专业建设较好的院校，在人才培养模式方面逐步形成具有院校特色的人才培养模式，并通过数年教学实践验证了人才培养模式的合理性、科学性与可行性，培养出高质量的会展专业人才。如广东交通职业技术学院会展策划与管理专业构建了"双展交替，三层跨越"的人才培养模式。广东轻工职业技术学院会展策划与管理专业采用"校企联合"的人才培养模式。广州科技贸易职业学院会展策划与管理专业构建了"标准引领教学、项目提升技能"的人才培养模式。但还有部分院校人才培养模式及目标尚存在问题。对标专业建设领先的院校，建议可以从以下方面着手构建专业人才培养模式。

1. 精准定位人才培养目标

院校方在确定专业建设特色前,可以通过与企业、行业等相关专家沟通,通过定性方式梳理自身所具有的资源、优势等,借助企业资源及专家建议,结合学院自身特点,进行专业的精准定位,并制订相应的专业人才培养模式。在精准定位的前提下,其他如课程设置、师资配备等都有了明确的方向。

2. 加强对实践条件的投入

实践教学环境不足会严重影响对学生实操能力的培养质量,也间接影响专业人才培养质量。要从院校层面上加大对实训基地建设的投入,在校内保障具备一定的实践教学环境,同时在外也要加强与企业的合作深度,构建良好的校外专业实践教学环境。

(三)课程教学资源建设提质培优对策建议

1. 推动优质课程资源建设

优质教学资源的建设是推动高职会展专业教育的"质量革命"。教育部发布通知,自2020年起,分年度在部分重点领域建设优质教学资源库,优化教育教学条件、推进教学方法改革、加强教师队伍建设,探索"四新"理念下教学资源建设新路径和人才培养新模式。由此可见,优质教育资源的建设至关重要。

优质课程资源不能仅依靠教师个人完成,院校方应充分发挥专业师资团队的能力,打造会展类专业精品资源共享课程以及会展专业教学资源库,通过课程与资源库的建设,积累大量各类型专业学习资源,在此基础上逐步形成优质的课程教学资源。会展课程资源建设中,尤其要重视对实践类资源的建设,实践教学资源的缺乏是目前广东高职会展专业普遍存在的问题。优质的实践教学资源离不开企业的参与。充分利用企业的案例资源,发挥企业专家优势,从内容选择、案例分析、项目执行等方面共同确定实践资源类型与内容。

2. 推动课程资源的共建共享

在对课程资源整合的基础上,把封闭的资源转化成开放的资源要有合适的平台,才能推动资源的共建和共享。随着社会的快速发展,教育必须符合社会创新人才的培养要求,信息资源共享的多样化需求。可以通过院校间合作,以动态形式搭建高校共享的开放性教学系统,实现资源的快速更新,推动课程资源的共建与共享。

(四)教材与教法改革提质培优对策建议

1. 提高教材质量,加大对数字化教材建设支持力度

专业教材是职业教育的核心,教材内容的编写既要反映出会展行业的普遍生产活动方式,又要了解会展企业的岗位及技能需求,教学内容的选择要建立在对企业岗位需求及技能要求调研的基础上,邀请企业和相关行业专家共同参与编写。院校可以通过与学会、协会、教指委等组织合作牵头,统一规划和组织管理,提升教材质量。传统纸质教材在资源更新频率等方面稍有不足,院校方应加大对数字化教材、活页教材等新型教材建设的支持力度,从而建设一批课岗相融高质量的教材。

2. 改变教学观念、促进教法学法改革

专任教师要通过培训等方式不断提升个人的教学观念,院校方则应通过出台相关制度支持专任教师参与各类培训,不断提升个人教学观念,提高教学方法。同时通过鼓励教师参与教学能力大赛等,促进教法改革。

(五)师资建设提质培优对策建议

对于专任教师的培养反映出院校方在会展专业建设方面的投入和重视程度,教师教学水平的高低与专业建设的质量有直接联系,专业能否建设好,关键在于是否拥有一支高水平的教师团队。

1. 制度保障

关于专任教师的建设,要从院校方内部制订相关保障制度,比如逐步引进科班出身的专业教师、高水平人才或者企业中资深员工充实教师队伍,从制度层面上制订师资培训计划,有计划、分层次地构建老、中、青三代的教师队伍,通过建立"传帮带"等相关措施,提升教师团队总体水平。

2. 加强对专任教师实践教学能力的培养

以院校名义牵头与企业建立较为密切的合作关系,提供相应的企业顶岗实践机会,这样可以让教师真正深入会展企业进行顶岗和学习。同时在培训项目中,可以适当关注会展类行业、企业的相关培训,为教师提供与专业对口的培训项目,可以帮助教师及时了解会展发展的相关资讯,与会展业保持密切联系。

3. 加大兼职教师队伍建设力度

选择合适的校外兼职老师,对院校的实践教学质量具有极大的提升作用,尤其是来自会展企业的资深员工,作为实践课程的指导老师,可以从会展行业发展、会展企业需求及会展实践操作等方面为学生带来很好的非理论教学内容,对于学生的职业适应性、实践能力提升有极大帮助。

基于此,院校方有必要建立一支较为稳定的兼职队伍,兼职队伍教师承担的实践课程教学内容,可以通过院校与企业协商确定。这样一方面有利于保持兼职教师队伍的稳定性,另一方面可形成相对科学合理的实践教学内容。

（六）实践教学条件提质培优对策建议

1. 从观念上强化实践教学的地位

围绕展会活动的众多工作岗位，都有一定的实操需求。作为院校来说，首先要从观念上认同实践教学的重要性，强化实践教学的地位，从教学模式上调整教学计划，提高实践教学比例。教师也应从观念上认识到，对于会展企业来说，实操能力比理论知识更有用。在授课过程中要尽力把理论知识和实操技能训练相融合，把课程内容与岗位需求相融合。

2. 多元化教学形式，提升实践教学质量

实践教学方式可以多元化，社会调研、顶岗实习、企业实践，鼓励学生参与展会实习，利用校内、外实训基地开展专项实操训练，校企合作开发实训任务、建立工作室甚至是鼓励学生创业等，都是实践教学。在尽力争取学院及企业资源的前提下，鼓励教师多尝试各类实践教学形式，是提升实践教学质量的有效途径。

3. 改善实践教学环境

高职会展专业建设应考虑到实践教学环境的建设，为专业学生实操能力的培养提供所需场所。根据在校生规模分析，在校学生规模在 500~1000 人范围内，建议学校配备 1~2 个实训基地作为实践教学场地，在校学生在 1000~2000 人范围内，建议学校配备 2~4 个实训基地作为实践教学场地。除了学校的实践教学场地，也要考虑与企业、行业等组织合作建立校外的实训教学场地。这样才能全面提升专业的实践教学环境。当然，实践教学环境的建设需要一定的条件，改善实践教学环境还要由院校方牵头，从制度、人力、物力、财力等方面给予支持，仅仅依靠系部或专任教师的力量是远远不够的。

（七）人才培养质量提质培优对策建议

据企业调研的情况来看，高职会展专业毕业生存在着眼高手低、不能沉下心来从基层岗位做起，面对挫折容易放弃等现状。

1. 加大课程思政建设力度，提升学生职业素养

职业素养是学生对社会职业与适应能力的一种综合体现。职业素养的培养是需要不断学习和积累的。尤其是对会展企业来说，招商、招展、宣传推广等项目开展都需要遵守商业规范，具备商业诚信。活动策划、项目实施等均涉及大量经费收支，诚实守信是做好岗位工作的前提。个人品格、职业素养的培养不是短期的企业培训能完成的。

院校的教育中，首先要考虑的是德育教育。在专业课程中融合思政教育是培养学生职业素养的有效途径。课程思政是将德育置于课程目标之首，倡导并践行社会主义核心价值观和爱国主义精神，不断提高学生思想道德素养，提高学生服务国家、服务人民

的社会责任感。教师在授课过程中要把握课程思政教育的核心,把思政通过"润物细无声"的方式,用来提升学生职业素养,满足企业用人需求。

2. 建立稳固的校企合作关系,依托企业资源提升人才培养质量

院校方首先从管理层面建立合理的制度,鼓励专业与企业共同培养会展人才;其次在意识层面上,明确校企合作是与企业建立合作关系,而不是与企业中某个人建立合作关系,因为企业项目是稳定的,而企业中的某个人有可能存在岗位变动;最后要考虑出台具体措施,提升专业教师的校企合作积极性,鼓励企业资深员工进入学校任教,鼓励学生参与企业的真实项目工作,形成稳固长期的校企合作关系,才能依托企业资源提升人才培养质量。

(八)社会服务提质培优对策建议

1. 明确社会服务方向

据调研情况来看,尽管院校方非常重视专任教师队伍的建设工作,强调专业教师的持续培养,但是专业教师参与的培训类型及相关内容更多还是集中在教学改革、教学能力方面,真正的企业岗位类的培训较少。专业的社会服务能力是通过教师或者学生体现的,专任教师自身对企业岗位不熟悉,不了解企业岗位需求,不具备岗位相关技能,就无法较好地提供社会服务。这需要院校方从高层设计,依托会展专业的特性,在了解专任教师的个人能力的基础上,明确社会服务的方向和内容,更精准地提供社会服务。

2. 院校牵头建立良好的校企合作关系

教师服务于企业,既需要教师本身具备一定的服务能力,也需要企业对教师具有一定的信任。由院校方牵头建立校企合作机制,制定相关制度和规范,保障校企合作关系的稳定,才能有效推动教师为企业提供社会服务。校企合作使高职院校与企业紧密联系了起来,双方通过交流沟通制订合适的合作计划、内容及形式,在此大框架下,教师为企业提供服务,既能满足企业的需求,又能协调教师的时间分配,保障教师服务的质量。

3. 院校方提供制度保障

校企合作需要持续和稳定,这样才能为教师的社会服务搭建良好的平台。教师开展社会服务工作是需要时间、精力,甚至是经费的。如果仅凭教师的个人意愿来做,这项工作很难长期持续下去,因此院校方要从制度上保障这一工作的长期稳定开展,为提升教师和专业的社会服务保驾护航。

(九)标杆院校会展专业建设案例

1. 浙江旅游职业学院会展策划与管理专业建设情况

浙江旅游职业学院是由文化和旅游部与浙江省人民政府共建的一所公办高等旅游院

校，是国家示范性高等职业院校建设计划、第二批国家现代学徒制试点单位，是全国旅游院校中第一所通过联合国世界旅游组织旅游教育质量认证的院校和唯一一所国家旅游局旅游教育标准化示范院校，是全国高等职业院校服务贡献50强、国际影响力50强院校，是浙江省高职优质校建设单位，是国家AAAA级旅游景区，也是中国旅游教育"五星联盟"院校之一。

浙江旅游职业学院是国内首批开设会展策划与管理专业的院校之一，会展策划与管理专业成立于2003年，拥有1家会展企业，7个学生工作室，招生规模全省第二。浙江旅游职业学院是全省培养会展人才最多的院校之一。

（1）校内、外实训基地建设方面颇有成效

会展专业在建设过程中，逐步与浙江省会展行业协会、深圳市会展产业协会、杭州市会议展览业协会展开密切合作，并建有浙江、上海、深圳等40余家稳定的校外实习基地，企业类型广，涉及专业展览公司、境外展览代理公司、文化创意公司、广告设计公司、营销策划公司、专业会议公司、展览场馆、会展旅行社、会议酒店及品牌参展企业等。

校内实训室建设情况：会展专业拥有浙江省高职院校会展专业唯一一个省示范实训中心——"会展综合实训中心"，建设会展信息实训室、会展设计实训室、会议中心、会展接待中心、展览实训中心、会展实训仓库等7个实训室，占地1500平方米，融学、教、练为一体。中心具有举办会议、展览、活动，完成设计制作，实践会展信息管理等多种功能。中心还担负着奥克坦姆浙江培训基地的功能，每年世界著名展览器材生产商——德国奥克坦姆公司为实训中心免费更新型材小样和会展设计的最新讯息。

（2）校办企业

会展专业拥有自己的校办企业——杭州旅苑会展有限公司。公司旗下分为两个发展部门——旅苑会展项目部和极光文化项目部。公司自2010年成立以来，将公司项目与专业实践教学紧密挂钩，将专业工作室、综合实训周项目、专业课程实践模块等内容引入公司真实项目。公司每年参与项目教学实践评价，全浸入式参与专业实践教学活动，目前已为专业引入近百个真实项目，充分发挥校办企业优势，与专业教学形成良好的合作共赢机制。

（3）学生工作室

策划与文创设计两大方向共计7个学生工作室。工作室以创业活动项目为引领，志愿服务项目为辅助，让学生的专业能力和职业素养得到较大的锻炼和提升。

（4）人才培养质量

目前专业在校生顶岗实习期间的薪资水平在2000~3000元，学生就业多集中在一线和二线城市。学生毕业三年后普遍月薪过万。近五年平均就业率为99.01%。

2. 广东交通职业技术学院会展策划与管理专业建设情况

广东交通职业技术学院会展策划与管理专业始建于2007年，专业地处广东省广州市会展教育核心地域，区位优势明显，2012年经广东省教育厅批准立项为广东省高职教育重点专业建设项目，2015年获得广东省高等职业教育专项资金支持，2016年通过省高等职业教育重点专业建设项目验收。专业办学规模及质量在广东省同类专业中排名前列，在全国也处于较为领先的位置。

广东交通职业技术学院会展策划与管理专业具有较强的行业影响力，是广东会展组展企业协会会员、广东会议展览业协会会员、广州琶洲会展经济促进会会员、广东省物流行业协会常务理事成员和广东应急产业协会会员，参加会展行业领袖论坛，参与制定行业标准，在国内同类院校中的影响力逐渐增强。

（1）人才培养模式与课程体系

广东交通职业技术学院会展策划与管理专业在多年建设实践中，逐步形成具有突出特色的专业人才培养模式"双展交替，三层跨越"。"双展交替"指的是：在校三年中，引导和组织学生在"校内展"和"校外展"中进行实训。"双展"在时间上交替进行，内容上与课程内容合理衔接。"三层跨越"指的是：在"校内展"与"校外展"中交替进行岗位专门能力训练，按照知识—校内展一般技能—校外展综合素质—会展企业真实顶岗，从而实现从知识向一般操作技能跨越、从一般操作技能向综合素质跨越，进而从综合素质向全面职业化跨越，在三个层面上进行跨越式提升，培养出操作技能娴熟、综合素质过硬、职业化技能高超的优秀人才。

专业根据职业岗位分析和人才培养规格，结合专业特点、高职教育教学规律、学生可持续发展需要，构建了融入会展策划师职业资格证、会展专业服务规范等，以能力为核心的专业课程体系。

（2）专业教师团队

会展策划与管理专业已形成了专兼结合、结构合理、规模适度、"双师"结构的优秀教学团队。会展策划与管理专业教学团队是2015年广东省高等职业教育省级教学团队。专业拥有一支结构合理、教学经验丰富、专业技能熟练的"双师型"教学团队。

（3）校外实习基地

以"展中校"为核心模式的校外实习实践是会展策划与管理专业教学的主要组成部

分。专业积极与广东科通展览有限公司、世界米兰展览（广州）有限公司、中国对外贸易广州展览总公司、广东鸿威国际会展集团、花都芙蓉会议中心、广州毕加展览服务有限公司等联合举办实训教学基地，主要校外实习基地有25家，校外实习基地得到稳定发展。

（4）人才培养质量

会展策划与管理专业开设以来，2010—2017年连续八届毕业生总体就业率均达100%。专业人才培养质量一直在显著提升。多年来，本专业学生获取职业资格证书率保持在100%，毕业生总体就业率保持在100%。在学生技能培养方面，建设期间学生参加了多次会展技能竞赛，获得国家级、省级奖项达50余次。获立项的省级、院级大学生创新创业训练计划项目共20余项。

3. 广东轻工职业技术学院会展策划与管理专业建设情况

广东轻工职业技术学院前身是创建于1933年的广东省立第一职业学校，至今已有90余年的职业教育历史。2006年，学校以优秀等级通过教育部高职高专院校人才培养工作水平评估；2007年，被列为省级示范性院校建设单位；2008年，被列为国家示范性高职院校建设单位；2011年，以优秀等级通过教育部、财政部组织的示范验收；2016年，被列为广东省一流高职院校建设单位。其会展策划与管理专业为广东省品牌建设专业。在实践教学方面形成了如下专业特色。

（1）人才培养模式

专业采用校企联合的人才培养模式。在课程设置上体现"宽、广、专"，在教学上注重学生综合能力培养。在教学过程中强调"三结合"，即理论与实践相结合，重视理论、突出实践；教学与调研相结合，注重继承、突出创新；课内与课外相结合，强调课外专业意识养成训练。

（2）实践教学特色

专业与中国对外贸易中心，以大学生校外实践教学基地为依托，开展人才联合培养自2008年至今已有十多年的历史。会展专业学生自2008年开始与广交会开展校企合作项目，广交会已经连续十多年接收管理学院会展专业学生到每年的春交会、秋交会开展一年两届的广交会实践教学工作。

依托中国第一展"广交会"，经过校企双方的努力，广东轻工职业技术学院会展策划与管理专业建立了组织机构健全，教学运行、学生管理、安全保障等管理制度完善，实践教学管理规范的校企合作基地，并形成了"一展一会，专业展和综合展兼顾发展"的学生校外实践教学设计思路。作为我国甚至全世界知名综合展代表之一的"广交会"

已成为会展策划与管理专业的重要校外实践教学基地，为学生的专业知识认知、专业能力培养、职业素质养成提供了一种重要的平台和保障。

（3）人才培养质量

专业实施"三证书"（毕业证、国家职业资格证和顶岗实习工作经历证）制度。校企协同制订学生实践教学与实施方案，全面锻炼学生职业技能和综合素质。构建"双导师"制，即校内的指导老师＋校外的企业导师，积极推动校外实践教学模式改革，提升人才培养质量。学生在实践中获得成果显著，受到广交会用人部门和服务单位的连续好评，在历年全国商科院校技能大赛会展专业竞赛中都取得佳绩。

（4）企业参与制定课程标准及课程建设，打造优质教学资源

《专业见习》是会展管理专业的实践教学课程，主要是让学生到广交会进行专业见习，充分体验真实的职业情景，满足教学过程中技能和职业素质培养的要求。因此需要企业的指导教师与校内的指导老师共同制定课程标准以便对学生的实践教学效果进行评估。此外，作为广交会实习的先导课程《会展服务》为学生的校外实践做了必要的准备，为了使教学内容更加符合后期展会实践的需要，特别邀请了企业参与该课程建设。目前《会展服务》为省级精品课程，合作企业对专业的课程建设提供了专业的指导意见。

4. 广州科技贸易职业学院会展策划与管理专业建设情况

广州科技贸易职业学院商贸学院会展策划与管理专业是广东唯一立项建设并通过验收的中央财政支持建设重点专业，综合实力位居省内同类专业第一。自2007年，学校主动适应广东省产业发展新格局的需要，开展专业调研并设置"会展策划与管理专业"，至今已发展成为综合实力在校内排在前列且为学校"十三五"期间重点建设的主干专业。

（1）人才培养模式

会展专业在建设中逐步形成了"标准引领教学、项目提升技能"的人才培养模式。经过多年积淀，专业整体实力不断提升，优势凸显，服务产业区域经济发展的实力增强，在人才的特色培养及专业创新定位上位居同行前列。

（2）师资团队

会展策划与管理专业已经形成了一支由专业带头人、骨干教师、行业一线有丰富经验的兼职教师组成的结构合理的专业团队，并能发挥积极作用。本专业教师团队专兼结合、双师结构合理、职称结构优良、社会服务能力较强。

（3）校、企、行合作成效

会展专业是广东省高职会展策划分指委秘书处，主持制定了广东省高职会展专业标

准,填补省内空白;是全省唯一由高职院校发起成立的广州市会展经济发展研究中心;是全省唯一组织三届广东省高职会展专业技能大赛的单位;牵头组织出版广东省商业类教职委会展专业规划教材;获得广东省商贸会展协同育人平台立项并结题,获得广州市商贸会展特色学院建设项目立项并结题;获全国优秀会展教育奖,是全国十佳会展人才培训基地、全国会展业产学合作联盟副秘书长单位;教学条件突出,获两届广东省实训基地立项;获得广东省品牌专业及校内实训基地立项;2019年获国家级商务服务公共实训中心立项。

从广东省高职院校会展专业建设总体情况来看,院校及专业建设的差异较大,对标会展专业建设较好的学院可以看出,会展专业建设质量好坏主要还是取决于人才培养模式的确定、课程体系的构建、专业教师队伍建设与培养、实训教学环境的建设、校企合作等方面的建设质量。

五、广东省高职会展策划与管理专业建设的未来展望

(一)政策利好提升招生规模

2015年,国务院出台《国务院关于进一步促进展览业改革发展的若干意见》(国发〔2015〕15号),这是首次从国家层面,针对一个行业的角度对展览业的改革发展进行阐述和部署,具有重大意义。

2017年,商务部发布的《服务贸易发展"十三五"规划》明确指出:健全展览业管理体制,加强展览业法律体系建设,推进简政放权,充分发挥促进展览业改革发展部际联席会议制度作用,强化部门间协作关系。健全展览业标准体系、诚信体系、统计监测体系和知识产权保护体系,加强人才体系建设。培育品牌展会和龙头展览企业。

2018年8月,国家统计局通知印发《新产业新业态新商业模式统计分类(2018)》以界定新产业新业态新商业模式(即"三新")范围。该统计分类将科技会展服务、旅游会展服务、体育会展服务、文化会展服务和其他会议、展览及相关服务分别列入"现代商务服务"的"其他现代商业服务"和"数字创意与融合服务"两个小类之中。

"一带一路"倡议视角下,按照国务院15号文件指示,作为大型服务交易平台,会展业要加快国际化、信息化步伐。2019年,习近平总书记共主持四场主场外交——"一带一路"高峰论坛、亚洲文明对话大会、世界园艺博览会、国际进博会,为作为国家战略的会展业提供政治、经济、文化实践场域,为其全面迈入全球智能时代奠定基础。

2019年2月18日,中共中央、国务院印发了《粤港澳大湾区发展规划纲要》,自粤港澳大湾区建设成为国家发展战略后,以会展为引擎带动旅游、酒店业发展,推动了

湾区制造业联结世界贸易，湾区会展服务业联结国际一流品牌会展企业，这是商贸交流和国际贸易不可或缺的城市经营重要策略。

随着我国国际影响力不断扩大，以及主场外交活动相继举办，会展已由以往单一的经贸平台转变为兼具国家战略落地的平台。这种战略性承接功能将赋予会展业更全面的产业联动效应。随着"一带一路"以及"京津冀一体化"、"十四五"规划、供给侧结构性改革、"互联网+"等新兴战略的深入开展和落实，会展产业越来越在城市经济建设、经济结构转型发展、提高社会运行效率方面发挥着积极的作用。国家政府支持力度的持续加大，将为会展行业营造更好的发展环境。

会展行业的发展必然对会展人才的需求的数量和质量提出新要求，高职会展专业所培养的高技能型会展从业人员，将成为会展业发展的主力人员。未来高职会展专业人才培养将在数量上和质量上都有所变化。

综上所述，可以看出高职院校目前所培养的会展专业人才数量远远不能满足企业的实际用人需求，因此高职院校会展专业在专业招生数量上将会有不断扩张的需求。同时，学生的生源也不再仅仅局限于普招班，来自企业的订单培养、社会人员的从业培训将逐渐增加。有部分会展从业人员为提升自身从业水平，也会选择再学习，这类群体也将成为高职会展专业的学生生源。

（二）会展跨界融合对人才培养质量提出新要求

我国会展经济发展主要是在改革开放以后，会展经济从高速增长步入高质量发展轨道，"绿色、低碳、可持续"发展理念成为行业共识和产业转型升级的方向。会展市场主体呈现出多元化、精细化态势。从近年来展览业的发展实践看，跨界融合为展览业发展注入了新动能。如会展中心从过去单纯的运营场馆进一步发展到融展览场馆、酒店、写字楼、购物中心、博物馆、艺术馆等为一体的多种设施融合运营新模式。

受疫情影响，线下会展受到了巨大冲击，各会展企业开始积极探索可持续的、数据化的运营模式。

随着虚拟现实、人工智能、区块链、大数据、5G通信等技术的运用，2021年成为元宇宙元年。一方面，疫情加速了社会的虚拟化，另一方面，线上企业经营成为常态，因此"云展会"成为展会发展新趋势，"面对面+在线展会"成为展会新模式。科技的进步为会展业带来数字化升级转型的机遇，数字会展的发展让"虚拟展会""云展览""云洽谈"成为会展的新模式。

会展企业发展模式的变革，促使会展从业者不仅要能应对传统展会模式的工作需求，更要适应线上展会的新模式，由此也产生了大量诸如主播、编导、助播、新媒体运营等新的工作岗位。会展从业者为适应行业发展新需求，必将是集会展专业、产业深耕、新技术应用于一身的复合型人才。高职会展院校专业人才培养一直依托于会展企业具体岗位及岗位职业能力需求，培养适合具体岗位需求的高技能型人才。但从会展跨界融合发展来看，会展公司从业人员仅仅熟悉会展项目运营、掌握具体岗位的操作技能远远不够。面对这些新需求，高职会展院校需要明确了解企业对人才需求的新变化，主动适应变革时代的到来，及时调整人才培养方向，梳理新的岗位需求，更新课程教学资源，应对行业发展新需求，培养适应行业发展的会展复合型专业人才。

（主要执笔人：薛艳）

参考文献

［1］中国会展经济研究会.2021年度中国展览数据统计报告［EB/OL］.2022-02-25. http://www.cces2006.org/index.php/home/index/detail/id/15380.

［2］教育部关于公布"十二五国家规划教材公示"；教育部办公厅关于公布"十三五"职业教育国家规划教材书目的通知［EB/OL］. 2020-12-17. http://wap.moe.gov.cn/srcsite/A07/moe_953/202012/t20201217_506058.html?ivk_sa=1024320u.

5. 广东省高职院校休闲服务与管理专业发展调研报告

休闲产业是指以人们的休闲需求为目标的,以旅游业、娱乐业、服务业、健身产业和文化传播产业为主体而形成的产业系统,范围广泛,涵盖旅游、观光、休闲、度假、康养以及与此相关的餐饮、住宿、交通、通信、文化娱乐、纪念性工艺美术品等多个行业的综合产业,涉及人们生活的方方面面。随着人们生活水平的提高,休闲旅游度假逐步成为现代生活的重要方式。人们已经不满足于传统意义的观光旅游,更加关注具备地域特色、时代特色的产品,对休闲旅游产品的品质服务的要求越来越高,我国正进入大众旅游时代,国内旅游人数和旅游总收入连年增长。2019 年我国人均出游已达 4.3 次,每年 60 亿人次的旅游市场,推动我国旅游经济迅速发展,促进旅游市场规模和服务品质同步提升,休闲旅游产业呈现出强劲活力,休闲旅游业已成为我国第三产业的重要经济增长点,尤其是在社会经济结构成功转型和国民收入大幅增加的刺激下,休闲旅游呈现更快的发展趋势。发展休闲旅游业,满足人民群众对美好生活的向往,已逐渐成为旅游消费的主流和旅游业发展的重要方向。伴随着休闲旅游市场的迅速扩展,休闲旅游人才需求强劲。高职教育院校作为培养休闲旅游人才的主力军,有责任有义务紧跟产业发展需求,构建完善的休闲服务与管理专业人才培养体系,培养合格的专业人才,为休闲旅游业提供人才保障与智力支持。

2021 年 3 月,为推进广东省高等职业院校旅游大类专业教育教学改革,提高人才培养质量,适应全省经济社会发展对职业教育旅游大类专业人才培养的需求,广东省高等职业院校旅游大类专业教学指导委员会组织开展了 2021 年度教育教学改革项目的申报工作。2021 年 6 月,《广东省休闲服务与管理专业调查研究》被确立为八项重点项目之一。该项目组在广东省高等职业院校旅游大类专业教学指导委员会的指导、支持和帮助下,严格按照立项通知和调研工作要求积极开展专业调研和报告撰写工作。调研采用了网络调查法、问卷调查法和电话访谈调查法。本项目组在广东省高等职业院校旅游大类专业教学指导委员会主任委员单位广州番禺职业技术学院研制的《广东省高职旅游管理专业发展现状调查问卷》的基础上根据专业实际情况稍做修改编制了《广东省高职休闲服务与管理专业发展现状调查问卷》，并在问卷星平台发放和调研。参与问卷填写的有佛山职业技术学院和惠州城市职业学院休闲服务与管理专业的负责人，在此一并表示感谢！

一、广东省高职休闲服务与管理专业总体概况

从调研结果来看，目前，广东省拥有 91 所高职院校，开设休闲相关专业的学校仅 8 家，分别是佛山职业技术学院、广东体育职业技术学院、广州体育职业技术学院、广东工商职业技术学院、广东工程职业技术学院、广州华夏职业学院、广东生态工程职业学院和惠州城市职业学院。其中广东体育职业技术学院、广州体育职业技术学院、广东工商职业技术学院、广州华夏职业学院开设的是休闲体育专业，广东生态工程职业学院开设的是休闲农业经营与管理专业，仅有佛山职业技术学院、广东工程职业技术学院和惠州城市职业学院三所学校开设休闲服务与管理专业。具体情况见表 5-1。

表 5-1 广东省休闲相关专业一览表

序号	省份	专业代码	专业名称	学校标识码	学校名称	年限
1	广东省	540113	休闲服务与管理	4144012327	佛山职业技术学院	3
2	广东省	540113	休闲服务与管理	4144013930	广东工程职业技术学院	3
3	广东省	540113	休闲服务与管理	4144014510	惠州城市职业学院	3
4	广东省	570302	休闲体育	4144012578	广东体育职业技术学院	3
5	广东省	570302	休闲体育	4144013708	广州体育职业技术学院	3
6	广东省	570302	休闲体育	4144013721	广东工商职业技术学院	3
7	广东省	570302	休闲体育	4144014268	广州华夏职业学院	3
8	广东省	410118	休闲农业经营与管理	4144014509	广东生态工程职业学院	3

数据来源：全国高等职业教育专科专业设置管理系统

开设休闲服务与管理专业的三所学校均属于公办性质，分布在佛山、广州和惠州等珠三角和粤港澳大湾区，地方经济条件较好，地理位置优越。其中佛山职业技术学院、广东工程职业技术学院属于广东省省级示范院校。在专业起源与发展上，佛山职业技术学院休闲服务与管理专业源于旅游管理高尔夫方向，该专业方向于 2012 年开始申办，2013 年对外招生，2021 年申办开设休闲服务与管理专业，现隶属于文化旅游创意学院；广东工程职业技术学院休闲服务与管理专业开设于 2019 年，同样源于旅游管理专业，隶属于公共服务学院；惠州城市职业学院休闲服务与管理专业开设于 2018 年，并

于 2018 年正式对外招生，隶属于民生学院。三所学校休闲服务与管理专业均未列入省级、国家级的示范重点专业、品牌专业和高水平专业群，具体情况见表 5-2。

表 5-2　广东省休闲服务与管理专业概况表

序号	专业名称	开办学校名称	学校性质	学校类别	开设时间	所在二级学院
1	休闲服务与管理	佛山职业技术学院	公办	省级示范院校	2021 年	文化旅游创意学院
2	休闲服务与管理	广东工程职业技术学院	公办	省级示范院校	2019 年	公共服务学院
3	休闲服务与管理	惠州城市职业学院	公办	其他	2018 年	民生学院

二、广东省高职休闲服务与管理专业发展现状

（一）招生与在校生情况

目前，广东省休闲服务与管理专业在校生规模较少，总人数仅 656 人，其中佛山职业技术学院 30 人，广东工程职业技术学院 460 人，惠州城市职业学院 166 人。招生规模和在校生人数按数量大小排列依次是广东工程职业技术学院、惠州城市职业学院、佛山职业技术学院，具体情况见表 5-3。

表 5-3　广东省休闲服务与管理专业招生与在校生情况

序号	学校	在校生人数	2020 年招生人数	2021 年招生人数	2021 年毕业人数
1	佛山职业技术学院	30	0	30	0
2	广东工程职业技术学院	460	238	190	0
3	惠州城市职业学院	166	36	76	17

（二）专业人才培养目标与模式

在专业人才培养目标与模式上，各个学校依据自身办学基础、办学条件和定位而不同。

1. 专业人才培养目标

佛山职业技术学院休闲服务与管理专业的培养目标是，培养思想政治坚定、德技并修、德智体美劳全面发展，适应区域及行业产业需要，具有良好职业道德和敬业精神、服务意识、身心健康、人格健全、求实创新等素质，掌握休闲运动技能、休闲活动策划与服务、会所服务与管理、高尔夫运动技术、高尔夫球场服务等知识技能，面向高尔夫俱乐部、健身中心、养生会馆、康体中心、社区健康服务机构等相关休闲服务领域的高素质劳动者和技术技能人才。

广东工程职业技术学院休闲服务与管理专业的培养目标是，培养德、智、体、美、

劳全面发展，面向生产、建设、管理、服务第一线、具备休闲服务与管理基础知识、休闲项目经营与管理能力，能从事文旅行业事业单位及以广州长隆集团为代表的文旅企业的休闲服务管理、休闲活动组织策划、产品开发与设计、休闲产品营销、休闲服务项目网络运营等工作，有一定专业拓展和创新能力、良好职业道德和团队精神的高素质技术技能人才。

惠州城市职业学院休闲服务与管理专业培养目标是，以习近平新时代中国特色社会主义思想为指导，落实立德树人根本任务，立足于粤港澳大湾区，致力于为旅游行业培养理想信念坚定，德、智、体、美、劳全面发展，具有一定的科学文化水平，良好的人文素养、职业道德和创新意识，精益求精的工匠精神，较强的就业能力和可持续发展的能力，具备批判思维、需求洞察、问题意识、创新精神、社会沟通能力，掌握本专业知识和技术技能，熟悉国际旅游业惯例，具备较强的电子商务运营能力以及信息化管理能力，能独立分析、解决旅游中遇到的实际问题，面向旅游行政管理部门、旅行社、旅游咨询公司、旅游电子商务企业、旅游营销策划企业、旅游景区、主题公园、旅游休闲俱乐部、旅游度假村等职业岗位群，能够从事前台接待、国内导游、出境领队、旅游线路设计、旅游咨询师、旅游电子商务专员、景区管理者、休闲活动策划的高素质技术技能人才。

2. 专业人才培养模式

佛山职业技术学院休闲服务与管理专业人才培养模式：采用 2.5+0.5 校企双元模式，在充分调研的基础上，构建了"知行合一、三维一体、四能进阶、校企联姻、无缝对接"的休闲服务与管理专业人才培养模式。该模式的内涵是：休闲服务与管理专业人才培养强调理论与实践相结合，通过构建"基础能力、职业能力、拓展能力与综合能力"层层进阶的课程体系，校企深度合作，共同培养"知识—能力—素质"三维一体的高素质强技能型的高尔夫人才。校企无缝对接主要体现在：第一，专业方向与产业对接；第二，教学过程与生产过程对接；第三，教学内容与职业能力及工作任务对接；第四，学生实习与就业对接。人才培养模式和课程体系构建具体见图 5-1 和图 5-2。

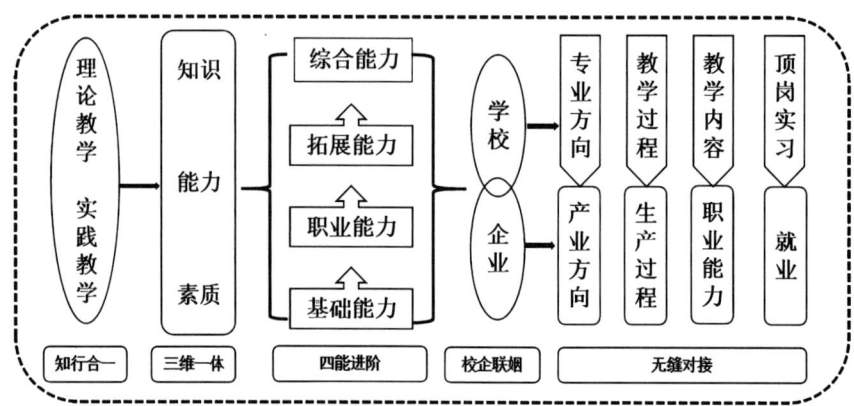

图 5-1　佛山职业技术学院休闲服务管理专业人才培养模式模型

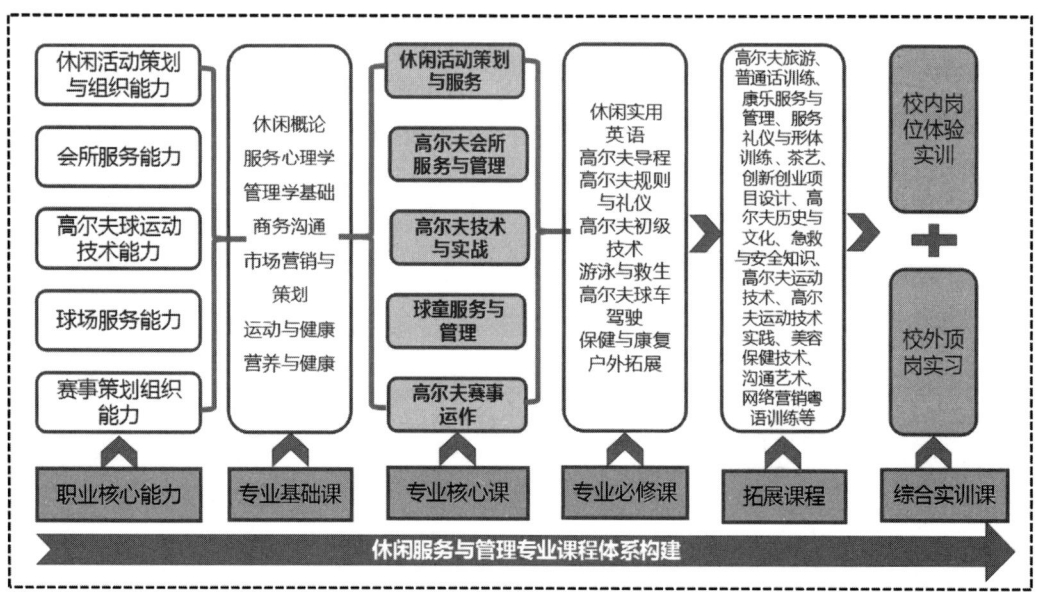

图 5-2　佛山职业技术学院休闲服务管理专业课程体系构建模型

广东工程职业技术学院休闲服务与管理专业人才培养模式：采用 2.5+0.5 模式，以专业群为抓手，规划各专业定位，做好专业群的组群逻辑，人才培养方案中平台课程体系必须按照专业群组群逻辑来构建，加入专业群组建逻辑图，完成各专业群的平台课设置。并基于工作过程系统化课程设计，面向职业岗位设计专业课程体系，由职业岗位分析得到本专业职业岗位群中每一个岗位所需要的岗位能力，在此基础上，进行能力的组合或分解，解构与重构出专业主干课程。课程设计基于工作过程系统化。

惠州城市职业学院休闲服务与管理专业人才培养模式：采用 2.5+0.5 模式，通过对专业面向的岗位群进行分析，形成课程体系。学时安排根据学生的认知特点和成长规律，注重各类课程学时的科学合理分配；按照学生导游员、休闲策划员、研学旅行导师等职业的发展路线，融入导游、研学导师、旅游电子商务师等岗位技能要求，以增强学生就业能力为导向将导游、研学旅行导师（可持续发展能力）、旅游电子商务师考试等证书中的主要课程或课程内容分解到职业能力课程中，形成"课证融合"的课程体系。

（三）课程教学资源建设

1. 专业基础课程

根据问卷调研和各学校教务部门网站所挂人才培养方案反馈结果来看，在专业基础课程设置上，各学校因为人才培养方案制订模式和人才培养目标而异：佛山职业技术学院专业基础课程即专业群平台课程，事实上，专业课程中的休闲概论也属于专业基础课程。惠州城市职业学院根据专业设置基础课程，广东工程职业技术学院的基础课程由群平台课程和专业基础课构成。具体见表5-4。

表5-4 休闲服务与管理专业基础课程情况一览表

佛山职业技术学院	广东工程职业技术学院	惠州城市职业学院
旅游概论、服务礼仪与形体训练、沟通技巧、消费心理及行为分析实务、管理学、数字化市场营销与策划、人力资源管理	专业群平台课：管理学基础与实务、财务基础与应用、思维导图技术、商务礼仪与沟通、情绪管理、市场营销与策划 专业基础课程：休闲服务与管理专业认知、休闲理论与实务、休闲产业管理、市场调查与预测、旅游政策与法规、旅游消费者行为分析与客户关系管理	服务礼仪、休闲学概论、饮食文化

2. 专业核心课程

在专业核心课程设置上，各学校因为人才培养目标而异：佛山职业技术学院重在培养高尔夫方向的休闲人才，其核心课程紧紧围绕高尔夫设置；广东工程职业技术学院重在培养在文旅企业从事相关工作的休闲人才，核心课程主要围绕产品开发、活动策划和营销运营而设置；惠州城市职业学院重在培养宽口径旅游休闲人才，核心课程涉及康养、茶艺、研学等领域。各学校专业核心课程设置具体见表5-5。

表5-5 休闲服务与管理专业核心课程对照一览表

佛山职业技术学院	广东工程职业技术学院	惠州城市职业学院
休闲活动策划与服务、高尔夫会所服务与管理、高尔夫技术与实战、球童服务与管理、高尔夫赛事运作	旅游电子商务、网络营销、新媒体运营、休闲活动策划、数据分析、休闲产品设计与开发	康乐服务、茶艺与茶文化、休闲活动策划、研学导师实务

3. 1+X 证书课程

1+X 证书课程设置方面，惠州城市职业学院开设了《研学导师实务》作为1+X 研学旅行策划与管理职业技能等级证书的考证课程，佛山职业技术学院和广东工程职业技术学院的休闲服务与管理专业未专门开设教育部所列的 1+X 证书系列课程。

4. 实践课程

实践课程设置方面，各学校也是因人才培养目标而异：佛山职业技术学院重在高尔夫技能实践；广东工程职业技术学院重在市场、电子商务、新媒体、数据分析和思维导图等方面的技能训练；惠州城市职业学院重在研学、茶艺及导游技能实践，专业实践课程设置具体见表 5-6。

表 5-6　广东省休闲服务与管理专业实践课程情况一览表

佛山职业技术学院	广东工程职业技术学院	惠州城市职业学院
高尔夫技术与实战、高尔夫中级技术、高尔夫高级技术和高尔夫球车驾驶	市场调查与分析、旅游电子商务、新媒体运营、数据分析与应用、思维导图技术	研学导师实务、茶艺与茶文化、导游业务

5. 实践教学课时比例

佛山职业技术学院和广东工程职业技术学院休闲服务与管理专业的实践教学课时比例在 60%~69%，惠州城市职业学院休闲服务与管理专业的实践教学课时比例在 50% 以下。具体见表 5-7。

表 5-7　广东省休闲服务与管理专业实践教学课时比例情况一览表

佛山职业技术学院	广东工程职业技术学院	惠州城市职业学院
60%~69%	60%~69%	50% 以下

6. 创新创业课程

三所学校均开设了创新创业课程，佛山职业技术学院开设《创新教育》和《创业教育》2 门课程、广东工程职业技术学院和惠州城市职业学院均开设 1 门有关创新创业教育的课程，具体见表 5-8。

表 5-8　广东省休闲服务与管理专业创新创业课程情况一览表

佛山职业技术学院	广东工程职业技术学院	惠州城市职业学院
创新教育、创业教育	创新创业基础	创新创业教育

7. 承担国家资源库建设任务

佛山职业技术学院、广东工程职业技术学院、惠州城市职业学院三所学校的休闲服务与管理专业均未承担国家资源库建设任务。

8. 承担国家精品在线开放课

佛山职业技术学院、广东工程职业技术学院、惠州城市职业学院三所学校的休闲服务与管理专业均未承担国家精品在线开放课。

9. 省级精品在线开放课程

佛山职业技术学院、广东工程职业技术学院、惠州城市职业学院三所学校的休闲服务与管理专业均未承担省级精品在线开放课程。

（四）教材与教法改革

教材方面，由于专业开设时间较短，目前佛山职业技术学院、广东工程职业技术学院、惠州城市职业学院三所学校休闲服务与管理专业均未主编国家规划教材。

教法方面，各学校授课教师根据课程实际情况因材施教。

佛山职业技术学院休闲服务与管理专业依据专业培养目标、课程教学要求、学生能力与教学资源，采用理实一体化教学、案例教学、项目教学等方法，坚持学中做、做中学，以达成预期教学目标。倡导因材施教、因需施教，鼓励创新教学方法和策略，日常教学采用多元化的教学方法，全面实施工学结合的教学模式与方法，力求做到以学生为主体，教师作引导，学生与教师互动，实现"教、学、做"一体化。

广东工程职业技术学院基于职业岗位和工作过程开设课程和组织教学内容，强调学习情景设计。

惠州城市职业学院提出实施教学应该采取的方法指导建议，指导教师依据专业培养目标、课程教学要求、学生能力与教学资源，采用适当的教学方法，以达成预期教学目标。倡导因材施教、因需施教，鼓励创新教学方法和策略，采用理实一体化教学、案例教学、项目教学等方法，坚持学中做、做中学。

（五）师资队伍情况

佛山职业技术学院休闲服务与管理专业教学团队现有专任教师10人，兼职教师10人，专兼职教师比例为1:1。专任教师中具有硕士学位的教师7人，占总人数的70%；专任教师中教授1人，副教授4人，高级职称占总人数的50%，中级职称4人，占总人数的40%，初级职称1人，占总人数的10%；双师素质教师9人，占总人数的90%；团队成员中有2人为佛山市"优秀教师"。人均每年下企业实践天数为30~60天，每年人均参与培训的天数是5~10天。

广东工程职业技术学院休闲服务与管理专业团队现有专任教师12人，其中具有高级职称2人，占总人数的17%；中级职称8人，占总人数的67%；初级职称2人，占总人数的17%。旅游管理专业毕业的5人，占总人数的42%。具有双师型教师10人，占总人数的83%。未查询到人均每年下企业实践天数和每年人均参与培训天数的相关数据。

惠州城市职业学院休闲服务与管理专业团队现有专任教师10人，兼职教师5人，专兼职教师比例为2∶1。专任教师中具有硕士学位的教师4人，占总人数的40%；具有高级职称4人，占总人数的40%，中级职称4人，占总人数的40%，初级职称2人，占总人数的20%；双师型教师5人，双师型教师比例为50%。人均每年下企业实践天数为30~60天，每年人均参与培训的天数是5~10天。

广东省开设休闲服务与管理专业的三所学校目前均无省级以上教学名师和省级以上教师创新团队。具体师资情况见表5-9。

表5-9 休闲服务与管理专业师资情况一览表

师资情况	佛山职业技术学院	广东工程职业技术学院	惠州城市职业学院
专任教师人数	10	12	10
专任教师高级职称人数	5	2	4
专任教师中级职称人数	4	8	4
专任教师初级职称人数	1	2	2
专任教师双师型教师人数	9	10	5

（六）教学条件（含校内外实训基地建设）

1. 校内实训基地

三所学校均在近五年内建设了实训室，实训室规模在3间以上甚至更多，均为自建实习场地，均无生产性经营实训室。

佛山职业技术学院休闲服务与管理专业拥有高尔夫实训基地，包含高尔夫练习场、人造果岭、球车训练场和室内高尔夫模拟训练场，除此之外，还有旅游实训中心（包含模拟旅行社实训室和导游综合实训室）和酒店实训中心（包含茶艺室、中西餐厅、咖啡厅及调酒实训室、前厅实训室、客房实训室等）可以使用。

广东工程职业技术学院拥有模拟导游实训室、客房实训室、酒店管理系统实训室。

惠州城市职业学院休闲服务与管理专业拥有旅游酒店学苑的前厅接待实训室、中餐服务实训室、宴会接待实训室、茶艺室、酒水酒吧实训室、思迪咖啡厅、西餐服务实训室；杏园书舍的东江菜产业学院实训室、前厅实训室、多功能会议实训室、客房实训室。

2. 校外实习实训基地

从问卷星和各学校网站调研结果看,三所学校休闲服务与管理专业均开拓了自己的校外实习实训基地,数量在 1~5 个、6~10 个不等,问卷星结果见图 5-3。

第32题:贵校休闲服务与管理专业校外实习实训基地达到_____个。 [单选题]

选项	小计	比例
A. 0	0	0%
B. 1~5 个	1	50%
C. 6~10 个	1	50%
D. 11~15 个	0	0%
E. 16~20 个	0	0%
F. 21 个及以上	0	0%
本题有效填写人次	2	

图 5-3　广东省休闲服务与管理专业校外实习实训基地情况

佛山职业技术学院拥有佛山市南海桃园高尔夫俱乐部校外实践基地、佛山高尔夫球会校外实践基地、君兰国际高尔夫球会实践基地、观澜湖高尔夫球会校外实践基地、三水云东海高尔夫球会校外实践基地、佛山金保利高尔夫校外实践基地、中信山语湖高尔夫校外实践基地、绿巨人（广州）体育、东莞市雄武体育、广州润井商贸 10 个校外实习实训基地,主要集中在高尔夫领域。

广东工程职业技术学院拥有 8 个校外实习实训基地,分别是广州中心皇冠假日酒店实训基地、花园酒店实训基地、白天鹅宾馆实训基地、中国大酒店实训基地、广东南湖国际旅行社实训基地、广州康辉国际旅行社有限公司实训基地、广州高尔夫球场实训基地、鼎湖山风景名胜区实训基地,主要集中在酒店与旅行社领域。

惠州城市职业学院拥有 9 个校外实训基地,如惠州市康帝国际酒店有限公司、东莞市塘厦三正半山酒店有限公司、惠州市金海湾嘉华度假酒店有限公司、深圳麒麟山庄、惠之旅国际旅行社、惠州青年国际旅行社、罗浮山旅游景区、惠州市旅游协会等,主要集中在酒店、旅行社和旅游景区领域。

从问卷星和各学校网站调研结果看,三所学校休闲服务与管理专业暂时均未建立海外实习实训基地。

3. 校企合作

在校企合作方面，从调研结果看，休闲服务与管理专业主要集中在实训基地建设、校企合作联盟、产业学院、师资共建和课程建设等方面，参与调研的两所学校均与企业开展实训基地建设和校企合作联盟，与企业建立产业学院、开展师资共建和课程建设的只有一所学校，在教材开发、订单班方面的合作暂时还没有，具体情况见图5-4。

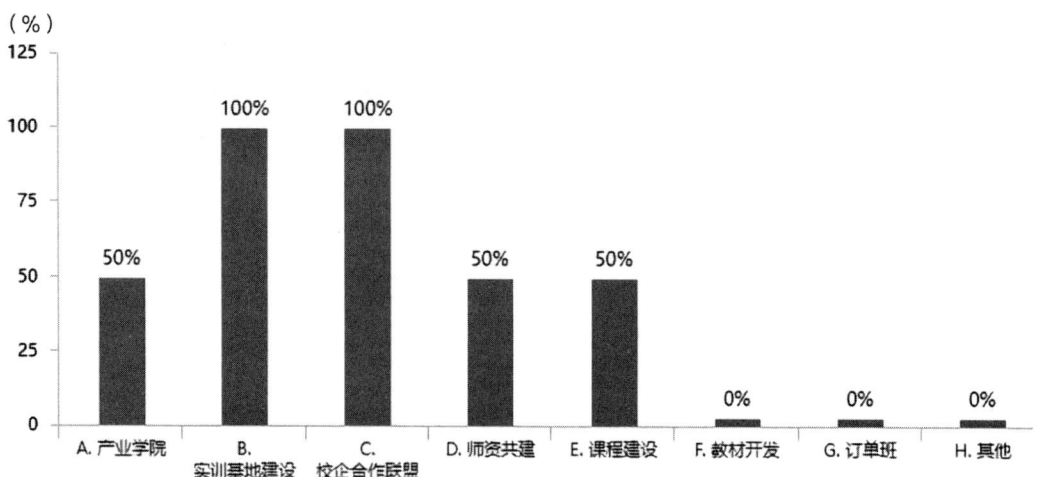

图5-4 广东省休闲服务与管理专业近五年（2017—2021年）与企业的合作方式

（七）人才培养质量（含就业、各类获奖等）

1. 实习

从历史渊源追溯和问卷星调研结果看，学生实习时间均无突破教育部不超过6个月顶岗实习时间的规定，参与调研的两所学校，一所学校的实习时间选择了3~6个月，另一所学校的实习时间选择了6个月，实习地点主要集中在广东省内，且集中在广州、深圳及其他珠三角地区。

广东工程职业技术学院休闲管理专业在其学校网站2020级人才培养方案中显示顶岗实习时间为16周，即3~6个月。

惠州城市职业学院休闲服务与管理专业的顶岗实习岗位集中在研学导师、导游、茶艺师，实习工资集中在2000~3000元/月。

佛山职业技术学院休闲服务与管理专业开设较晚，还未有学生进行顶岗实习，不过此前的旅游管理专业高尔夫方向的学生顶岗实习岗位集中在高尔夫俱乐部或球会的球童和教练，实习工资集中在5000元/月，具体见图5-5。

第36题：贵校休闲服务与管理专业学生近三年（2019—2021年）实习地点主要集中在： [单选题]

选项	小计	比例
A. 广东省内	2	100%
B. 广东省外	0	0%
C. 海外	0	0%
本题有效填写人次	2	

第37题：贵校休闲服务与管理专业学生近三年（2019—2021年）省内实习的地点主要集中在： [多选题]

查看多选题百分比计算方法

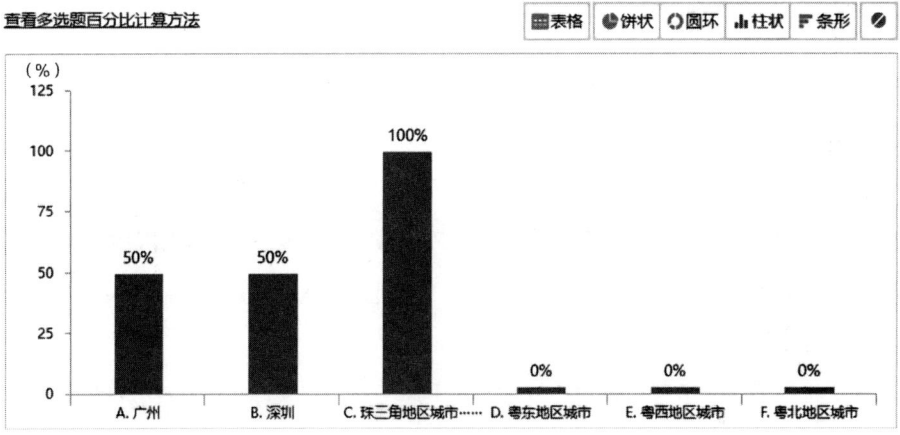

图 5-5　广东省休闲服务与管理专业学生实习地点

2. 就业

由于广东省所有开设休闲服务与管理专业的时间都比较晚，且开设该专业的也只有三所学校，目前该专业就业情况还不能断定好与坏。从问卷星调研结果看，两所参与调研的学校休闲服务与管理专业学生近三年平均初次就业率均在90%以上，就业对口率一所学校选择了80%~90%，另一所学校选择了90%以上。具体见图5-6。

第41题：贵校休闲服务与管理专业学生近三年（2019—2021年）平均初次就业率是： [单选题]

选项	小计	比例
A. 70%以下	0	0%
B. 70%~79%	0	0%
C. 80%~89%	0	0%
D. 90%以上	2	100%
本题有效填写人次	2	

第42题：贵校休闲服务与管理专业学生近三年内（2019—2021年）平均对口就业率是：［单选题］

选项	小计	比例
A. 50%以下	0	0%
B. 50%~79%	0	0%
C. 80%~89%	1	50%
D. 90%以上	1	50%
本题有效填写人次	2	

图 5-6　广东省休闲服务与管理专业学生就业情况

3. 获奖

从问卷星平台和学校新闻网站调研结果看，参加问卷星调研有两所学校，一所未参加调研。

惠州城市职业学院休闲服务与管理专业近五年（2017—2021 年）获得学生省级职业技能大赛一等奖 2 项、二等奖 4 项，从学校官网看，所获得的奖项均来自导游服务赛项，省级以上创新创业类大赛（含挑战杯）、省级以上教师教学能力以及省级以上教学成果奖等竞赛中均无获奖。

佛山职业技术学院因该专业于 2021 年才开设，学生暂未参加各类竞赛，教师获得省级教师教学能力竞赛三等奖 1 项，暂未获得省级以上教学成果奖。

广东工程职业技术学院未参加调研，在其学校官网上未搜索到相关获奖信息。

（八）技术研发与社会服务

参与调研的惠州城市职业学院和佛山职业技术学院两所学校均未获得国家社科 / 自科基金项目、教育部人文社科研究项目和文化和旅游部研究项目，亦未获得优秀科研成果奖。

佛山职业技术学院社会服务主要集中在两个方面：一方面，配合佛山高尔夫球会承办佛山公开赛——欧洲挑战巡回赛暨中国职业锦标赛承担志愿者服务；另一方面，教师作为专家参与各类评审和培训服务。惠州城市职业学院目前社会化服务不多，主要是作为农村科技特派员，服务于乡村振兴板块，帮扶乡镇帮扶乡村文旅板块。

（九）国际交流与合作情况

参与调研的惠州城市职业学院和佛山职业技术学院两所学校休闲服务与管理专业均未有国际交流与合作情况。

三、广东省高职休闲服务与管理专业建设存在的问题及对策

为了更好地了解广东省高职休闲服务与管理专业建设存在的问题并找出相关对策建议，项目组在了解到全国有哪些院校开设了休闲服务与管理专业的基础上，对标全国八大旅游职业院校和青岛职业技术学院并在各院校官方网站上查询休闲与服务管理专业相关资料，并结合教育部休闲服务与管理专业简介征询意见稿进行分析。

从全国高等职业教育专科专业设置管理系统高等职业学校拟招生专业设置备案结果数据检索（https://zyyxzy.moe.edu.cn/home/major-register）查询2021年度休闲服务与管理专业备案情况，查询结果显示，目前全国高职院校开设休闲服务与管理专业的学校有61所，所在省份分别是：安徽省2所，江苏省7所，北京市1所，福建省8所，广东省3所，广西壮族自治区3所，河北省4所，河南省5所，湖北省1所，湖南省3所，江苏省7所，辽宁省5所，内蒙古自治区1所，山东省1所，山西省1所，陕西省1所，上海市1所，新疆维吾尔自治区1所，云南省7所，浙江省5所，重庆市1所，具体开设院校情况见表5-10。

表5-10 全国开设休闲服务与管理专业院校一览表

序号	省份	专业代码	专业名称	学校标识码	学校名称	年限
1	安徽省	540113	休闲服务与管理	4134012817	安徽体育运动职业技术学院	3
2	安徽省	540113	休闲服务与管理	4134013760	马鞍山师范高等专科学校	3
3	北京市	540113	休闲服务与管理	4111014073	北京经济管理职业学院	3
4	福建省	540113	休闲服务与管理	4135011313	福建商学院	3
5	福建省	540113	休闲服务与管理	4135011317	黎明职业大学	5
6	福建省	540113	休闲服务与管理	4135011317	黎明职业大学	3
7	福建省	540113	休闲服务与管理	4135012626	福建信息职业技术学院	5
8	福建省	540113	休闲服务与管理	4135012626	福建信息职业技术学院	3
9	福建省	540113	休闲服务与管理	4135013975	泉州工艺美术职业学院	3
10	福建省	540113	休闲服务与管理	4135014331	泉州幼儿师范高等专科学校	3
11	福建省	540113	休闲服务与管理	4135016411	福州墨尔本理工职业学院	3
12	广东省	540113	休闲服务与管理	4144012327	佛山职业技术学院	3
13	广东省	540113	休闲服务与管理	4144013930	广东工程职业技术学院	3
14	广东省	540113	休闲服务与管理	4144014510	惠州城市职业学院	3
15	广西壮族自治区	540113	休闲服务与管理	4145011350	广西体育高等专科学校	3

续表

序号	省份	专业代码	专业名称	学校标识码	学校名称	年限
16	广西壮族自治区	540113	休闲服务与管理	4145012379	广西国际商务职业技术学院	3
17	广西壮族自治区	540113	休闲服务与管理	4145013522	广西现代职业技术学院	3
18	河北省	540113	休闲服务与管理	4113013074	河北对外经贸职业学院	3
19	河北省	540113	休闲服务与管理	4113013393	河北机电职业技术学院	3
20	河北省	540113	休闲服务与管理	4113014472	渤海理工职业学院	3
21	河北省	540113	休闲服务与管理	4213050139	河北地质职工大学	3
22	河南省	540113	休闲服务与管理	4141010477	信阳师范学院	3
23	河南省	540113	休闲服务与管理	4141011069	开封大学	3
24	河南省	540113	休闲服务与管理	4141013791	郑州旅游职业学院	3
25	河南省	540113	休闲服务与管理	4141013889	河南林业职业学院	3
26	河南省	540113	休闲服务与管理	4141014306	开封文化艺术职业学院	3
27	湖北省	540113	休闲服务与管理	4142014258	三峡旅游职业技术学院	3
28	湖南省	540113	休闲服务与管理	4143012300	湖南大众传媒职业技术学院	3
29	湖南省	540113	休闲服务与管理	4143012597	湖南外贸职业学院	3
30	湖南省	540113	休闲服务与管理	4143012603	长沙商贸旅游职业技术学院	3
31	江苏省	540113	休闲服务与管理	3632000466	盐城幼儿师范高等专科学校	3
32	江苏省	540113	休闲服务与管理	4132012678	江苏联合职业技术学院	5
33	江苏省	540113	休闲服务与管理	4132013748	无锡城市职业技术学院	3
34	江苏省	540113	休闲服务与管理	4132013964	南京视觉艺术职业学院	3
35	江苏省	540113	休闲服务与管理	4132014000	江苏城市职业学院	3
36	江苏省	540113	休闲服务与管理	4132014180	南京旅游职业学院	3
37	江苏省	540113	休闲服务与管理	4132014604	江苏旅游职业学院	3
38	辽宁省	540113	休闲服务与管理	4121012593	辽宁生态工程职业学院	3
39	辽宁省	540113	休闲服务与管理	4121012594	沈阳职业技术学院	3
40	辽宁省	540113	休闲服务与管理	4121012899	辽宁经济职业技术学院	3
41	辽宁省	540113	休闲服务与管理	4121014287	辽宁工程职业学院	3
42	辽宁省	540113	休闲服务与管理	4121014473	辽宁轻工职业学院	3
43	内蒙古自治区	540113	休闲服务与管理	4115012676	内蒙古商贸职业学院	3
44	山东省	540113	休闲服务与管理	4137012324	青岛职业技术学院	3
45	山西省	540113	休闲服务与管理	4114013696	太原旅游职业学院	3
46	陕西省	540113	休闲服务与管理	4161012831	陕西职业技术学院	3
47	上海市	540113	休闲服务与管理	4131010275	上海旅游高等专科学校	3
48	新疆维吾尔自治区	540113	休闲服务与管理	4165012482	克拉玛依职业技术学院	3
49	云南省	540113	休闲服务与管理	4153012349	云南国土资源职业学院	3

续表

序号	省份	专业代码	专业名称	学校标识码	学校名称	年限
50	云南省	540113	休闲服务与管理	4153012357	云南交通职业技术学院	3
51	云南省	540113	休闲服务与管理	4153012559	云南体育运动职业技术学院	3
52	云南省	540113	休闲服务与管理	4153013758	云南林业职业技术学院	3
53	云南省	540113	休闲服务与管理	4153014317	云南商务职业学院	3
54	云南省	540113	休闲服务与管理	4153014381	云南旅游职业学院	3
55	云南省	540113	休闲服务与管理	4153014621	云南交通运输职业学院	3
56	浙江省	540113	休闲服务与管理	4133012789	浙江工商职业技术学院	3
57	浙江省	540113	休闲服务与管理	4133012867	浙江旅游职业学院	3
58	浙江省	540113	休闲服务与管理	4133013025	浙江纺织服装职业技术学院	3
59	浙江省	540113	休闲服务与管理	4133014090	浙江横店影视职业学院	3
60	浙江省	540113	休闲服务与管理	4133016408	浙江舟山群岛新区旅游与健康职业学院	3
61	重庆市	540113	休闲服务与管理	4150014369	重庆电信职业学院	3

资料来源：全国高等职业教育专科专业设置管理系统

（一）国内标杆院校休闲服务与管理专业基本情况

1. 云南旅游职业学院

云南旅游职业学院是全国旅游行业教育教学指导委员会休闲服务与管理专业委员会主任委员单位。培养掌握休闲服务与管理知识和技能，面向休闲康养及文旅产业，能够从事休闲康养企事业单位的服务与管理、文旅地产营销与服务、户外休闲体育活动策划、休闲饮品制作、温泉及高尔夫会所服务与管理工作的高素质技术技能型人才。

主干课程：休闲旅游概论、康养休闲基础知识、休闲旅游行程服务、餐饮服务、住宿服务、娱乐服务、Golden Service、沟通技巧、休闲产品设计、民宿服务与管理、温泉服务与管理、高尔夫运动与会所管理等。

2. 郑州旅游职业学院

休闲服务与管理专业是学校最具特色专业之一，已转型为茶艺与茶文化方向，本专业为全国职业教育休闲服务与管理专业教学标准制定牵头单位，学校"双高校"建设专业群骨干专业之一，旨在培养"有文化、懂技术、善经营、会管理"的高技能型人才。培养的学生主要面向茶叶生产加工、经营贸易、文化传播、人才培训等相关企事业单位，毕业生主要从事茶叶加工、茶叶销售、茶品质检、茶事组织、茶艺展示与培训、服务接待等工作。

主干课程主要有：茶文化概论、茶艺基础、茶艺英语、茶席设计、茶叶品鉴与评审技术、茶叶销售管理、服务心理学、休闲活动策划、管理学、人力资源管理、客户关系管理、沟通实务。

师资力量：副教授2人，讲师3人，助教1人（含茶艺技师2人，高级评茶员4人）。

实训条件：校内实训室主要有茶文化实训室、商务策划实训室、化妆展演实训室、形体实训室、休闲健身实训室。校外实训基地主要有信阳文新茶叶有限责任公司、瓦库文化传播股份有限公司、瓦舍茶馆餐饮有限公司、深圳华侨城股份有限公司等。

获奖情况：2013年全国职业院校技能大赛高职组中华茶艺竞赛，获全国二等奖；2015年全国职业院校技能大赛高职组河南省选拔赛获一等奖、二等奖。

3. 浙江旅游职业学院

休闲服务与管理专业人才培养目标是将学生打造成为一名"有文化、有技艺、懂经营、善管理"的应用型高级技术人才，研习中华文化，创新文旅休闲。培养学生在长三角区域茶文化、文创、旅游、康养、休闲等企业中快速成长为茶艺师、茶产品营销师、活动策划师、文化培训师以及文化休闲类企业主管、店长、经理等骨干。

主干课程主要有：茶文化、茶艺茶道、茶叶审评、茶叶品鉴、茶席设计、创编茶艺、茶调饮、茶会活动策划等。

师资力量：专任教师4人，其中教授1人，副教授2人，助教1人；国家社科基金专家库成员1人，国家艺术基金专家库成员1人，浙江省优秀教师1名，浙江省女职工建功立业标兵1名，浙江省新世纪151人才2名，全国职业技能大赛优秀指导教师2名，浙江省挑战杯大赛优秀指导教师2名。

国际交流：近年来本专业学子参与G20峰会、中日茶文化交流、阿斯塔纳世博会等多项国际交流活动，在世界舞台中展示茶文化学子风采，传播中国传统文化。

4. 上海旅游高等专科学校

休闲服务与管理专业在全国处于领先地位，专业紧跟行业企业发展趋势，遵循产业发展与教育教学规律，实现课程标准与岗位需求有效对接，搭建IMG国际赛事管理公司、汇丰高尔夫赛事体系、LPGA赛事体系、太平洋联盟赛事体系等著名赛事机构共同参与的产教融合"双元"育人平台。建立三大岗位的资格证书培训与考核基地：中国高尔夫球协会高尔夫裁判员上海地区唯一考核点；欧洲职业高尔夫教练员联盟、美国高尔夫教练员协会中国区唯一考核点；上海市职业技能鉴定中心平台成立全国首个"高尔夫球童"岗位鉴定所。

培养具有较强的休闲意识，健康、科学、合理的休闲价值观念，懂得休闲行业基本格局与运行规则，掌握1~2门休闲技能，具备较好的服务意识和素养，适合在运动休闲产业、文化休闲产业以及其他休闲关联及支持行业中工作，有较强的实践能力和专业技能（包括休闲服务能力、休闲活动的组织策划能力、休闲经营与管理能力、休闲市场营销能力等）的应用型休闲产业服务与管理人才。就业方向为国内外高尔夫俱乐部、度假村、会所、运动休闲场馆以及相关旅游休闲公司与管理机构等。

主干课程：休闲学概论、高尔夫概论、管理学概论、休闲活动策划、休闲英语、户外游憩概论、现代饭店管理、餐饮管理、度假区管理、娱乐场馆管理、高尔夫规则与礼仪、高尔夫运动技巧、高尔夫俱乐部管理等。

师资力量：教授1人，副教授4人，讲师3人，助教1人。博士研究生5人，硕士研究生4人。

5. 三峡旅游职业技术学院

休闲服务与管理专业分为文化演艺方向和生态农庄建设与管理方向。

文化演艺方向培养具有文化演艺创新思维和演艺活动组织与管理能力的专业人才，面向各电视台、电视剧制作中心、各影视制作公司、剧组、文艺表演团体、各单位党政工团、文化传播公司从事表演、管理、策划、组织等工作。

生态农庄建设与管理方向（乡村旅游）培养具备从事乡村旅游管理实际技能的专业人才，面向农村和农业等领域从事旅游企业管理、景区开发管理、森林资源保护与开发、休闲农业与乡村旅游开发等相关工作。

主干课程：文化演艺方向主要有：舞台语言、声乐、表演基础素质、形体基本功、人物形象创造、表演概论等；生态农庄建设与管理方向主要有旅游学概论、旅游规划与开发、旅游心理学、旅游经济学、旅游市场营销学。

6. 太原旅游职业学院

休闲服务与管理专业培养拥护党的基本路线，德、智、体、美、劳方面全面发展，掌握休闲与服务管理相关学科的基础知识与基本技能，具备一定的户外休闲技能，具有良好的职业素质和文化修养；培养具有休闲的基本理论、知识与技能，能够从事户外休闲服务业和健身指导的组织管理等工作的高素质、应用型专门人才。学生毕业后主要面向户外休闲公司、俱乐部、户外装备销售制造公司、户外拓展机构、户外休闲培训教育机构等的户外领队、户外指导员、市场销售推广、行程策划、拓展培训师、营地指导员、休闲俱乐部营销与管理人员、户外运动教练、户外救援人员等岗位。

7. 青岛职业技术学院

休闲服务与管理专业培养理想信念坚定、德技并修、全面发展，具有一定的科学文化水平、良好的职业道德和工匠精神、较强的就业创业能力，具有支撑终身发展、适应时代要求的关键能力，掌握本专业的基本知识和主要技术技能，面向高尔夫俱乐部、休闲文化策划公司、会展公司、大型休闲旅游综合体中基层管理岗位的高素质技术技能人才。

主干课程：认知休闲行业、休闲活动策划、休闲产品营销、会议组织与服务、公共关系、演讲与主持、高尔夫服务与动作、高尔夫球童服务与管理、高尔夫运动技能、高尔夫英语等。

（注：以上资料来源于各院校官方网站）

（二）广东省高职休闲服务与管理专业建设存在的问题

1. 人才培养规模小

广东省开办休闲服务与管理专业的院校数量少，仅有分布在珠三角地区的广东工程职业技术学院、惠州城市职业学院和佛山职业技术学院三所学校。且招生规模小，毕业生少，目前在校生人数仅656人。这与改革开放以来，广东省文化和旅游业快速发展，文化产业增加值、旅游总收入和旅游外汇收入等主要指标连年位居全国第一，休闲旅游行业人才需求量大的现实状况严重不匹配，在一定程度上影响了休闲旅游业更好更快地发展。

2. 专业定位不一致

目前而言，广东省高职类休闲服务与管理专业开办时间不长，还处于专业建设的探索阶段，各学校皆根据各自区域休闲产业环境、自身办学基础和条件对专业进行定位，有定位旅游的、有定位旅游景区的、有定位高尔夫的。总体而言，没有规范标准的专业定位，专业定位不一致，较为散乱。

3. 培养目标不明确

专业定位影响着人才培养目标，由于专业定位不一致，各院校休闲服务与管理专业的人才培养目标也不明确。在"休闲服务与管理专业应该培养什么样的人才"这个关键性问题上没有达成共识。由于休闲业态包含范围广而大，不同业态所需要的人才专业技能不一样，如何确定休闲培养目标，提炼专业学生的核心专业技能是高职休闲教育面临的重要课题。

4. 课程体系不完善

目前，由于休闲服务与管理专业学科交叉性强，没有形成完整的、科学的专业体系。在广东省开设休闲服务管理专业的高职院校，非常明显的现象是旅游管理专业的专业课程设置代替了休闲服务与管理专业的课程设置，偏重旅游学科课程，专业方向课程不突出。此外，在课程设置上，没有能充分体现高职休闲服务与管理专业技能的课程。

5. 标志性成果缺乏

广东省三所院校的休闲服务与管理专业均未承担省级、国家级资源库、精品在线开放课建设和国家规划教材；未取得国家级职业技能竞赛、创新创业、教学能力大赛和教学成果奖等奖项；未获得国家社科/自科基金项目、教育部人文社科研究项目和文化和旅游部研究项目。相较其他专业而言，标志性成果严重缺乏。

6. 产教融合深度不够

广东省休闲服务与管理专业校企合作主要集中在实训基地建设、校企合作联盟等方面，处于校企合作初中期阶段，缺乏共建产业学院、师资共建、课程建设、教材开发等纵深阶段的合作，产教融合深度不够，有待进一步提升。

7. 国际交流合作不足

从问卷星和各学校网站调研结果看，三所学校休闲服务与管理专业均未建立海外实习实训基地，没有交流生，没有境内外教师互动交流学习，国际交流合作不足。

（三）广东省高职休闲服务与管理专业建设对策

1. 科学合理开设专业

专业服务产业是职业教育的基本属性，为适应广东省休闲旅游业的发展，广东省各高职院校应根据各自所在地区休闲旅游产业发展实际和特色休闲产业情况，结合教育部高等职业教育专科专业简介，广东省教育厅应做好协调统筹指导，避免与旅游管理、酒店管理、茶艺等其他旅游大类专业课程模块相仿，科学合理地开设休闲服务与管理专业，突破开设该专业的学校数量少、招生规模小、总体人才培养规模小的窘境，以期推动广东省休闲服务与管理专业获得更好的建设与发展。

2. 明确人才培养目标

随着休闲行业进入品牌竞争和特色经营的阶段，产品研发、营销策划、中高层管理三类人才将是未来竞争中不可或缺的关键人才。因此，为适应休闲产业发展的需要，休闲服务与管理专业培养目标为：培养德智体美劳全面发展，具有休闲价值理念、良好服务意识和信息素养，掌握扎实的专业理论基础和法律法规知识、1~2项休闲专业技能，会服务、懂策划、懂管理、会营销的应用型、复合型高端休闲产业服务与管理人才。专业核心能力为具有休闲服务与管理能力、产品策划与营销能力等。

3. 创新人才培养模式

人才培养模式是实现人才培养目标的重要手段，休闲服务与管理专业人才培养模式的选择必须遵循休闲行业人才市场的需求规律，满足休闲企业对人才的需求，最基本的做法有"产教融合""校企合作""工学结合""教学做一体""岗课证赛融通"等。各学校在培养人才过程中，不仅要注重专业文化知识的教育，同时也应加强素质与能力的培养，坚持以素质教育为核心，以职业能力为重点，培养出适应性强的应用型及复合型休闲服务与管理专业人才。

4. 完善专业课程体系

职业教育的特色体现在"职业技能性"，因此，人才培养应与社会需求紧密结合。由于休闲服务与管理是新专业，休闲企业究竟需要什么样的人才要求各学校在办学过程中深入企业调研，了解相关岗位并做典型工作任务和知识素质能力要求分析。休闲行业包含不同类别的休闲业态、休闲岗位，其所需要的岗位技能存在巨大的差异性，因此，需要根据休闲岗位所需要的专业知识、专业技能、职业素质等进行归纳总结，分辨出通用能力、专业核心能力和可持续发展能力的需求程度，并据此开设相应的休闲通用基础课程、专业核心课程和拓展课程，从而构建出具有专业岗位特色的由通识基础课程、专业核心课程和专业拓展课程三部分组成的课程体系。

5. 加强师资培训

专业教师是专业建设的基础，也是教学的有力保障。职业教育要求教师既要有扎实的理论基础，又要具备专业岗位操作技能，还要有一定的教学科研能力。只有专业教师紧跟社会步伐，紧贴企业岗位需求，才能培养出适应社会市场需求的专业人才。因此，作为新开设的休闲服务与管理专业教师必须参加下企业实践锻炼、专业技能培训、教研科研培训、国内外高校深造等多维度学习培训，全面提升实践、教学和科研能力，为休闲服务与管理专业建设和取得更多标志性成果奠定良好基础。

6. 深化产教融合

产教融合、校企合作是职业教育的基本办学模式，是办好职业教育的关键所在。针对目前广东省休闲服务与管理专业产教融合不够深入的问题，各院校可以根据自身师资条件和企业需求，找到校企可能合作的点线面，除了最基础的学生实习就业合作外，应该更多挖掘可能共建产业学院、校企合作联盟、实训基地等切入点，共同制订人才培养方案、师资互聘互用、共同开展教学、开发课程和教材、开展项目研究、建设教学资源库等，真正实现深度产教融合、校企合作、教学做一体化，共同培养出合格的休闲服务与管理专业人才。

7. 加强国际交流合作

国际交流合作，不但有助于师生拓宽视野、增强自信，还有利于专业建设与发展。

国际交流合作方式多样：一是派送师生境内外交流学习；二是中外合作办学（专接本），实现专业教学和人才培养国际化；三是组建虚拟国际班，选拔优秀学生成立国际班，安排外教上课，加强国际化教学和培训，开阔学生的视野，提升学生的英语应用能力；四是服务涉外国际企业，与涉外国际企业签订校企合作协议，根据专业教学计划，选派学生到合作企业进行社会实践或顶岗实习。

四、广东省高职休闲服务与管理专业建设面临的新形势

（一）主要机遇

一是根据《中华人民共和国国民经济和社会发展第十四个五年规划和2035年远景目标纲要》，国家将加快发展健康、养老、文化、旅游、体育等生活性服务业，推动旅游休闲场景数字化，壮大休闲农业、乡村旅游、民宿经济等特色产业，推动文化和旅游融合发展。建设一批富有文化底蕴的世界级旅游景区和度假区，打造一批文化特色鲜明的国家级旅游休闲城市和街区。推进红色旅游、文化遗产旅游、旅游演艺等创新发展，提升度假休闲、乡村旅游等服务品质，完善邮轮游艇、低空旅游等发展政策。扩大体育消费，发展健身休闲、户外运动等体育产业；根据文化和旅游部《"十四五"文化和旅游发展规划》，到2025年，我国文化事业、文化产业和旅游业成为经济社会发展和综合国力竞争的强大动力和重要支撑；根据《广东省国民经济和社会发展第十四个五年规划和2035年远景目标纲要》，在"十四五"期间，广东省将着力优化生活性服务业供给，积极发展健康体育、养老育幼、文化娱乐、休闲旅游等。推进文化旅游深入融合发展，加快建设体育强省。综上所述，不论是广东省层面，还是国家层面，对休闲旅游业都非常重视，休闲旅游业形势大好。

二是国家高度重视职业教育，全国职业教育大会上，习近平总书记做出重要指示，强调职业教育前途广阔、大有可为，要坚持党的领导，坚持正确办学方向，坚持立德树人，优化职业教育类型定位，深化产教融合、校企合作，深入推进育人方式、办学模式、管理体制、保障机制改革，稳步发展职业本科教育，建设一批高水平职业院校和专业，推动职普融通，增强职业教育适应性，加快构建现代职业教育体系，培养更多高素质技术技能人才、能工巧匠、大国工匠。

（二）主要挑战

一是新冠疫情对休闲旅游业造成前所未有的冲击和影响：以旅行社和在线旅游（OTA）为代表的中游主体竞争激烈。以酒店、旅游交通、餐饮、购物等为代表的下游旅游服务行业产品类型多样且分化严重。未来跨界融合发展，软硬结合开发越来越成为

发展趋势。产业转型升级发展需要相应的专业人才，休闲服务与管理专业人才培养定位是否精准将会影响到休闲产业是否可以持续健康发展。

二是休闲服务与管理专业作为服务型专业，不太受学生和家长认同。在招生阶段，报读该专业志愿的人数相对较少；在就业阶段，毕业生继续留在该行业领域从业的人员相对较少，与产业对休闲专业人才的需求形成较大反差。

五、未来展望

休闲产业是一项朝阳的幸福产业，有强劲的迸发力和强大的生命力。虽然自 2019 年 12 月以来，由于新冠疫情影响，全球旅游业遭遇到了前所未有的冲击，我国休闲旅游业也呈现出断崖式下跌，但人民对休闲幸福生活追求的愿望和脚步却不曾停歇。2020 年，中国"十一"国内旅游人次为 6.37 亿人，国内旅游收入为 4665.6 亿元，两者皆已达到 2019 年同期的七八成水平；2021 年 10 月 1 日至 7 日，全国实现国内旅游收入 3890.61 亿元，恢复至疫前同期的 59.9%。

目前，我国已进入全面小康时期，居民的休闲意识显著增强，收入增长带来休闲消费潜力的释放，休闲的时间保障进一步增强。中国社会科学院旅游研究中心等进行的"中国国民休闲状况调查（2020）"数据显示，我国国民对休闲重要性的认识逐步深化且休闲时间有所增加。41.6% 的受访者认同挣钱比休闲更重要的观点，68% 的受访者倾向于认同休闲是社会文明的标志的观点，62.9% 的受访者倾向于认同在休闲上投入时间是值得的这一观点，60.8% 的受访者倾向于认同在休闲上花钱是值得的这一观点，70.4% 的受访者倾向于认同休闲在生活中必不可少的观点，76.3% 的受访者倾向于认同休闲有益健康的观点，69.3% 的受访者倾向于认同多参加休闲活动实际上能提高工作效率的观点，76.2% 的受访者倾向于认同休闲是幸福生活的重要组成部分的观点，71.1% 的受访者倾向于认同休闲能让人和人之间的关系更和睦的观点，69% 的受访者倾向于认同参加休闲活动能结交更多朋友的观点，73.6% 的受访者倾向于认同休闲活动能提供更多和家人在一起的机会的观点，74.8% 的受访者倾向于认同休闲活动能增进家人之间感情的观点，73.9% 的受访者倾向于认同经常参加休闲活动能让家庭更幸福的观点。

以上数据表明，休闲产业将得以彻底释放，产业前景形势一片大好。随之而来，休闲产业的快速发展对休闲服务与管理专业人才的需求也将水涨船高，休闲服务与管理专业的前景也将是光明的、大有可为的。期待休闲产业早日春暖花开，期待休闲服务与管理专业建设迈上快速健康发展的新台阶。

（主要执笔人：王取银）

参考文献

[1] 陈工孟.中国职业教育年鉴(2018)[M].北京：经济管理出版社，2018.

[2] 宋瑞，金准，李为人，等.2019—2020年中国休闲发展报告[M].北京：社会科学文献出版社，2020.

[3] 中华人民共和国中央人民政府.中华人民共和国国民经济和社会发展第十四个五年规划和2035年远景目标纲要[EB/OL].2021-03-13.http://www.gov.cn/xinwen/2021-03/13/content_5592681.htm.

[4] 文化和旅游部.《"十四五"文化和旅游发展规划》[EBOL].2021-04-29.http://zwgk.mct.gov.cn/zfxxgkml/ghjh/202106/t20210602_924956.html.

[5] 广东省人民政府.《广东省国民经济和社会发展第十四个五年规划和2035年远景目标纲要》[EB/OL].2021-04-25.http://www.gd.gov.cn/zwgk/wjk/qbwj/yf/content/post_3268751.html.

6.广东省高职院校餐饮智能管理专业发展调研报告

本项目是 2021 年广东省高等职业院校旅游大类专业教学指导委员会教育教学改革的重点立项项目,本次重点项目一共 8 个,涉及旅游大类的旅游管理、空乘、邮轮、酒店管理、休闲服务与管理、烹饪工艺与营养、会展、餐饮管理 8 个专业。本项目为"广东省高职餐饮管理专业建设现状、问题与对策研究"。

餐饮管理专业在 2015 年及以前专业名称为"餐饮管理与服务",专业代码 640201;2016 年更名为"餐饮管理",专业代码不变,还是 640201;2021 年再次更名为"餐饮智能管理",专业代码更改为 540201。餐饮管理专业属于餐饮类,和旅游类专业同属于旅游大类。

广东高职餐饮管理专业的建设现状和问题通过多种方式的调研完成,调研方式包括网上资料收集、发放问卷、电话访谈、线上沟通等形式。本次省教育厅提供的是广东省旅游类的专业开设基本情况表,餐饮管理专业属于餐饮类,其基本情况不在表内,因此了解餐饮管理专业开设情况的主要依据是全国职业院校设置管理与公共信息服务平台,同时结合一些访谈了解该专业开设情况。广东省开办餐饮管理专业的院校不多,2021 年餐饮智能管理专业备案的学校只有顺德职业技术学院、广东食品药品职业学院和广州工程技术职业学院三所学校。本次调研做到开办学校全覆盖,问卷全部回收,三所学校以及对标学校的人才培养方案全部拿到。

一、广东省高职餐饮管理专业总体概况

根据全国职业院校专业设置管理与公共信息服务平台查询结果:2020 年广东省餐饮管理专业备案的学校只有 4 所,分别是顺德职业技术学院(3 年制)、广东食品药品职业学院(3 年制)、广州工程技术职业学院(3 年制 +2 年制)和广东酒店管理职业技术学院(3 年制);2021 年餐饮智能管理专业备案的学校只有前三所,查询不到广东酒店管理职业技术学院,经了解,该校确实停招了该专业;2022 年仍然为三所,与 2021

年一致,这三所学校全部为公立学校,都在珠三角地区的广州和佛山市。

再查往年的备案数据,结合广东省厅的数据,发现与其他旅游大类相比,广东省开办餐饮管理专业的学校本来就不多,并且逐年减少。最多的时候是2017年,共有7所学校开办餐饮管理专业或者专业方向,2018年变成6所,2019年变成5所。其中如中山职业技术学院、广东环境保护工程职业技术学院、广东酒店管理职业技术学院都是试办了3年左右然后停办了。

根据中国科教评价网(http://www.nseac.com)的统计数据,2020年开办餐饮管理专业的学校是37所,2021年开办餐饮管理专业的学校是44所,2022年开办餐饮智能管理专业的学校是47所,总体上开办该专业的学校不多,但近三年全国的总体趋势是上升的,具体见表6-1。

表6-1 2018—2022年广东省和全国开办餐饮管理专业的学校数量

区域	2018年	2019年	2020年	2021年	2022年	趋势
广东	6	5	4	3	3	减少
全国	30	37	37	44	47	增多

具体到省份分布来说,广东省相比还算多的,很多省份没有该专业,近两年开办餐饮智能管理专业学校数量前5名的省份分别是河南省、江苏省、山东省、云南省和广东省,除云南省之外,其余四省2019年的餐饮收入排名为全国前四名。餐饮业收入排名前五的四川省没有学校开办餐饮智能管理专业。

根据2020年中国科教评价网的金平果高职专业排行榜,广东省餐饮管理专业进入榜单的排名情况如下:广州工程技术职业学院排名第7,水平等级为3星(排名前20%~50%);广东酒店管理职业技术学院排名第10,水平等级为3星;广东食品药品职业学院排名第12,水平等级为3星。2021年金平果高职专业排行榜,广州工程技术职业学院排名上升至第3名,水平等级为4星(排名前5%~20%);广东酒店管理职业技术学院排名上升至第9名,水平等级为3星;广东食品药品职业学院排名降为第13名,水平等级为3星。2020—2021年广东省餐饮管理专业全国排名情况见表6-2。

表 6-2　2020—2021 年广东省餐饮管理专业全国排名情况

学校	2020 年		2021 年	
	全国排名	星级水平	全国排名	星级水平
广州工程技术职业学院	7	★★★ 20%~50%	3	★★★★ 5%~20%
广东食品药品职业学院	12	★★★ 20%~50%	13	★★★ 20%~50%
广东酒店管理职业技术学院	10	★★★ 20%~50%	9	★★★ 20%~50%

二、广东省高职餐饮管理专业发展现状

（一）招生与在校生情况

三所学校餐饮管理专业 2020 年的招生规模在 100~150 之间，在校生规模不超过 500 人，总体来说规模适中。相比较顺德职业技术学院餐饮管理专业规模大一些，2020 年是 4 个教学班，150 人；2021 年是 5 个教学班，190 人。不同学校餐饮管理专业的招生与在校生情况见表 6-3。

表 6-3　不同学校餐饮管理专业的招生与在校生情况

序号	学校名称	2020 年招生人数	2020 年在校学生人数
1	顺德职业技术学院	150	100~500
2	广州工程技术职业学院	108	100~500
3	广东食品药品职业学院	120	100~500

（二）专业人才培养目标与模式

1. 人才培养目标

广东省不同学校餐饮管理专业所在的二级学院不一样，专业依托的背景不一样。顺德职业技术学院餐饮管理专业多年前一直是酒店管理专业的一个专业方向，放在酒店与旅游管理学院，2019 年成立烹饪学院，餐饮管理专业方向归入烹饪学院，2020 年餐饮管理专业正式成为独立的专业；广州工程技术职业学院餐饮管理专业在餐饮旅游学院；广东食品药品职业学院餐饮管理专业放在食品学院。不同学校餐饮管理专业所在二级学院情况见表 6-4。

6. 广东省高职院校餐饮智能管理专业发展调研报告

表 6-4　不同学校餐饮管理专业所在二级学院情况

序号	学校名称	餐饮管理专业所在二级学院	所在二级学院的其他专业
1	顺德职业技术学院	烹饪学院	烹饪工艺与营养、药膳与食疗
2	广州工程技术职业学院	餐饮旅游学院	烹饪工艺与营养、旅游管理
3	广东食品药品职业学院	食品学院	食品质量与安全、保健品开发与管理、食品营养与检测

正因为不同学校餐饮管理依托的背景不一样，因此专业的培养目标和开设的主要专业课程也有明显的区别，具体见表 6-5。

表 6-5　不同学校餐饮管理专业的培养目标和主要专业课程

序号	学校名称	培养目标	主要专业课程	特征
1	顺德职业技术学院	面向国际国内高端休闲连锁餐饮集团、大型机构餐饮公司、高级会所、主题餐厅、国际国内高星级酒店餐饮部门等餐饮企业的服务与管理岗位；各类大型团餐企业的连锁运营管理岗	餐饮服务技能、餐饮经营的计划与控制、餐饮业收益管理、餐饮企业人力资源管理、餐饮运营管理、餐饮网络营销、咖啡鉴赏与制作、茶艺与茶文化、酒水饮料经营管理实务、食品安全：HACCP管理系统、食品营养与配餐等	开设课程：以餐饮服务技能和管理课程为主，不开设烹饪技能课 目标岗位：主要为餐饮企业的服务和运行管理
2	广州工程技术职业学院	面向星级宾馆、酒店和连锁餐饮企事业单位，培养掌握烹饪基础知识和技能、餐饮管理知识与服务技能，从事餐饮生产、服务、管理工作，具有餐饮经营管理、服务、操作能力和职业生涯发展基础的基层管理人员（主管或领班）	食品营养与配餐、宴会设计与管理、粤菜烹调工艺学、中西面点工艺学、西餐工艺学、中华茶艺、酒水调制与服务、食品卫生安全、服务礼仪、管理学基础、餐饮企业会计与财务管理、餐饮企业运行管理、餐饮市场营销与实训、餐饮专业英语等	开设课程：烹饪类的课程占一定比例 目标岗位：面向餐饮企业的生产、服务和管理岗位
3	广东食品药品职业学院	为大中型餐饮企业、连锁经营餐饮业、星级饭店的餐饮部门及各类企事业单位的后勤餐饮服务部门，主管企业餐饮食品安全。培养德、智、体、美、劳全面发展，具备餐饮服务和经营管理所需的职业道德和职业素质，掌握餐饮食品安全管理、营养指导与配餐、餐饮企业经营与管理基本知识和综合职业能力，能适应现代餐饮业、酒店业发展需要的高端技能型专门人才	食品安全基础、餐饮法规、餐饮食品安全管理、餐饮服务与管理、实用原料管理技术、厨政管理、面点制作工艺、营养配餐实用技术等	开设课程：以烹饪技能课、食品安全等课程为主，服务和管理类课程较少 目标岗位：餐饮企业的食品安全、营养指导与配餐、企业经营管理等

从表 6-5 可以看出，三个学校的区别比较大，广东食品药品职业学院与其他两所学校相比有明显的区别，依托的是食品学院，课程和培养目标偏向于餐饮企业的食品安全管理和营养配餐等；顺德职业技术学院和广州工程技术职业学院两校的专业目标和开

设课程更相近一些，相比较，广州工程技术职业学院多了烹饪模块的课程，就业岗位也多了餐饮企业的生产岗位，顺德职业技术学院的餐饮管理专业出身于酒店管理专业，和酒店管理专业的课程设置类似，以服务和管理类的课程和岗位为主。

2. 人才培养模式

（1）顺德职业技术学院

校企合作紧密，餐饮管理专业和企业共同开展订单培养和现代学徒制人才培养，企业和学校共建实训室、共同开发课程、师资互聘等。顺德职业技术学院餐饮管理专业从2020年开始，连续三年与广州白天鹅宾馆有限公司、珠海海湾酒店开展现代学徒制人才培养试点。餐饮管理专业茶艺方向与广州大茶园茶业有限公司合作开展订单培养，大茶园出资为该专业建设1100平方米的茶艺实训室。

多家企业与专业合作，出资建设实验实训室，提供师资指导学生开展创新创业实践。大茶园协助专业成立了学生创新创业平台——顺职茶文化中心，学生们利用这个平台为校内外提供茶艺服务、茶叶茶具销售、茶艺表演等多种业务；欧宁电器出资在学院建设了欧宁预制菜直播培训基地，企业提供支持开展预制菜直播比赛，融教学、比赛、直播为一体；佛山市御和君林教育咨询有限公司出资建设轻餐饮创新创业实训基地，企业提供支持开展轻餐饮大赛，对部分获奖选手提供校内外创业支持。

（2）广州工程技术职业学院

根据人才培养目标和学生认知、学习规律，依据餐饮企业岗位要求和职业标准，按照"专项技能→综合技能→岗位适应能力→就业能力→创业能力"逐级递进的能力阶次，使人才培养过程在课堂学习与岗位实习交替进行、循环递进中完成，最大限度提高学生的职业岗位能力及后续发展能力，餐饮管理专业（现代学徒制三年制）在多年的教学实践中形成了"学训交替、能力递进"式人才培养模式。

餐饮管理专业（现代学徒制三年制）安排第一、三学期在学校学习，以学校教师为师资主体，企业师傅为辅，开展文化素养课、餐饮专业基础技能和专业基础课、专业拓展课，系统学习专业理论知识，考取职业资格证书。第二、四、五、六学期在企业参加生产性实训实践、顶岗实习，以企业师傅为主，学校教师为辅，在企业强化餐厅服务岗位群、厨房生产岗位群、酒吧服务岗位群、茶馆服务岗位群等基础技能，采用在学中做、做中学的方式教学，让学生在真实环境下接受企业师傅的指导，学会行业职业基本礼仪、熟练掌握专业相关技能，养成良好的职业素养和专业技能水平。

本专业将创新创业教育贯穿人才培养全过程，将创新创业教育与专业教育相结合。坚持全员、全过程、全方位"三全育人"综合改革，将思想政治教育和劳动教育贯穿人才培养全过程，实行诚信银行管理和"工作经历证书"制度。

（3）广东食品药品职业技术学院

按照校内培养训练分项核心技能，校外集成提高综合职业能力的办学思路，对食品类专业相关岗位的核心职业能力进行重新分解和定位，在课程体系构建、核心课程确定、课程教学内容与实训项目选择、职业技能考核等方面充分采纳企业专家意见的基础上，形成了"学为主工为辅素养教育、工学并重职业技能训练、工为主学为辅综合实践、职业技能素质循环提升"的"工学交替、五阶集成"人才培养模式。通过不断更新教育理念、深化教育改革逐步在课程体系、课程内容、教学方法、职业技能与创新能力培养等方面做出积极的探索，保证了教学质量的逐步提高。

目前食品学院实施卓越人才培养计划，根据学生的特点，着力培养4个类型的卓越人才，具体见表6-6。

表6-6 不同类型卓越人才的培养目标和途径

卓越人才类型	培养目标	培养途径
自主创业型	能自主创业成功的人才	在校期间，开展创新创业实践
技术创新型	能解决生产技术难题的技术人才	参与项目兴趣小组或指导老师产学研项目
技艺工匠型	检验技师型人才	参与高技能订单班培养，参与国家职业技能大赛
企业管理型	就业时能从事店长或经理岗位的人才	校企合作的经理或店长订单班培养

三所学校都与合作企业开展了现代学徒制人才培养，一方面，说明企业有这个需求，同一家餐饮企业能接纳的学生人数能达到一定规模，适合与学校合作开展现代学徒制人才培养；但另一方面，餐饮企业大量的初始岗位，技能型不强，需要严格防止学生被沦为廉价劳动力，将规范的企业学徒过程监控机制作为前提条件。

（三）课程教学资源建设

目前大部分专业课都通过学校的网络平台或者像超星尔雅、爱课程（中国mooc）、智慧职教、雨课堂等公共平台建了网课，网课里有基本的教学资源如课程介绍、课程标准、课件、教案、视频、案例、题库、行业动态等。

课程教学资源方面高级别的成果不是很多，相比广东食品药品职业学院成果较多。广东食品药品职业学院餐饮管理专业主持建设2017年广东省精品资源共享课《食品营养与健康》，并且参与了《食品质量与安全》国家教学资源库的建设。其他两所学校目前还没有省级及以上称号的课程。不同学校餐饮管理专业的教学资源情况见表6-7。

表 6-7 不同学校餐饮管理专业的教学资源情况

序号	学校名称	省级精品课/资源共享课	国家级教学资源库
1	顺德职业技术学院	无	无
2	广州工程技术职业学院	无	无
3	广东食品药品职业学院	食品营养与健康（主持）	食品质量与安全专业教学资源库（参与）

（四）教材与教法改革

教材建设方面，总体来说水平不高。拥有国家规划教材的只有一所学校，数量为1门。

近年来，教学能力大赛引起了各个学校的重视，对参与教学能力大赛出台了很多激励措施。以赛促教，以赛促改，老师们积极充分利用先进的教学手段、探索各种教学方法来提升教学效果。积极探索翻转课堂、线下线上混合教学模式；强调以学生为中心，运用互动式教学、参与式学习、项目式学习、基于问题式学习等学习方法。充分利用网络资源，给学生提供丰富的教学资源。

（五）师资队伍情况（含省级以上教学名师、省级以上教师创新团队）

三个学校餐饮管理专业的教师学历以硕士研究生为主，广东食品药品职业学院有4个博士研究生，其他两所学校没有博士研究生；职称均以讲师为主；在省级及以上荣誉方面，都没有教学名师、教师创新团队等荣誉称号。在教师个人技能方面，顺德职业技术学院近两年获得教学方面大赛两项省级奖项；广州工程技术职业学院教师在烹饪技能方面竞赛分别获国家级和省级的行业大赛奖项；广东食品药品职业学院获得省级技能大师工作室一个。这说明顺德职业技术学院餐饮管理专业教师在教学方面有优势，广州工程技术职业学院专业教师在烹饪技能方面有优势。不同学校餐饮专业师资队伍情况见表6-8。

表 6-8 不同学校餐饮专业师资队伍情况

序号	学校名称	教师人数	博士数量	职称	省级及以上荣誉
1	顺德职业技术学院	9	0	讲师为主	1. 2021年广东省职业院校技能大赛教学能力比赛，获高等职业教育组——专业课程二组二等奖 2. 陈兰2020年获广东省第五届高校（高职）青年教师教学大赛（文化艺术及其他）二等奖
2	广州工程技术职业学院	7	0	讲师为主	1. 邓淞升在中国烹饪协会主办的2021年全国行业职业技能竞赛——全国餐饮行业职业技能竞赛决赛中斩获中式烹调师赛项金奖，成为广东高校唯一获金奖的教师，并被授予"全国餐饮业技能人才"荣誉称号 2. 在"粤菜师傅·2019年广东省餐饮行业职业技能大赛"竞赛中，餐饮旅游学院烹调工艺与营养专业教师陈欢欢、谢志军、邓淞升、冯莉4位老师，再次斩获个人赛项三金一银、团队金牌

| 3 | 广东食品药品职业学院 | 10 | 4 | 讲师为主 | 李丽萍餐饮技能大师工作室 2017 年被评为省级技能大师工作室 |

（六）教学条件（含校内外实训基地建设）

广东省餐饮管理专业的实训室基本包含了烹饪类实训室、茶艺实训室、酒水咖啡实训室、餐饮服务实训室等，有两个学校有校企共建的实训室，广东食品药品职业学院餐饮综合技能产教融合实训基地 2021 年获得省级认定推荐。说明餐饮管理专业校企合作比较好；三个学校都没有生产性实训基地，校内的实训室基本上还是以技能训练为主。广东省餐饮管理专业校内实训室情况见表 6-9。

表 6-9　广东省餐饮管理专业校内实训室情况

序号	学校名称	实训室总数	自建个数	校企共建个数	生产性实训基地个数	最近建设实训室时间
1	顺德职业技术学院	≥7	≥7	1	0	2021 年
2	广州工程技术职业学院	≥7	≥7	0	0	近十年
3	广东食品药品职业学院	3	2	1	0	2021 年

广东省餐饮管理专业的校外实训基地情况从以下三个方面来看。

一是数量：数量充足，有两所学校都超过了 10 家，能满足专业学生实习实训的需要。

二是分布地区：校外实训基地主要分布在省内的广州、深圳和珠三角地区的其他城市；只有顺德职业技术学院有外省的实训基地，外省的实训基地也主要在北京和长三角的一二线城市；三所学校都没有海外实训基地。

三是建设成果：顺德职业技术学院和广州工程技术职业学院各有两家省级大学生校外实践教学基地，广东食品药品职业学院有 1 家。

具体情况见表 6-10。

表 6-10　校外实训基地情况

序号	学校名称	个数（个）	主要分布地区	外省	海外	省级大学生校外实践教学基地个数（个）
1	顺德职业技术学院	11~15	省内（广州、深圳、珠三角其他城市）	北京、上海、长三角城市	无	2
2	广州工程技术职业学院	11~15	省内（广州、深圳、珠三角其他城市）	无	无	2

| 3 | 广东食品药品职业学院 | 1~5 | 省内（广州、深圳） | 无 | 无 | 1 |

（七）人才培养质量（含就业、各类获奖等）

1. 初次就业率

三个学校近三年的初次就业率都达到了 90% 以上。

2. 技能大赛和创新创业等大赛获奖

（1）学生技能大赛

三所学校相比较，广州工程技术职业学院有明显优势。

国赛：广州工程技术职业学院获得一等奖 2 项，二等奖 2 项，三等奖 1 项，共计 5 项，其他两所学校没有在国赛中获奖。广州工程技术职业学院 2016 年曾获西餐宴会服务国赛一等奖，实现广东省该赛项一等奖零的突破，2017 年蝉联西餐宴会服务国赛一等奖。

省赛：广州工程技术职业学院获奖等级和数量依然处于优势，顺德职业技术学院表现也不错，获一等奖 3 个，相对来说广东食品药品职业学院相对弱一点，没拿过一等奖。

广州工程技术职业学院多次承办烹饪类和餐饮服务类赛项的省级选拔赛，技能水平总体较高。广东省餐饮管理专业学生技能大赛获奖情况见表 6-11。

表 6-11　广东省餐饮管理专业学生技能大赛获奖情况

序号	学校名称	国家级				省级			
		一等奖	二等奖	三等奖	合计	一等奖	二等奖	三等奖	合计
1	顺德职业技术学院	0	0	0	0	3	0	0	3
2	广州工程技术职业学院	2	2	1	5	6	2	0	8
3	广东食品药品职业学院	0	0	0	0	0	2	6	8

（2）创新创业大赛

三所学校相比较，广州工程技术职业学院相对较弱。

国赛：三所学校都没有在国赛中获过奖。

省赛：广州工程技术职业学院没有获过奖，其他两所学校都有获省级一等奖，其中广东食品药品职业学院获得奖项较多，共有 10 项。

广东省餐饮管理专业学生创新创业大赛获奖情况见表 6-12。

表 6-12 广东省餐饮管理专业学生创新创业大赛获奖情况

序号	学校名称	国家级				省级			
		一等奖	二等奖	三等奖	合计	一等奖	二等奖	三等奖	合计
1	顺德职业技术学院	0	0	0	0	1	1	0	2
2	广州工程技术职业学院	0	0	0	0	0	0	0	0
3	广东食品药品职业学院	0	0	0	0	1	8	1	10

带学生比赛要耗费的时间和精力很多，广州工程技术职业学院在学生技能竞赛方面很有优势，但在创新创业大赛方面有欠缺；相比较，顺德职业技术学院两方面比较平衡，均有不错的成绩；广东食品药品职业学院技能竞赛方面相对欠缺一点，并且技能大赛获奖还是以烹饪类为主，餐饮服务类的比赛获奖很少，这也与其专业定位有关，餐饮服务不是其目标岗位。顺德职业技术学院餐饮管理专业目前烹饪类课程开设不多，学生基本不参加烹饪类的技能大赛，因此获奖技能赛项均为餐饮服务类。

（八）技术研发与社会服务

目前广东省餐饮管理专业为社会提供的技术研发还不多，社会服务主要有以下几方面工作：

1. 与企业合作开展现代学徒制和订单式人才培养

广州工程技术职业学院多年来一直与企业合作开展餐饮管理专业现代学徒制人才培养，2017年获教育部现代学徒制试点，2019年顺利通过教育部验收；顺德职业技术学院餐饮管理专业从2020年正式创办专业以来，连续两年与白天鹅宾馆、珠海海湾酒店等合作开展现代学徒制人才培养；广东食品药品职业学院餐饮管理专业与多家餐饮企业开展订单式人才培养，将企业岗位要求融入课程标准建设，提升人才培养的针对性和适应性。

2. 成立产业学院

广东食品药品职业学院成立了餐饮食品安全产业学院，2021年获得省级示范产业推荐申报。餐饮食品安全产业学院由食品学院餐饮管理专业与广东寅源餐饮服务有限公司合作。双方共同打造餐饮行业的各类人才，在餐饮食品安全的基础上去发展各项职业技能。由企业提供设备、技术、师资、资金等，由学校提供场地、师资、教学管理等形式的合作办学。企业对高职学院承担计划、组织、协调等管理职能，企业以主人的身份直接参与办学过程，分享办学效益，企业参与学校人才培养方案的制订。企业对学校的参与是全方位的整体参与、深层参与，这种合作模式可称得上是深层次合作。

顺德职业技术学院成立了产业学院——顺德厨师学院，2021年获得省级示范产业推荐申报。顺德厨师学院由顺德职业技术学院烹饪学院与广东东逸湾集团有限公司合作，合作专业包括烹饪学院的餐饮管理、烹饪工艺与营养、药膳与食疗三个专业。顺德厨师学院立足地方，致力于传播顺德美食文化和中华饮食文化，推动顺德餐饮业壮大发展，推动顺德菜、粤菜走向全国走向全球。同时助力精准扶贫和乡村振兴，通过送教上门和招进来两种方式面向对口帮扶地区开展粤菜师傅厨艺、服务、茶艺等培训。顺德厨师学院从2018年成立以来，培训人才将近10 000人，顺德厨师学院的"一人学厨，全家幸福"职业教育精准扶贫新模式，产生了良好的社会反响，被新华网誉为"小切口推动大变革"，得到了中央电视台等主流媒体的广泛报道。中央电视台"焦点访谈"、"新闻直播间"栏目、中国之声"新闻和报纸摘要"、"新闻纵横"节目、《人民日报》、《南方日报》、"学习强国"学习平台等主流媒体都对顺德厨师学院工作进行了广泛报道。2020年6月22日，中央电视台焦点访谈栏目用15分钟的篇幅播出《美味的扶贫》，深度报道顺德厨师学院的扶贫工作；学员案例多次进入人民日报的相关报道中。在2020年12月8日教育部新闻发布会上，顺德职业技术学院"粤菜师傅"职业教育扶贫模式作为典型案例，成为唯一被教育部点名表扬的高职院校。

3. 重大活动和盛会的接待和餐饮服务

通过积极参与国家重大活动和盛会的接待和餐饮服务工作来开阔学生眼界、提升专业技能、培养民族自豪感，这方面顺德职业技术学院做得比较好。

顺德职业技术学院2018年参加北京奥运会和残奥会餐饮服务工作；2010年120多名师生参加上海世博会酒店接待和餐饮服务工作；2011年参加在广州举办的亚运会及亚残运会的餐饮服务工作和在深圳举办的世界大学生运动会餐饮服务工作；2016年起，连续参加中国广州从化从都国际会议中心举办的从都国际论坛的接待服务工作，从都国际论坛是由中国人民对外友好协会、澳大利亚中国友好交流协会共同主办的国际性会议，是中国境内重要的民间外交及国际交流平台；2021年，参加在广东顺德举办的全国首届博士后创新创业大赛的餐饮接待服务。

（九）国际交流与合作情况

国际交流与合作方面，广州工程技术职业学院和广东食品药品职业学院两所学校的餐饮管理专业开展工作比较少。顺德职业技术学院餐饮管理专业早期是酒店管理专业的专业方向，酒店管理专业创办之初，就与香港理工大学合作设计人才培养方案，后来引进美国饭店协会教育分会的课程体系，开展多个海外实习、海外交流的项目，如美国圣地亚哥大学学习+Vail度假村实习项目、马来西亚UCSI大学的交换生项目、港澳实习、国际邮轮实习等。近年来由于疫情影响，国际交流与合作项目都按下了暂停键。目前的国际交流与合作以澳门为主，其他合作项目保持线上联络，开展线上活动。2021年我校与澳门旅游学院合作成立粤港澳大湾区旅游教育培训基地（顺德合作中心），开展一系列的培训、考证、讲座和交流活动。开展了澳门职业技能认可基准MORS西餐侍应生的导师培训和认证班，邀请了番禺职业技术学院、佛山职业技术学院等兄弟院校和梁銶琚职业技术学校、李伟强职业技术学校等合作学校参加培训；4名老师前往澳门酒店和餐饮企业进行短期培训和实践。2022年继续开展一系列的活动，并组织餐饮管理专业学生考证。

澳门职业技能认可基准（Macao Occupational Skills Recognition System，MORS）是一项由澳门旅游学院于2001年在欧盟专家协助下开发的职业技能认证制度，其目的是为一系列旅游相关工种制定技能标准，并设立培训和考核制度，提升旅游业人力资源素质。此基准于2002年荣获亚太旅游协会（Pacific Asia Travel Association）颁发"教育及培训"金奖。推出初期只涵盖几个工种。历时多年，在澳门旅游学院与澳门旅游同业共同努力推动下，现已制定共16个工种的技能标准。包括：

1. 西餐厨师——第一级　西餐厨师——第二级　西餐厨师——第三级
2. 调酒员
3. 前堂代办及行李员
4. 中式烹调师（粤菜）——初级　中式烹调师（粤菜）——中级
5. 中式烹调师（点心）——初级　中式烹调师（点心）——中级
6. 零售服务主任
7. 前堂服务员
8. 客务关系主任
9. 房务员
10. 旅游博彩业保安员
11. 旅行社代理
12. 中菜侍应生
13. 西餐侍应生
14. 花艺设计师
15. 西点蛋糕师——第一级　西点蛋糕师——第二级　西点蛋糕师——第三级
16. 面包烘焙师——第一级　面包烘焙师——第二级　面包烘焙师——第三级

三、广东省高职餐饮管理专业建设存在的问题及对策

（一）对标学校

对标学校选择长沙商贸旅游职业技术学院（以下简称长沙商贸），该校餐饮管理专业在 2020 年和 2021 年中国科教评价网的金平果高职专业排行榜上均位居第一。

该校餐饮管理专业在该校的湘菜学院，湘菜学院成立于 2013 年，现开设餐饮智能管理、烹饪工艺与营养、西式烹饪工艺、营养配餐专业和食品检验检测技术五个专业，在校生 1500 余人。其中烹饪工艺与营养专业 2013 年被立项为省示范性特色专业，2017 年以"优秀"等级通过验收，2019 年被认定为国家骨干专业和"双师型"教师培养培训基地。湘菜产业专业群 2014 年被立项为湖南省示范性特色专业群，2015 年被立项为省卓越校重点建设专业群，2018 年被认定为省一流特色专业群。2019 年以餐饮智能管理专业为核心由烹饪工艺与营养等 5 个专业组建的餐饮管理专业群成功入选中国双高计划特色高水平专业群建设单位。学院实训室面积达 20 000 平方米、投资高达 6000 万元的湘菜产业综合实训大楼是学校卓越校建设三大重点任务之一。

湘菜学院 2018 年获得国家职业教育教学成果二等奖；2015 年承接了教育部教学资源库《饮食风俗文化》子库建设任务；2017 年学院被立项为湖南省技能竞赛示范基地；2018 年承接了教育部餐饮行业指导委员会委托的《营养配餐》国家高职专业教学标准制定工作；2021 年餐饮智能管理专业教师团队被成功立项为第二批国家级职业教育教学创新团队；《湖湘饮食文化》被成功立项为国家级思政示范课程；餐饮智能管理专业获得 2021 年湖南省高等职业学校专业人才培养方案"优秀"等级。

特别是连续五年组织师生服务全国"两会"。

（二）广东省高职餐饮管理专业建设存在的问题及对策

广东省三所高职的餐饮管理专业，依托各自的背景形成了各自的特色；充分利用珠三角餐饮业发达的优势，校企合作推动产教融合，通过建设特色产业学院、现代学徒制试点、订单培养等多种方式开展人才培养。但与对标院校相比，还存在着以下问题。

1. 人才培养定位偏低和定位不清晰

长沙商贸餐饮管理专业的培养目标：培养适应餐饮行业转型升级、能利用信息化管理工具从事中高端餐饮连锁企业门店店长、楼面经理等管理工作，具有一定的科学文化水平，良好的人文素养、职业道德和创新意识，精益求精的工匠精神，较强的就业能力和可持续发展能力的高素质复合型管理人才。目标岗位是中高端连锁餐饮企业门店、星

级酒店餐饮部等各类餐饮企业从事餐厅领班、主管、前厅经理、门店店长等管理工作或餐饮企业创业，目标岗位基本上为领班及以上的管理岗位。

而广东省餐饮管理专业的目标岗位还是以基层服务和基层其他岗位为主。广东省开办餐饮管理专业的学校数量是逐年减少的。调研显示，停办餐饮管理专业的主要原因是学生不认可。学生听说要从基层服务员做起，就对专业丧失了信心，在餐饮行业实习完，不愿继续选择餐饮行业就业，导致行业就业率低。

另外，专业定位不够清晰。课程设计或者和酒店管理专业区分度不大，或者和烹饪工艺与营养专业区分度不大，还有些和食品质量和安全专业区分度不大，有点四不像。与烹饪专业相比，烹饪专业也要从基层干起，但学生认为烹饪是技术，对烹饪专业更加认可。而与酒店管理专业相比，学生实习的酒店基本都是五星级及以上酒店，工作环境好，管理人员综合素质和管理水平高，岗位选择多，也可以做餐饮岗位；而社会餐饮企业通常在工作环境和住宿条件等方面都与五星级酒店有差距，管理人员学历层次较低，很多管理人员的学历还没有学生高，管理水平参差不齐，导致学生更认可酒店管理专业。

对策1：适度提高人才培养定位，从而提高专业吸引力和社会认可度。

餐饮管理专业相当一部分学生来自中职的相关专业，基本都有企业实践经历，如果读了大专之后，实习和就业的岗位与中职毕业没有区别的话，就会导致整个社会对高职餐饮管理专业认可度不高，进而影响专业的声誉和招生。

因此，适度提高餐饮管理专业的人才培养地位非常有必要，培养学生的多项技能，能从事餐饮行业中技术含量更高的岗位如餐饮安全管理、新媒体营销等和领班及以上的管理岗位；另外鼓励学生升学，继续读本科甚至读研。近年来顺德职业技术学院烹饪专业毕业的学生每年升读本科的有将近30人，本科毕业考上硕士研究生的也有个别学生，榜样的力量是无穷的，这些学生给师弟师妹们起到了很好的示范作用。这样学生在校期间对自己有了更高的要求和追求，整个学习的氛围会更好，对专业的认可度也会更高[1]。

对策2：充分发挥校企合作、产教融合的优势，开展现代学徒制人才培养，加快人才培养进程。

近年来顺德职业技术学院探索的高职、中职和企业三方合作、强强联手的现代学徒制校企合作模式取得了比较好的效果。中职和企业合作开展订单培养，顶岗实习等教学环节安排在合作企业，中职学生实习结束毕业后留在合作企业就业。合作企业同时与高职合作开展现代学徒制人才培养，中职毕业留下就业的同时以企业员工的身份报读高职餐饮智能管理现代学徒制大专。这样的合作和人才培养实现了中职、企业、高职和学生四赢：中职能选择优秀的合作企业，提高了学生的大专升学率，为学生更好的发展打下基础；合作企业人才培养前置，获得了优秀稳定的实习学生和员工，中职1年实习+高职3年，很好地解决了企业人才流失率高的问题，出台一些激励措施的话，学生在企业留任的时间会更长；高职学校有了稳定优质的生源，提升了人才培养水平；学生从中职到高职扎根于一家企业，获得学历提升的同时职业能力也得到很好的积累和提升，高职毕业已经有多年的工作经验，可以直接走上管理岗位，缩短成才的时间。

服务行业要从基层做起，但要加快人才培养进程，毕业就能走上高阶岗位，现代学徒制这种人才培养前置的模式无疑是一个很好的解决办法。

2. 课程设置相对陈旧

2021年教育部印发《职业教育专业目录（2021年）》，餐饮管理专业更名为"餐饮智能管理"。餐饮行业从生产到服务到管理都进入了智能化、智慧化阶段，也就意味着餐饮管理专业办学要适应行业发展的变化、适应市场的变化。

长沙商贸餐饮管理专业的课程体系中，体现适应餐饮行业智能化发展等新趋势的课程有：大数据与餐旅会信息管理、餐饮智能化运营与管理、餐饮数字化新媒体运营等课程。而我省三个学校的餐饮管理专业很少有类似课程。

此外，长沙商贸餐饮管理专业课程还有一部分与行业企业运作比较贴合、培养学生综合能力、体现较高层次培养目标的课程，如餐饮店长综合实训、餐饮产品设计与管控、餐饮创业与品牌策划、餐饮客户维护与开发、三选一的实验项目课（高端国际会议餐旅会策划项目、服务"一带一路"烹饪研学项目、湖湘美食旅游项目）。此类课程广东省三所学校均开得很少。这类课程的开设，首先的挑战是任课老师，任课老师缺乏实践经验的话，课程内容的设计、教学就把控不好，也达不到课程的效果。

对策：多调研，多交流，对标国家专业标准，结合学校特色、地方资源，不断优化人才培养方案和课程体系。

多到专业建设排名靠前的学校去调研和交流，一次性半天左右的调研往往会流于形式，了解到的是一般情况或者从网站上都能收集到的东西，因此调研前务必做好相关准备，提前了解对方学校的专业特色，准备好调研提纲和调研问题，以便提高调研的效率和收益，同时要通过调研与对方建立起良好关系，为后续的交流打下基础。当然一次性调研的时间毕竟不长，要能真正深入了解对方学校的特色和长处，最好是双方学校能建立友好合作关系，资源共享，利用各自学校的优势专业，互派老师和管理人员到对方学校指定专业开展一周至一个月不等的交流学习，参与对方的教学和管理，与对方领导及老师开展深入坦诚的交流，做好记录，收集必要的资料。

国家标准是通用的、最低的标准，以国家专业标准为蓝本和基本框架，再结合学校特色和资源开发出一些特色课程。

3. 课程建设有待加强

人才培养最后得落实到具体的每门课程上，落实到课堂上。从课程建设立项来看，广东省三个学校餐饮管理专业只有一门省级精品课，广东食品药品职业学院的《食品营养与健康》。长沙商贸的《湖湘饮食文化》被成功立项为国家级思政示范课程、省级课程多项。

课程建设的另一个问题是，授课内容陈旧，落后于时代的发展、行业的发展，与行业企业的实际运作相去甚远。

对策：通过校企合作、产教融合来提升课程建设水平。

广东省目前三所学校开办餐饮管理专业，并且都与企业合作开展了现代学徒制人才培养，校企合作紧密。要充分利用校企合作资源，来开发课程和资源建设。2017年，国务院办公厅发布《国务院办公厅关于深化产教融合的若干意见》国办发〔2017〕95号，支持引导企业深度参与职业学校、高等学校教育教学改革，多种方式参与学校专业规划、教材开发、教学设计、课程设置、实习实训，促进企业需求融入人才培养环节。

4. 师资水平有待提升

长沙商贸2021年餐饮智能管理专业教师团队被成功立项为第二批国家级职业教育教学创新团队。相比之下，广东省三所高职餐饮管理专业教师除了在技能大赛和教学能力大赛中取得国家级的荣誉和成果之外，其他国家级荣誉甚至省级荣誉都不多。广东省餐饮管理专业师资问题体现在以下几个方面：职称不高，以讲师为主；学历不高，以硕士研究生为主；教师实践能力不足，缺乏企业实践经验；非科班出身，个别学校餐饮管理专业老师大多是非旅游类、餐饮类专业毕业。既不是专业出身，又缺乏企业经验，导致课程体系、课程教学内容都与行业实际脱钩严重。

对策：重点提升实践能力和学历。

一个合格的高职院校教师应具备四项基本条件，即扎实的专业理论知识；较强的学习能力；传授专业理论知识和专业实践技能的教学能力；以及从事专业实际工作的经验和经历，与社会经济、技术同步更新的专业实践能力。重点提升途径有如下三个：

一是支持老师进行学历提升和培训学习，提高教师的理论水平和教学能力、科研能力。学历教育有助于专业理论和知识体系的构建，也是保持学习能力的有效途径。工作一段时间，知识结构、思维模式、人际交往会相对固化，通过新的有一定难度的学习，了解学科和行业前沿,构建新的学习圈层,突破原有的局限达到新的高度。目前各种培训很多,学校给予教师培训学习的经费也充足,为确保培训达到实效,首先应在培训申请审核的时候严格把关,培训是否与本人专业相关,是否契合专业发展需要;其次是否有明确的学习目标以及学习之后的应用;最后培训完成后要在学院内部进行学习成果分享,学习成果分享既有利于参加培训的老师总结巩固所学,也能让更多的同事受益。

二是加强教师专业实践锻炼。高职院校教师实践能力缺失是导致人才培养质量不高、与企业需求脱节最重要的原因,因此教师教学水平的提升要突出教师实践技能的培养。目前高职教师实践技能的培养方法主要有下企业顶岗实践或挂职锻炼、参加短期实践操作培训班、参观访问、到企业做兼职、参加科研活动和技术服务等多种途径。其中顶岗实践和挂职锻炼是最有效的途径,专业教师要严格执行国家规定,定期轮岗到企业去锻炼。目前各个学校均有支持老师下企业实践锻炼的政策,关键是用好政策。从管理的角度,首先要把好关,老师实践企业和岗位的选择是否符合专业发展的需要?是否有明确的实践目标?下企业老师要落实到企业具体岗位上,真实参与企业的运营和管理实践,而不是停留在旁观、调研状态;学校和所属二级学院必须加强考核,是否达到预期目标,避免企业顶岗实践走过场,甚至当成是老师一个学期不用上课的福利。通常下企业的目标有如下四个方面:一是教师的实践能力是否提高,包括操作技能和企业运营管理能力。二是给企业提供了哪些帮助,有些什么成果,企业的评价如何,企业是否希望有学校老师继续深入企业。三是校企合作是否带回了研究项目。四是收集整理了多少教学资源,是否形成资源包并在学院内共享[2]。

三是保持与行业企业的交流。只有与行业企业保持联系,才能够了解行业企业的最新发展动态,才能了解行业企业的需求,才能与企业建立良好的关系从而获得企业的支持和利用好企业的资源。避免学校搞学校的、企业搞企业的,最终学生因为胜任不了高阶岗位而沦为企业的廉价劳动力。二级学院要形成制度,督促老师们与行业企业保持联系,各专业教研室定期召开教研活动,分享各自获取的行业动态信息和资源。

5. 专业建设成果有待提升

长沙商贸餐饮智能管理专业国家级成果多项:荣获国家职业教育教学成果二等奖;以餐饮智能管理专业为核心由烹饪工艺与营养等5个专业组建的餐饮管理专业群成功入选中国双高计划特色高水平专业群建设单位;餐饮智能管理专业教师团队被成功立项为国家级职业教育教学创新团队;《湖湘饮食文化》被成功立项为国家级思政示范课程。

而广东省餐饮管理专业除了师生的技能大赛和教师教学能力大赛之外,其他国家级奖项和成果很少。

对策：提前规划、培育成果。

目前三个学校的餐饮管理专业都是广东省高职高水平专业群建设的龙头专业或者群内专业，有三年的建设期，有明确的建设任务和标志性成果的要求。要充分利用高水平专业群建设的契机，按计划去推动成果的培育。

6. 学生专业认可度不高，对口就业率不高

广东省开办餐饮管理专业的学校逐步减少，学生专业认可度不高是一个重要原因。学生专业认可度不高，导致对口就业率不高，进而影响专业的报考和招生。学生一看从基层服务员做起，大多实习完后就不想再从事餐饮行业。

对策：从多个方面入手提高人才培养质量，只要能实现高质量就业，就能逐渐改变学生和社会对专业的态度。

学生认可度不高有多重原因，既有餐饮行业本身的原因，也有学校专业人才培养定位过低、教学内容陈旧吸引不了学生、学校师资水平不高等原因。在挑选学生实习单位时，尽量选择规模大、需求大、理念先进、管理水平高的企业，让学生对行业有正确的认识；其他原因和对策在前面的问题和对策中已经提到，此处不再重复。

四、广东省高职餐饮管理专业建设面临的新形势

（一）粤港澳大湾区的发展机遇

粤港澳大湾区是中国开放程度最高、经济活力最强的区域之一。推进粤港澳大湾区建设，是以习近平同志为核心的党中央做出的重大决策，是习近平总书记亲自谋划、亲自部署、亲自推动的国家战略，要打造成宜居宜业宜游的优质生活圈，成为高质量发展的典范。宜居宜业宜游的优质生活圈离不开发达的餐饮业。广东省的餐饮业规模多年来均位居全国前列，大湾区的大发展必将促进餐饮业的发展。

广东省三所学校均处在粤港澳大湾区的核心区域，广东省的餐饮业收入和规模居全国第一，发达的餐饮业为餐饮管理专业发展提供了重要的支撑。

（二）近年来疫情持续对餐饮业造成冲击

2020年疫情发生以来，疫情不时出现，对餐饮业的冲击很大，行业表现脆弱，发展不稳定，影响专业学生对行业的预期。

（三）随着社会的进步、科技的发展，餐饮行业进入了智能化时代

餐饮行业从生产到服务、到管理都发生了很大的变化，进入了智能化时代。如餐饮的生产，有了炒菜机器人、预制菜、中央厨房。餐饮业对创业者的门槛不高，随着科技的发展，门槛将会更低，如炒菜机器人和预制菜的发展，使得餐饮店在菜品制作方面的门槛大

大降低；餐饮服务方面，有了自主点菜系统、机器人服务员、无接触式、自助式餐饮方式逐渐普及；餐饮管理方面有了智慧化餐饮管理系统，餐厅管理人员在手机上就可以随时了解餐厅目前的经营状况，开了多少台、多少顾客在等甚至点了哪些菜都能一清二楚[3]。

行业的发展对学校的人才培养提出了新的要求，教学内容要与时俱进；对人才培养方案的设计者、授课老师也提出了新的要求。

（四）"00后"的学生成长环境已明显变化

"00后"的学生家庭提供的支持比较多，大多没有太大的生存压力，出来实习和就业不会那么逆来顺受，很在乎单位领导的态度和管理方式；"00后"的学生成长于更为富裕的时代，对生活品质要求更高，学校和实习单位的住宿、网络条件、购物休闲便利程度等都会影响他们的选择；现在的社会环境提供给学生的选择也很多，可以不停换工作，可以低成本创业，网上开店、直播带货等新兴行业门槛都不高，餐饮行业不稳定、辛苦、收入不高，就会让学生轻易放弃所学专业；快节奏的时代，使得大学生们的目标更加务实；同时，"00后"的大学生对新事物、新科技有更高的接受能力，对新环境有更快的适应能力[4]。

五、未来展望

餐饮业是永远的朝阳产业，并且随着经济和社会的发展，人们对饮食的追求会更高，更加精美、更加健康的食物是人们对美好生活的追求。美食是中国的标签，是中国的名片。2022年的冬奥会充分展示了中国美食的魅力，机器人餐厅充分展示了中国餐饮业的高科技现代化，冬奥会餐饮成为全世界的热门话题。

广东省的餐饮业收入一直位居全国前列，2020年在新冠疫情的打击下却跃居全国第一。广东省发展势头好，人口吸引能力强，现已成为全国人口最多的省级行政区，也是流入人口最多的省份；广东学校所处的大湾区是国家战略所在。多种因素叠加，广东省的餐饮业必定会有更好的发展，为餐饮管理专业的发展提供强大的产业支撑、人才需求支撑。

岭南饮食文化历史悠久，商业特色突出，酒楼善于经营，饮食产品善于创新，饮食市场善于营造新的饮食潮流。21世纪的今天，粤港澳大湾区是中国经济最发达的区域之一，也是世界级的城市群，餐饮业的创新也常是在这里诞生。因此专业建设和人才培养务必要跟上时代的发展、跟上行业的发展，培养出适应行业发展需求的人才，专业才能更有吸引力。

（主要执笔人：陈咏淑）

参考文献

［1］杨铭铎，陈健.基于与餐饮职业岗位对接的餐饮职业教育专业设置的辨析［J］.四川旅游学院学报，2021（3）：91-96.

［2］许海峰，石伟平.高职教师专业实践能力提升的困境及对策［J］.职教论坛，2017（20）：16-20.

［3］杨铭铎，陈健.餐饮职业教育高质量发展的新机遇：新版餐饮职业教育目录解读［J］.四川旅游学院学报，2021（5）：1-4.

［4］张睿，吴志鹏，黄枫岚."00后"大学生的思想观念及行为倾向研究[J].思想理论教育，2021（6）：93-99.

7. 广东省高职院校烹调工艺与营养专业发展调研报告

"粤菜师傅"工程是时任广东省委李希书记亲自谋划、亲自部署、亲自推动的一项重大就业工程、民生工程，广东省委省政府高度重视此项工作，先后推出了《广东省"粤菜师傅"工程实施方案》《关于推动"粤菜师傅"工程高质量发展的意见》（粤办发〔2020〕18号）等文件。"粤菜师傅"工程的关键之一就是人才培养，培养高素质的粤菜师傅是高职院校义不容辞的一项政治任务。要完成这项任务，务必要摸清作为广东省培养高素质粤菜师傅的主要阵地的高职院校中烹调工艺与营养专业的人才培养情况，特别是要了解清楚目前广东省烹调工艺与营养专业的师资队伍、实训基地建设、人才培养模式、教学资源等情况。同时，开展高职烹调工艺与营养专业人才培养情况调研，可以为烹调工艺与营养专业高质量发展提供方向，为高职院校统筹考虑专业布局提供帮助，为广东省教育行政部门对新申报烹调工艺与营养专业的审批提供决策依据，为编制"十四五"规划提供参考。本报告将立足于广东省高职烹调工艺与营养专业发展的历史与现状，力图多角度、全方位地展现广东省高职烹调工艺与营养专业人才培养情况。

一、广东省高职烹调工艺与营养专业总体概况

高职烹调工艺与营养专业的历史并不悠久，很多院校的设立时间较短，设立时间满10年的院校不多。然而，广东开设烹调工艺与营养专业的高职院校数量位居全国第一。随着广东省的"粤菜师傅"工程启动，高职烹调工艺与营养专业相继涌现，许多高职院校近几年来相继开设了高职烹调工艺与营养专业。广东省的相关统计数据显示，截至2021年，现有烹调工艺与营养专业在校生的高职院校数量为20所。

在广东省较早开设烹调工艺与营养专业的高职院校有顺德职业技术学院、广州工程技术职业学院、广东环境保护工程职业学院、河源职业技术学院、湛江幼儿师范专科学校等，目前还没有一家专门的烹饪高职学院。自从2018年广东省委省政府提出"粤菜师傅"工程后，各地纷纷响应，作为粤菜师傅人才培养的高职院校更是积极参与，不管

有没有适合的场地、有没有师资，甚至有的连人才培养方案都来不及调研，就申请开办烹调工艺与营养专业，致使烹调工艺与营养专业人才培养质量参差不齐，没有形成自己的办学特色，甚至不符合企业的要求。开展全省烹调工艺与营养专业人才培养情况的调研，收集整理相关数据，并形成调研报告，为高职院校烹调工艺与营养专业发展提供方向，就显得非常必要和意义重大。

因此，如何把握国家推进职业教育改革与创新发展的有利契机，紧贴广东省餐饮行业发展需求，创新校企合作育人机制、加强师资队伍建设、完善实训基地配置、丰富教学资源、开展人才培养模式改革，全面分析广东省烹调工艺与营养专业人才培养情况，不断优化专业建设与发展思路，已经成为全面提升烹调工艺与营养专业高职教育的重要内容与方向，也是本研究报告的重要任务与目标。

二、广东省高职烹调工艺与营养专业现状

2021年，全省开设有烹调工艺与营养专业的高职院校共20所，本次参与调研分析的有16所，公办院校13所，占总数比为81.25%；民办院校有3所，占总数比为18.75%（见图7-1）。

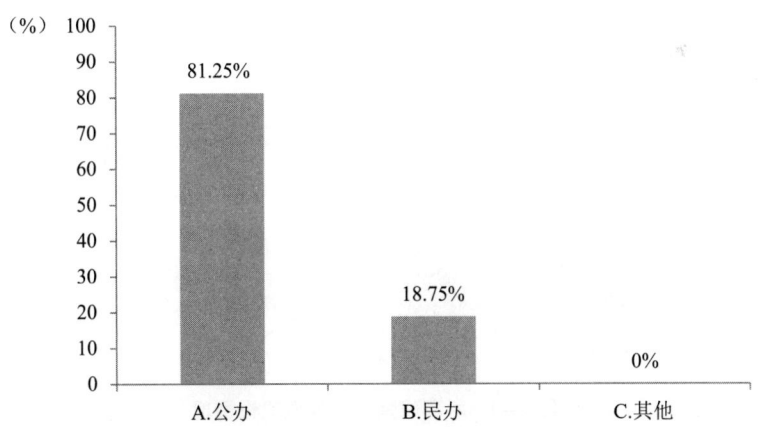

图7-1 开设烹调工艺与营养专业的高职院校性质（公办、民办）情况

开设烹调工艺与营养专业的16所高职院校中，本专业所在院校的类别为国家示范院校的有1所，占院校总数比为6.25%；有5所院校为省级示范院校，占院校总数比为31.25%；有2所院校为"双高"院校，占院校总数比为12.5%（见图7-2）。

153

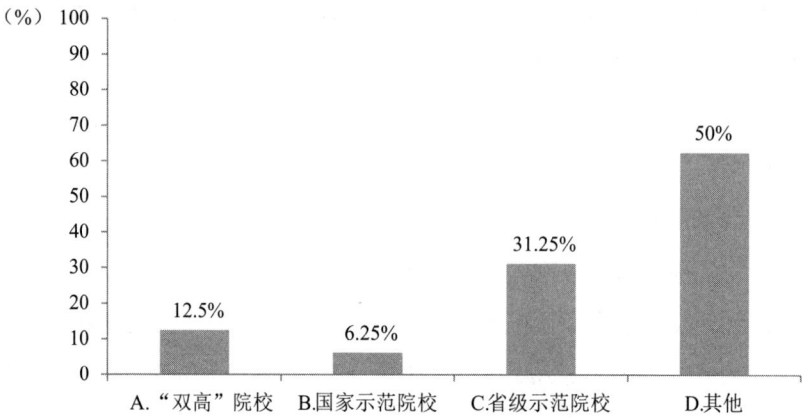

图 7-2　开设烹调工艺与营养专业所在高职院校类别情况

本专业尚缺乏在国家示范专业点、国家高水平专业群建设方面的成就。省级品牌专业建设方面的成就还有待提高，有 1 所院校的烹调工艺与营养专业被评为省级品牌建设专业，在调查的 16 所院校总数中占比为 6.25%。在省级高水平专业群建设方面，有 7 所院校的烹调工艺与营养专业被评为省级高水平专业群，在调查的 16 所院校总数中占比为 43.75%（见图 7-3）。

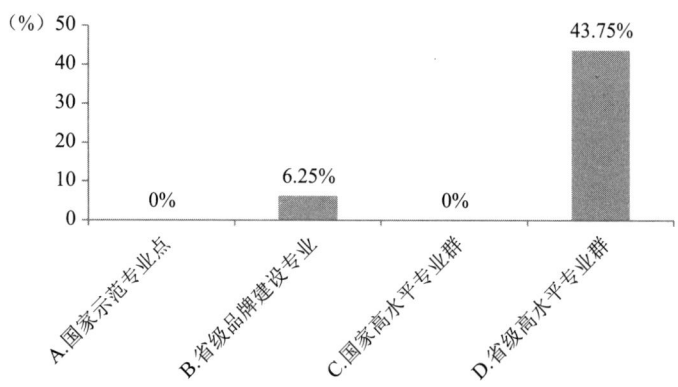

图 7-3　所调研院校本专业建设情况

（一）招生与在校生情况

少数高职院校开设本专业时间较早，设立时长在十年左右。多数院校设置烹调工艺与营养专业的时间普遍较短，大多在十年以下。少数院校则刚刚设立本专业。

本专业的在校生人数和招生人数呈上升趋势，在调研个别开设本专业的高职院校过程中发现，2021 年本专业的招生人数是被调研院校本专业第一届人数的 6 倍。在现有烹调工艺与营养专业在校生的 20 所高职院校中，有 4 所为 2021 年刚设立本专业的高职院校。

在调研现开设烹调工艺与营养专业的 16 所高职院校中，在校生人数达 500~1000 人的有 1 所，占总院校数 6.25%；100~500 人的有 11 所，占总院校数 68.75%；有 4 所院校的在校生人数在 100 人以下，占总院校数 25%，其中 3 所为 2021 年刚设立本专业的高职院校（见图 7-4）。

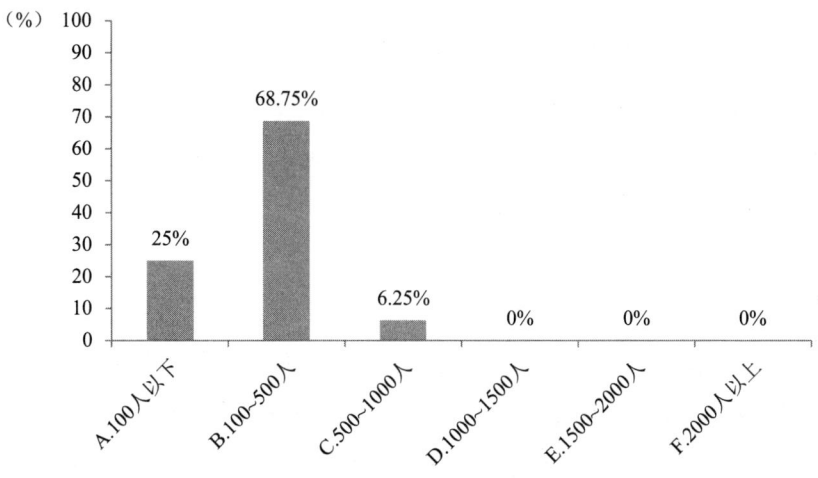

图 7-4　所调研院校在校生人数

（二）专业人才培养目标与模式

1. 人才培养目标

本专业培养思想政治坚定、德技并修、全面发展，适应餐饮行业发展需要，具有良好的餐饮业职业素质，掌握餐饮行业生产、基层管理等知识和中西餐（包括中西点）技术技能，面向粤港澳大湾区餐饮行业领域的高素质劳动者和技术技能人才。

2. 人才培养模式多样

经过 10 多年的传承与发展，高职院校烹调工艺与营养专业不断注重人才培养模式的创新，目前在全省范围内逐步形成了"工学结合""中高职三二分段衔接""现代学徒制""高职专业学院"等几种人才培养模式。

（1）工学结合的人才培养模式

校企合作、工学交替是广东省高职烹调工艺与营养专业人才培养的主要模式。它强调理论研究和教育实践相结合，专业技能训练与专业知识和职业意识的培养相结合，着眼于学生专业能力、职业素养、岗位专业能力、岗位适应能力、就业能力、管理能力的培养。通过对院校的调查与访谈发现，目前工学结合的人才培养模式以"2.5+0.5"模式为主，2.5 学年为校内学习，0.5 学年在企业集中实习。只是各个院校在理论教学时间、实践教学的具体学期安排上有差异。现不断创新与完善工学交替的人才培养模式，基本形成了认知实习、教学实习、实践实习、岗位实习等多层次的实践教学体系。

（2）中高职三二分段衔接人才培养模式

烹调工艺与营养专业（中高职三二分段两年制）在多年的教学实践中按照"先进性、实用性和体系化"的建设原则，在学生中职阶段系统学习本专业知识的基础上，遵循高职学生知识学习和技能掌握的规律，以学生职业能力的培养为主线，通过校企合作，共同构建可以满足对学生进行岗位专项技能、岗位综合技能、岗位适应能力、职业创新能力和就业能力培养的"五位一体"的实践教学平台。赋予学生"准职业人"的身份进行双重身份的管理，实行"工作经历证书"制度，把职业世界与技术世界衔接起来，加强学生的职业素质和能力的培养。

（3）现代学徒制人才培养模式

对于高职学校来说，烹调工艺与营养专业人才培养注重理论与实践相结合，根据人才培养目标和学生认知、学习规律，依据餐饮企业岗位要求和职业标准，特别是"粤菜师傅"工程提倡的现代学徒制，兼具了教学与实践两方面的特征。在人才培养方案的指导下，对烹饪学员进行理论和实践的交替指导培训，最大限度提高学生的后续发展能力与职业岗位能力，形成了"学训交替、能力递进"式人才培养模式。在这种模式下，课堂和厨房得到了有机的结合，烹饪学员实现理论和实践技能的双提高，高职学校和餐饮企业之间也实现了有效的融合。

（4）高职专业学院人才培养模式

个别高职院校形成了烹调工艺与营养高职专业学院人才培养模式，其人才培养模式与行业接轨，着力打造专业特色，培养学生的就业核心竞争力。人才培养的质量如何，归根结底要接受社会和行业的考验，服务于社会和区域经济。在专业人才培养中，在专业技能、外语交流等多种层面培养学生的核心竞争力。通过课堂教学、参加高职类职业技能竞赛、行业竞赛、学术讲座、科研活动等多种培养方式，努力培养学生的核心竞争力和职业发展能力。

除了以上几种主要人才培养模式之外，部分高职院校尝试专本衔接人才培养模式。

专本衔接人才培养模式是3年高等职业教育+2年高等本科教育，如广州工程技术职业学院与岭南师范学院联合培养的烹饪与营养教育专业，为适应国家新时代师范教育高质量发展和广东省基础教育现代化的要求，培养信念坚定、师德高尚、知识扎实、业务过硬、视野宽广、德智体美劳全面发展的职业院校烹饪教师。

3. 人才培养方案更新周期

人才培养方案的更新周期大多为1年，因为餐饮业行业变化较快，需要较快地进行人才培养方案的更新、调整（见图7-5）。

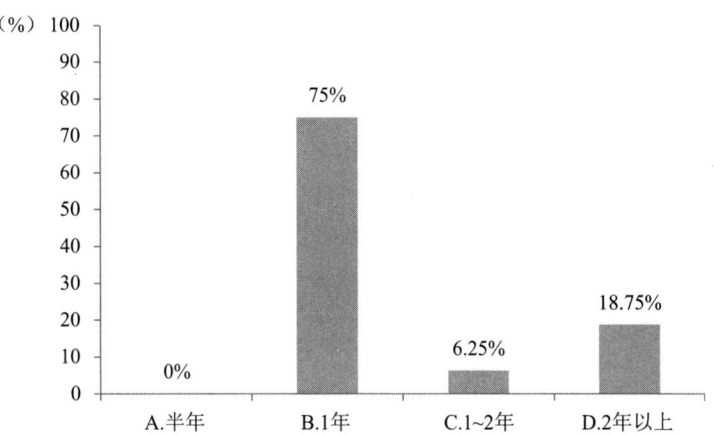

图7-5 所调研院校本专业人才培养方案更新周期

4. 人才培养方案更新内容

更新的内容主要是具体课程设置、人才培养目标与规格、毕业生面向职业及岗位（见图7-6）。根据新的就业岗位来重新设置课程，加入一些反映餐饮新业态的课程。不断探索人才培养目标与规格、毕业生面向职业及岗位，更好地适应餐饮业发展趋势，培养"有教养、有本领"的餐饮综合技术技能人才。

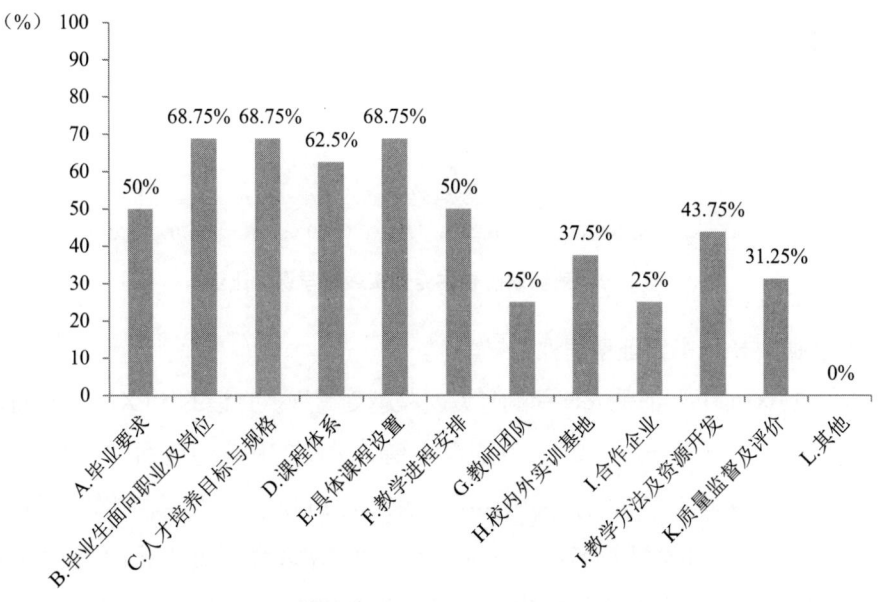

图7-6 所调研院校本专业人才培养方案更新内容

5. 专业核心课与专业基础课

对于专业核心课，各院校普遍开设 5 门左右，其中《粤菜烹调工艺学》《广式面点工艺学》《西式面点工艺学》《西餐工艺学》《烹饪营养学》《宴席设计与制作》等课程开设最多。

专业基础课则以《烹饪基本功训练》《烹饪原料学》《食品安全》《饮食文化》《服务礼仪》等课程为主。

6. 专业实践课与实践教学课时

本专业的实践课程有《粤菜烹调工艺学》《广式面点工艺学》《西式面点工艺学》《西餐工艺学》《食品雕刻》《中国名菜》等。

在调研现开设烹调工艺与营养专业的 16 所高职院校中，本专业的实践教学课时比例在 50%~59% 的有 12 所院校，占开设院校数的 75%；有 4 所院校本专业的实践教学课时比例在 60%~69%，占开设院校数的 25%（见图 7-7）。调查结果显示实践教学比例较高，凸显本专业要求较强的实践能力。

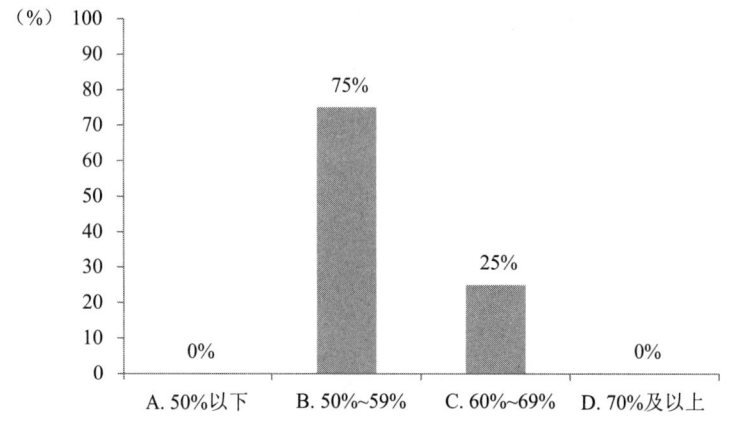

图 7-7 所调研院校本专业实践教学课时比例

7. 本专业 1+X 证书课证融通课程

本专业 1+X 证书课证融通课程的开设越来越受重视。开设的 1+X 证书课证融通课程有《粤菜烹调工艺学》《广式面点工艺学》等，分别对应考证工种"粤菜制作""粤点制作"等。2021 年，广东省技师协会组织餐饮类 1+X 证书"粤菜制作""粤点制作"考证，省高职院校学生踊跃报名。部分院校考证通过率较高，如广州工程技术职业学院 2021 年 1+X 证书"粤菜制作"学生考证通过率达 98%、1+X 证书"粤点制作"学生考证通过率达 96%。

8. 本专业创新创业类课程

部分院校越来越重视本专业创新创业教育情况。在调研现开设烹调工艺与营养专业的 16 所高职院校中，本专业每年开设 1 门创新创业类课程的有 9 所院校，占院校总数 56.25%；有 6 所院校本专业每年开设 2 门创新创业类课程，占院校总数 37.5%；有 1 所院校本专业每年开设 3 门创新创业类课程，占院校总数 6.25%（见图 7-8）。

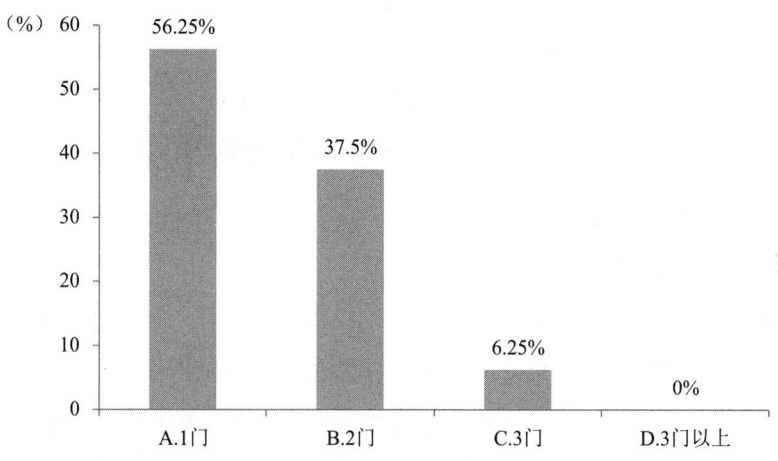

图 7-8　所调研院校本专业创新创业类课程

（三）课程教学资源建设

1. 本专业承担国家资源库建设任务

在调研现开设烹调工艺与营养专业的 16 所高职院校中，本专业承担国家资源库建设任务的有 1 所院校，本专业在此方面表现较为薄弱（见图 7-9）。

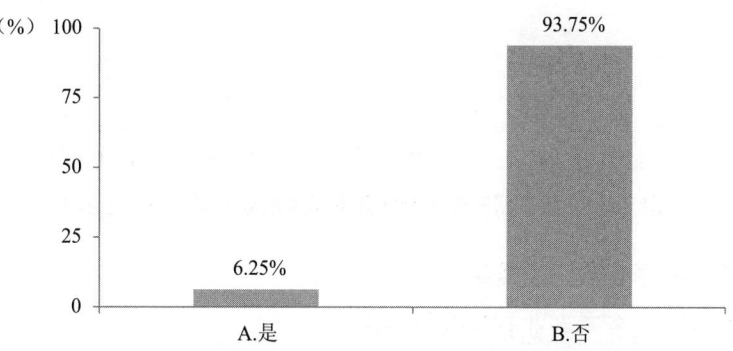

图 7-9　所调研院校本专业承担国家资源库建设任务

2. 本专业开设省级精品在线课程

在调研现开设烹调工艺与营养专业的 16 所高职院校中，本专业开设省级精品在线开放课程 1~3 门的有 2 所院校，占院校总数 12.5%（见图 7-10）。本专业在开设省级精品在线课程方面还需加强。

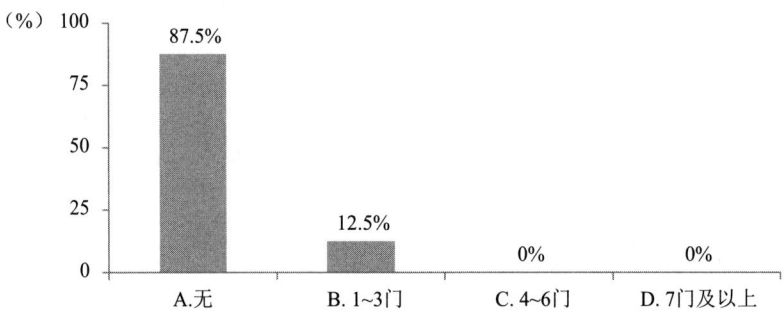

图 7-10 所调研院校本专业开设省级精品在线课程

(四) 教材与教法改革

1. 本专业开发国家规划教材

在调研现开设烹调工艺与营养专业的 16 所高职院校中，本专业开发国家规划教材（第一主编）1~3 门的有 1 所院校，占院校总数 6.25%；有 1 所院校开发本专业国家规划教材（第一主编）4~6 门，占院校总数 6.25%；有 1 所院校开发本专业国家规划教材（第一主编）7 门及以上，占院校总数 6.25%（见图 7-11）。本专业在开发国家规划教材方面还需多加努力。

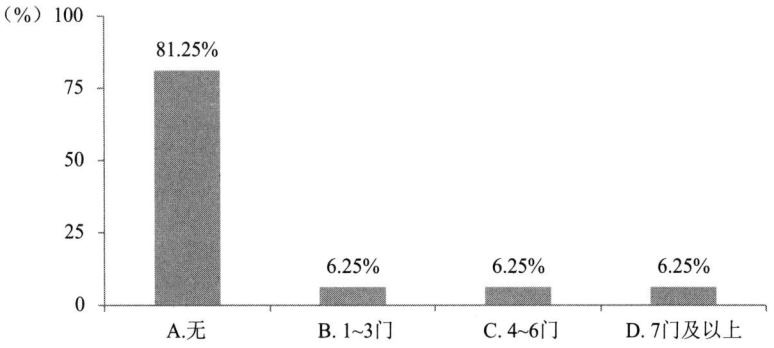

图 7-11 所调研院校本专业开发国家规划教材（第一主编）

2. 专业教学改革成效逐步提高

（1）烹调工艺与营养专业教学改革现状

烹调工艺与营养专业办学时间相对较短，各高职院校在专业建设方面的成绩不够突出，有 1 所院校获省级品牌建设专业、2 所院校获省级教学成果奖、3 所院校开发国家规划教材（第一主编）、2 所院校开设省级精品在线开放课程。但是相比较而言，其在省级高水平专业群、省市级粤菜师傅培训基地、工作室、培训室、省级乃至国家级学生技能竞赛、教师教学能力大赛等方面均取得了卓越的成绩。

（2）以赛促改、以赛促教

无论是对教师还是学生而言，技能大赛对高职院校的教学起到了促进作用。随着国家对技能型人才的需求与鼓励，许多院校都表示要落实"以赛促教、以赛促学、以赛促改"，这一理念已成为高职院校教学改革的方针理念。依托竞赛平台和教学团队，院校可以将大赛中反映餐饮服务操作及烹饪实操技能的竞赛内容提炼成可复制和推广的流程和方法，在教学中推广，辐射更多、更广泛的学生，真正实现以赛促教的办赛目的。

（3）"课证融通"改革

课证融通考评模式是要求学生在毕业时同时取得毕业证书和与烹饪、餐饮相关的职业资格证书，该举措旨在提高学生的职业能力和就业竞争力，对人才培养规格与就业接轨也起到促进作用。在调研中，几乎所有院校都要求学生在校期间获得一种或一种以上的职业资格证书，院校选择最多的证书分别是粤菜制作中级、粤点制作中级。职业资格证书在烹调工艺与营养专业教学过程中发挥了重要的导向作用，实训课程、技能竞赛和职业技能证书考试已成为提升学生专业技能的重要途径。

（五）师资队伍情况

1. 教师基本情况

部分高职院校本专业教师人数相对较少。在调研现开设烹调工艺与营养专业的16所高职院校中，本专业专任教师人数在10人以下的有11所，占开设院校数68.75%；有5所院校的专任教师人数在10~29人，占比为31.25%（见图7-12）。

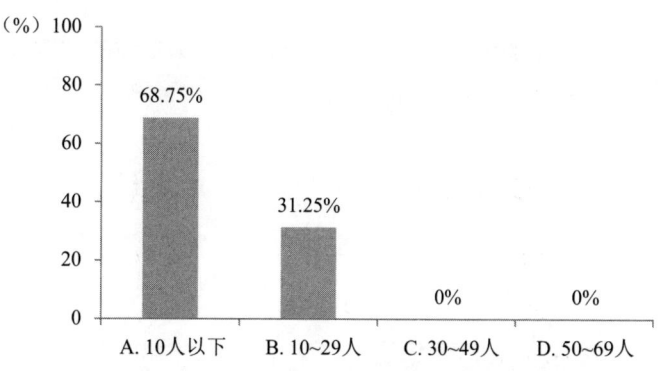

图7-12　所调研院校本专业专任教师人数

除专任教师外，有一定数量的兼职教师。在调研现开设烹调工艺与营养专业的16所高职院校中，本专业的企业兼职教师比例在10%以下的有3所，占开设院校数18.75%；有4所院校本专业的企业兼职教师比例在10%~19%，占开设院校数25%；

有4所院校本专业的企业兼职教师比例在20%~29%，占开设院校数25%；有2所院校本专业的企业兼职教师比例在30%~39%，占开设院校数12.5%；有1所院校本专业的企业兼职教师比例在40%~49%，占开设院校数6.25%；有2所院校本专业的企业兼职教师比例在50%以上，占开设院校数12.5%（见图7-13）。烹调工艺与营养专业是实践性非常强的专业，这也需要行业大师、专家或一线实操师傅来担任兼职老师。

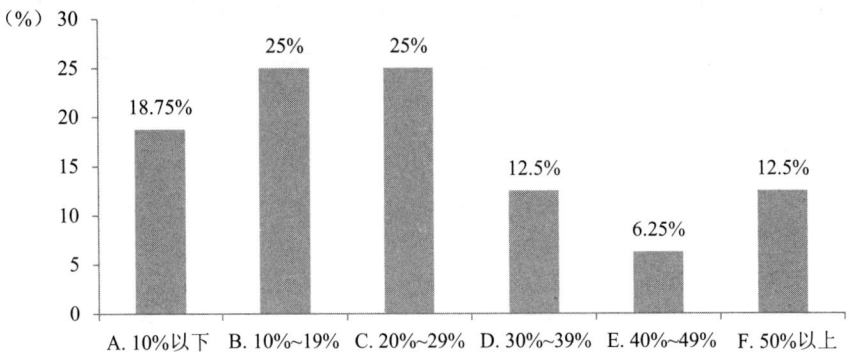

图7-13　所调研院校本专业企业兼职教师比例

双师是现在对高职院校教师的基本要求，所以从调研统计结果来看，本专业"双师型"教师比例较高。在调研现开设烹调工艺与营养专业的16所高职院校中，本专业的"双师型"教师比例在90%以上的有7所，占开设院校数43.75%；有2所院校本专业的"双师型"教师比例在70%~79%，占开设院校数12.5%；有1所院校本专业的"双师型"教师比例在60%~69%，占开设院校数6.25%；有3所院校本专业的"双师型"教师比例在50%~59%，占开设院校数18.75%；有1所院校本专业的"双师型"教师比例在40%~49%，占开设院校数6.25%；有2所院校本专业的"双师型"教师比例在40%以下，占开设院校数12.5%（见图7-14）。

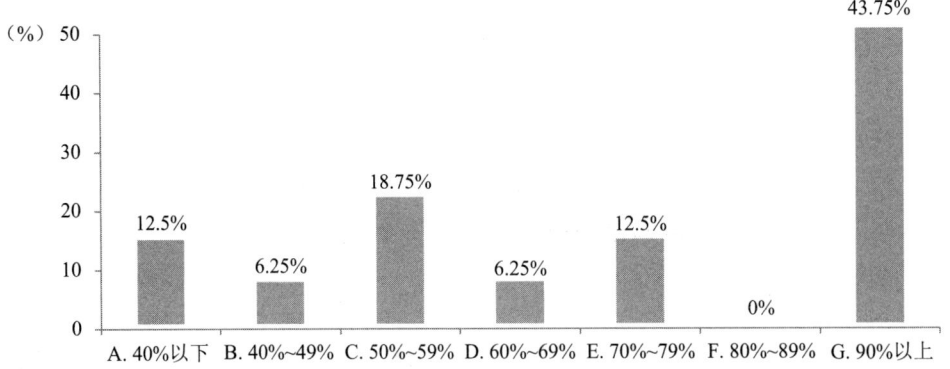

图7-14　所调研院校本专业"双师型"教师比例

2. 教师年龄分布

课题组调查数据显示，大多数院校教师的年龄层次结构比较合理，老中青三代有所延续。在调研现开设烹调工艺与营养专业的 16 所高职院校中，35 岁及以下教师占 56.3%，36~50 岁年龄段教师占 34.1%，50 岁以上教师占 9.6%（见图 7-15）。

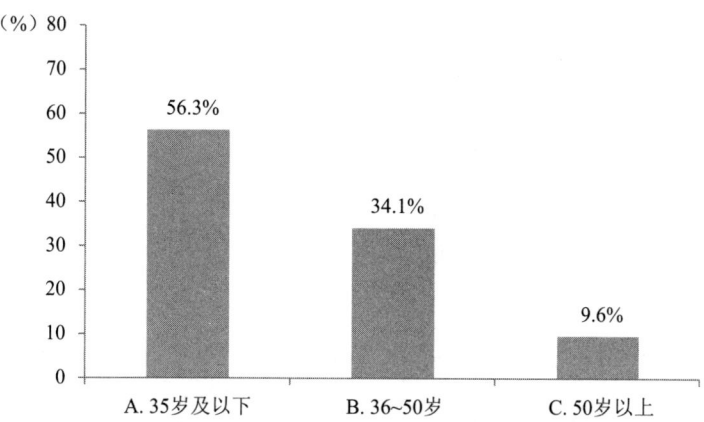

图 7-15　所调研院校本专业各年龄段教师比例

3. 教师学历学位情况

调查数据显示，本专业教师以学士学位为主，占比 55%，占比 45% 的为硕士及以上学位的教师（见图 7-16）。

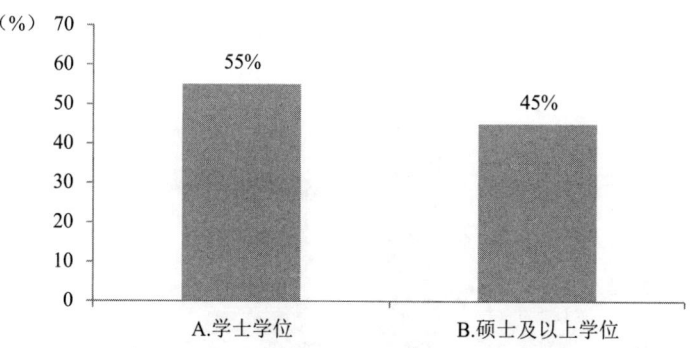

图 7-16　所调研院校本专业教师各级学位比例

4. 教师下企业锻炼与培训情况

现今，教师下企业锻炼与培训愈显重要，部分专业教师会被安排下企业锻炼与培训。经调查，在调研现开设烹调工艺与营养专业的 16 所高职院校中，本专业教师每年人均下企业顶岗锻炼的时间在 30 天以下的院校有 8 所，占调查院校总数的 50%；有 6 所院校本专业教师每年人均下企业顶岗锻炼的时间在 30~60 天，占调查院校总数的

37.5%；有 1 所院校本专业教师每年人均下企业顶岗锻炼的时间在 60~90 天，占调查院校总数的 6.25%；有 1 所院校本专业教师每年人均下企业顶岗锻炼的时间在 90~120 天，占调查院校总数的 6.25%（见图 7-17）。

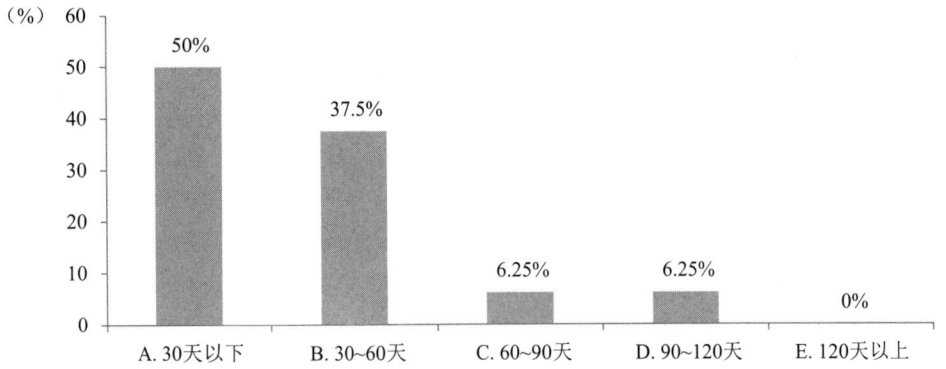

图 7-17　所调研院校本专业教师每年人均下企业顶岗锻炼天数

本专业教师每年人均参与培训的天数在 5 天以下的院校有 2 所，占调查院校总数的 12.5%；有 8 所院校本专业教师每年人均参与培训的天数在 5~10 天，占调查院校总数的 50%；有 5 所院校本专业教师每年人均参与培训的天数在 10~15 天，占调查院校总数的 31.25%；有 1 所院校本专业教师每年人均参与培训的天数在 15~20 天，占调查院校总数的 6.25%（见图 7-18）。

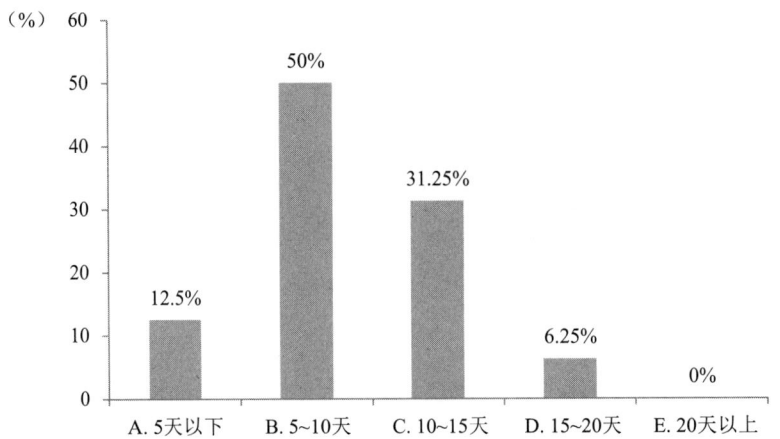

图 7-18　所调研院校本专业教师每年人均参与培训的天数

5. 教师教学能力竞赛获奖

本专业近五年（2017—2021 年）在国家级教师教学能力竞赛获奖共 3 项，其中 1 所院校获二等奖 2 项，1 所院校获三等奖 1 项（见图 7-19）。本专业近五年（2017—

2021年）在省级教师教学能力竞赛获奖共11项，其中3所院校各获一等奖1项；2所院校共获二等奖3项，其中1所院校获2项，1所院校获1项；3所院校共获三等奖5项，其中2所院校分别获2项，1所院校获1项（见图7-20）。

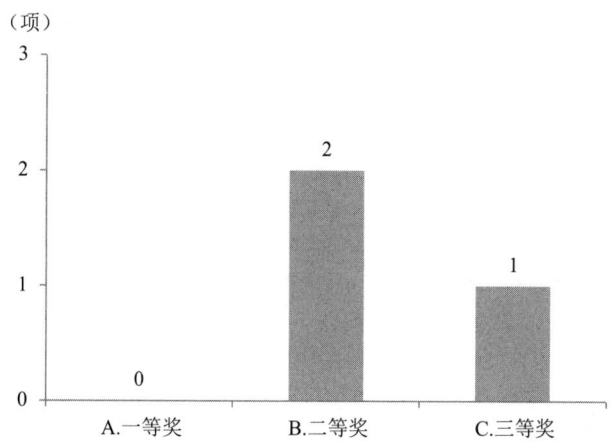

图7-19　本专业近五年（2017—2021年）国家级教师教学能力竞赛获奖情况

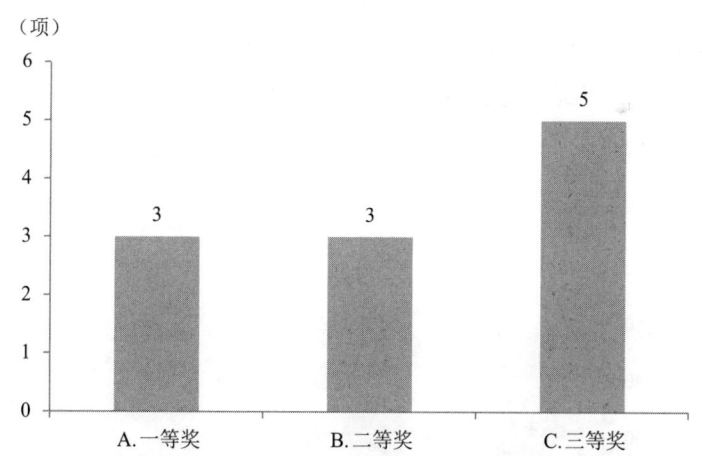

图7-20　本专业近五年（2017—2021年）省级教师教学能力竞赛获奖情况

6. 本专业获省级教学成果奖

在调研开设烹调工艺与营养专业的16所高职院校中，本专业在省级教学成果奖荣誉方面的成就有待提高，有2所院校的烹调工艺与营养专业获得省级教学成果奖2项（其中一等奖1项、三等奖1项）（见图7-21）。

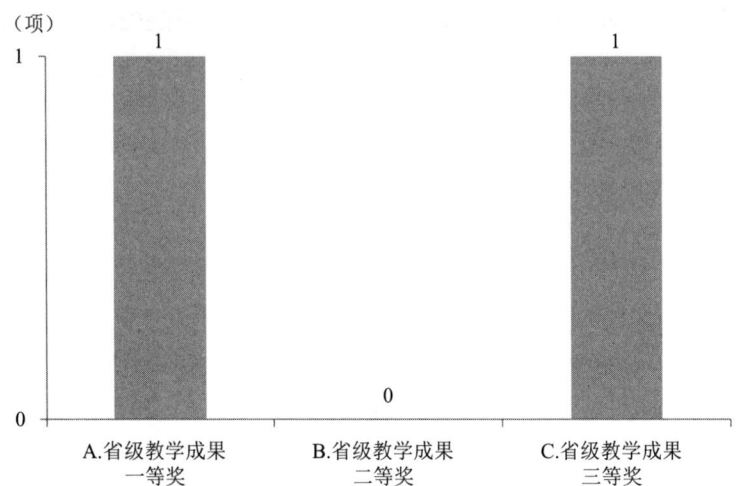

图 7-21　所调研院校本专业获省级教学成果奖

(六) 教学条件

1. 本专业最新实训室建设时间

在调研现开设烹调工艺与营养专业的 16 所高职院校中,本专业最新的实训室建设时间在近十年的有 2 所院校,占院校总数 12.5%;有 6 所院校本专业最新的实训室建设时间在近五年,占院校总数 37.5%;有 8 所院校本专业最新的实训室在 2021 年建设,占院校总数 50%(见图 7-22)。2021 年新建实训室的院校占调研院校总数的一半。

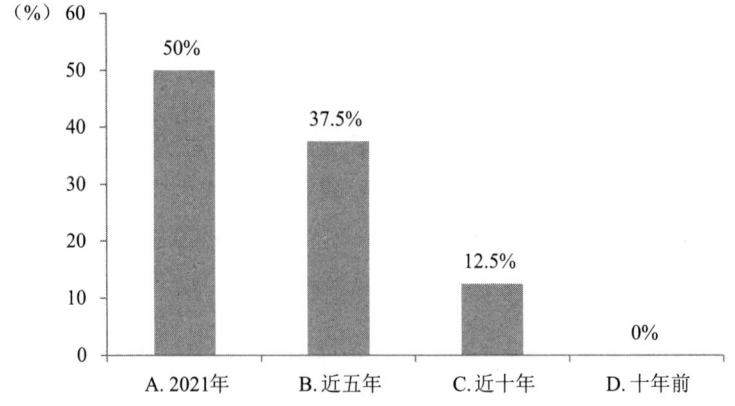

图 7-22　所调研院校本专业最新的实训室建设时间

2. 本专业实训室数量

在调研现开设烹调工艺与营养专业的 16 所高职院校中,本专业目前已建成 7 间及以上实训室的院校有 4 所,占院校总数 25%;有 5 所院校本专业建成 4~6 间实训室,占院校总数 31.25%；有 7 所院校建成 1~3 间实训室，占院校总数 43.75%（见图 7-23）。

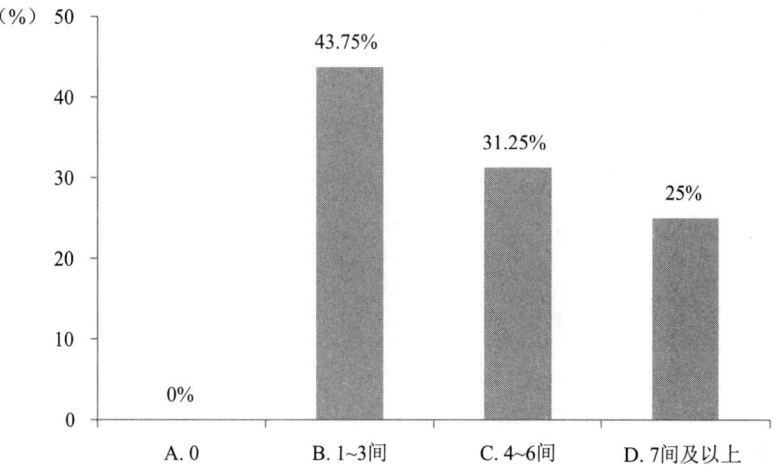

图 7-23　所调研院校本专业实训室数量

在调研现开设烹调工艺与营养专业的 16 所高职院校中，本专业目前已建成 7 间及以上校内自建教学实训室的院校有 4 所，占院校总数 25%；有 3 所院校已建成 4~6 间校内自建教学实训室，占院校总数 18.75%；有 9 所院校已建成 1~3 间校内自建教学实训室，占院校总数 56.25%（见图 7-24）。现今本专业实训室建设依然以自建教学实训室为主。

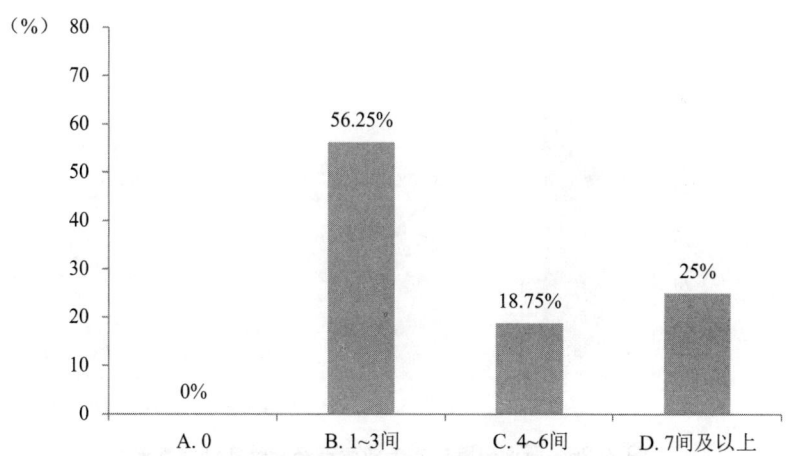

图 7-24　所调研院校本专业校内自建教学实训室数量

在调研现开设烹调工艺与营养专业的 16 所高职院校中，本专业目前已建成 1~3 间校企共建教学实训室的院校有 9 所，占院校总数 56.25%；现今有 7 所院校没有校企共建教学实训室，占院校总数 43.75%（见图 7-25）。本专业实训室建设仍然缺少企业的参与,将近一半的高职院校缺乏校企共建实训室。

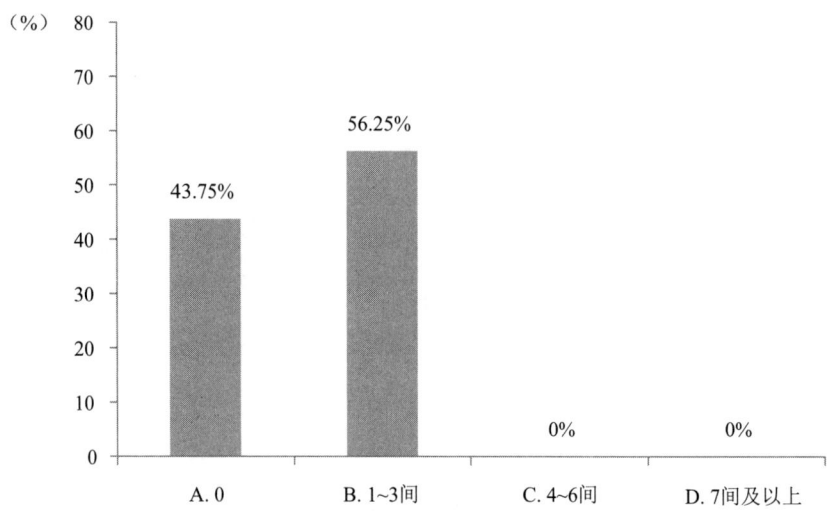

图 7-25 所调研院校本专业校企共建教学实训室数量

3. 本专业生产经营性实训室

本专业建有一定数量的生产经营性实训室。在调研现开设烹调工艺与营养专业的 16 所高职院校中,建成 1~3 间生产经营性实训室的院校有 6 所,占院校总数 37.5%;10 所院校没有建成生产经营性实训室,占院校总数 62.5%(见图 7-26)。

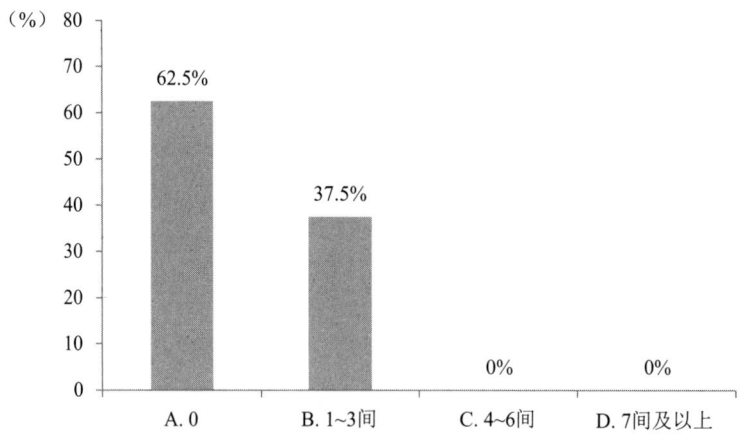

图 7-26 所调研院校本专业生产经营性实训室数量

4. 本专业校外实训基地

在调研现开设烹调工艺与营养专业的 16 所高职院校中,各院校均有一定数量的校外实训基地;有 7 所院校拥有 1~5 个校外实习实训基地,占院校总数 43.75%;有 4 所院校拥有 6~10 个校外实习实训基地,占院校总数 25%;有 1 所院校拥有 11~15 个校外实习实训基地,占院校总数 6.25%;有 4 所院校拥有 21 个及以上校外实习实训基地,占院校总数 25%(见图 7-27)。

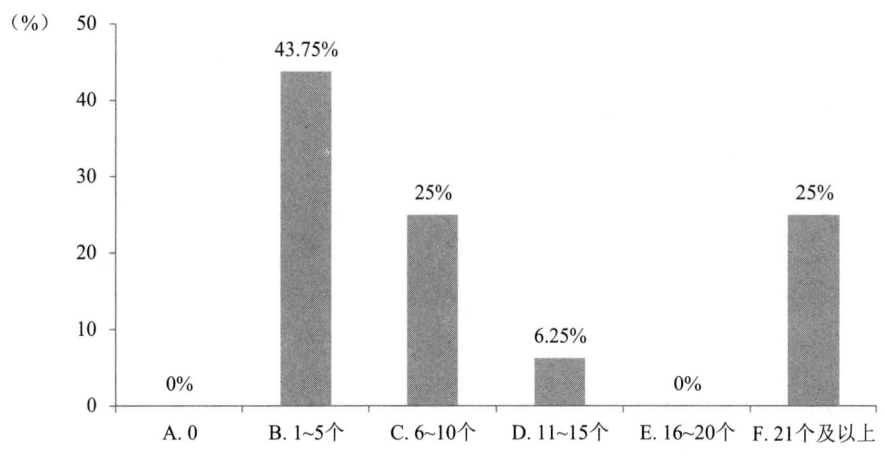

图 7-27 所调研院校本专业校外实习实训基地

5. 本专业近五年与企业的合作方式

在调研现开设烹调工艺与营养专业的 16 所高职院校中,本专业近五年(2017—2021 年)与企业的合作方式以实训基地建设、师资共建、课程建设、订单班为主,校企合作联盟、产业学院、教材开发次之(见图 7-28)。

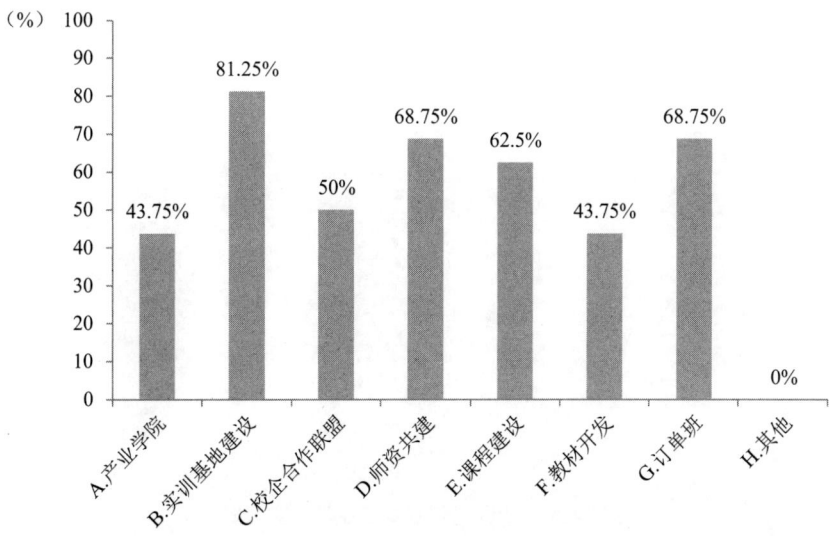

图 7-28 所调研院校本专业近五年(2017—2021 年)与企业的合作方式

（七）人才培养质量

1. 学生实习相对规范

（1）烹调工艺与营养专业实习的特征与趋势

烹调工艺与营养专业的学生实习相对规范。广东省拥有国际化的大都市和华南旅游城市，近年来旅游业一直是本地经济的支柱产业之一，富有南粤特色又兼容四海风味的各式餐饮与旅游服务企业发展迅速。餐饮企业对人力资源需求数量不断增加，对人力资源质量要求不断提升，烹调工艺与营养专业学生需求量较大。各个高职院校的合作企业提供的实习岗位基本以前厅服务、后厨实操岗位为主，管理岗位为辅。随着省内餐饮行业尤其随着"粤菜师傅"工程工作的推进，餐饮行业对专业学生技能要求的综合性也越来越强。

（2）餐饮企业实习的规范与标准

省内各大高职院校烹调工艺与营养专业根据教育厅及所在地区教育主管部门的要求，对专业学生实习的规范进行了研究，基本形成了统一的实习实践类型，并且全面明确了三方的责任与义务；制定了餐饮行业实习的规范或指南，参照标准执行。

2. 学生实习时间

学生实习周期，大部分院校为3~6个月，小部分院校为半年时间（见图7-29）。由于本专业的实习需要较长的稳定时间，所以短时间的例如三个月以下的实习周期不被接受。

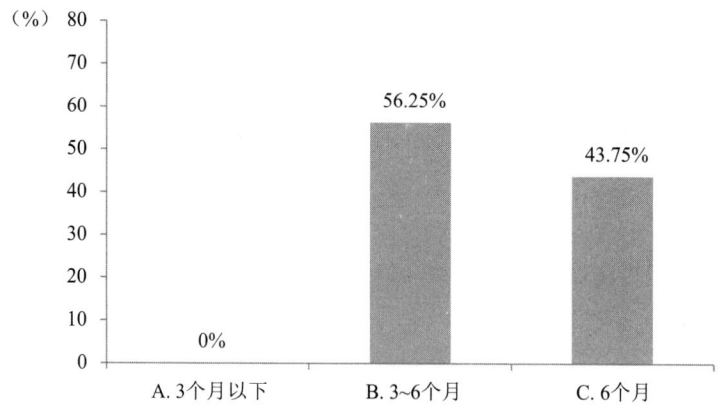

图 7-29 所调研院校本专业学生实习时间

3. 学生实习地点

实习地点方面，大多数院校首选所在地城市，这也方便对学生实习的指导和管理，其次是选择一线珠三角城市，学生获得的机会会更多（见图7-30）。

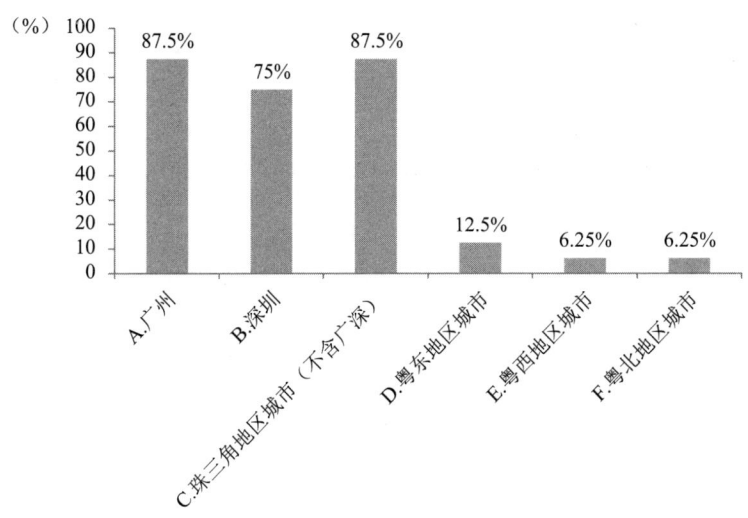

图 7-30 所调研院校本专业学生实习地点

4. 学生实习就业岗位

学生近三年（2019—2021年）实习及就业岗位主要集中于中式烹调厨师、中式面点厨师、西式面点厨师、西式烹调厨师，其次为教师、餐厅服务员、餐饮经理、研发人员、咖啡师等岗位（见图 7-31）。

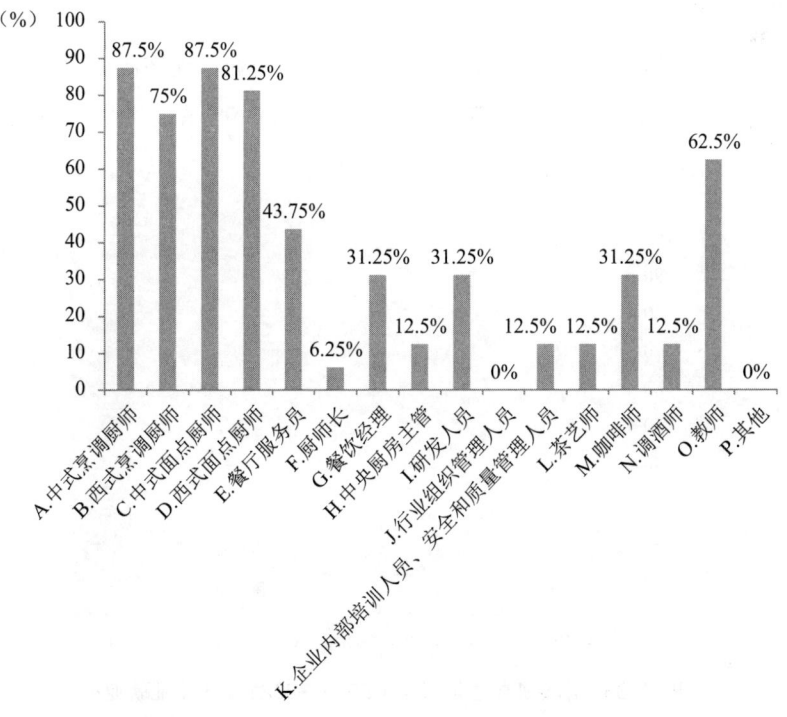

图 7-31 所调研院校本专业近三年（2019—2021年）学生实习就业岗位

5. 学生实习岗位薪酬

68.75%院校学生近三年（2019—2021年）实习工资集中于2000~3000元，31.25%集中于3000~4000元。这也说明了本专业学生实习及以后就业工资收入较高，就业前景广阔，这也是目前本专业整体发展良好的主要原因（见图7-32）。

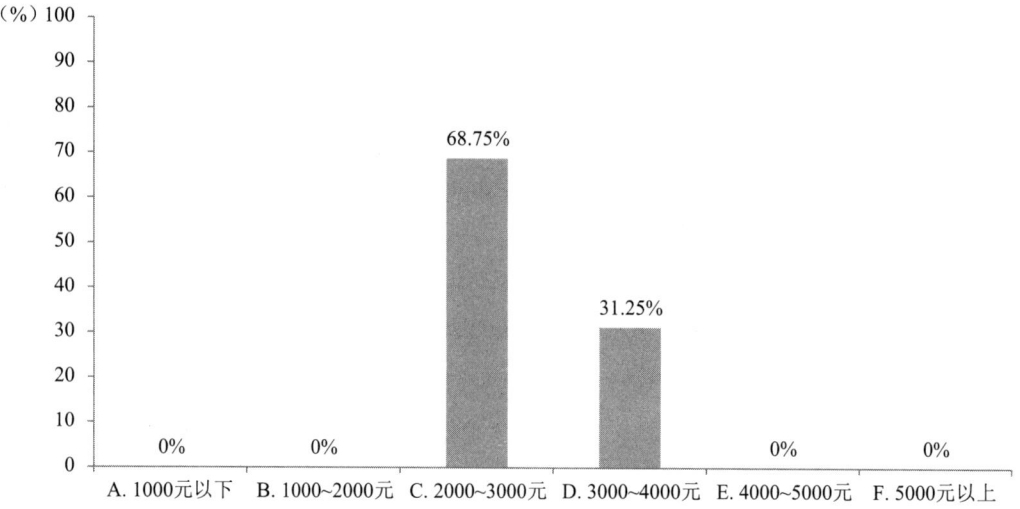

图7-32　所调研院校本专业学生近三年（2019—2021年）实习岗位薪酬

6. 学生毕业就业率

本专业学生近三年（2019—2021年）平均初次就业率比较高，平均初次就业率达90%以上的院校占81.25%，平均初次就业率在80%~89%的院校占12.5%，平均初次就业率在70%~79%的院校占6.25%（见图7-33）。

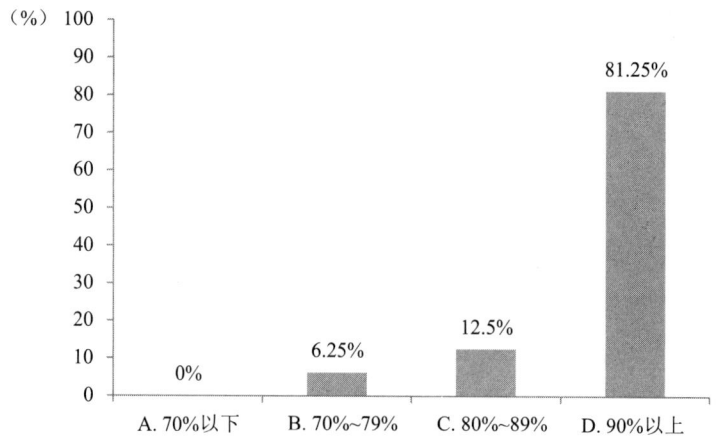

图7-33　本专业学生近三年（2019—2021年）毕业就业率

7. 学生对口就业率

本专业学生近三年内（2019—2021年）平均对口就业率相对较高，有部分院校受疫情影响，平均对口就业率也受到一定影响。学生平均对口就业率在50%~79%的院校占31.25%，学生平均对口就业率在80%~89%的院校占31.25%，学生平均对口就业率达90%以上的院校占37.5%（见图7-34）。

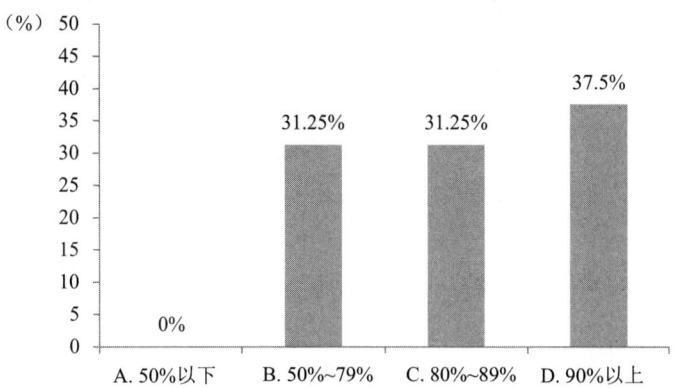

图7-34 本专业学生近三年（2019—2021年）平均对口就业率

8. 职业技能大赛获奖

本专业在职业技能大赛获奖方面成绩突出，近五年（2017—2021年）在国家级职业技能大赛（教育部门主办）获奖共2项，其中一所院校获一等奖1项，另一所院校获三等奖1项（见图7-35）。本专业近五年（2017—2021年）在省级职业技能大赛获奖共41项，其中获一等奖11项，二等奖13项，三等奖17项（见图7-36）。

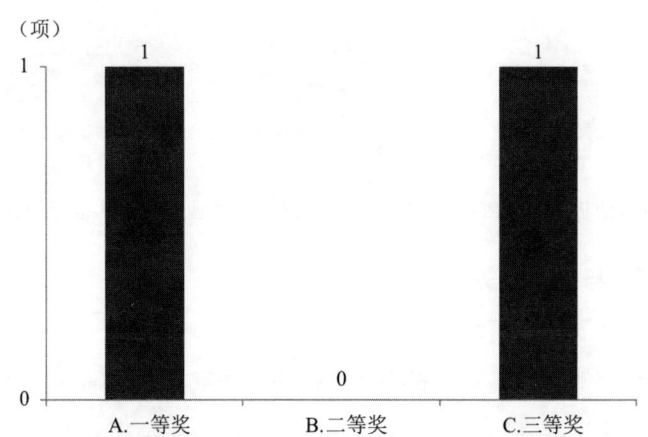

图7-35 本专业近五年（2017—2021年）国家级职业技能大赛获奖情况

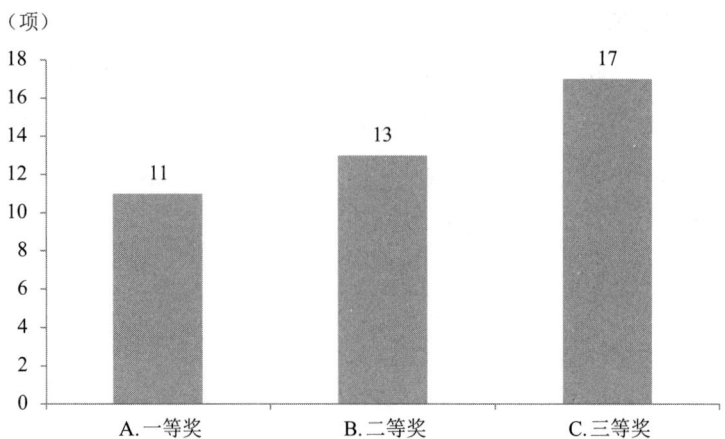

图 7-36　本专业（2017—2021 年）省级职业技能大赛获奖情况

9. 创新创业大赛获奖

本专业近五年（2017—2021 年）在国家级创新创业类大赛（含挑战杯）获奖共 2 项，其中 2 所院校各获二等奖 1 项。本专业近五年（2017—2021 年）在省级创新创业类大赛（含挑战杯）获奖共 6 项，其中 1 所院校获一等奖 1 项，2 所院校分别获二等奖 1 项，3 所院校分别获三等奖 1 项（见图 7-37）。

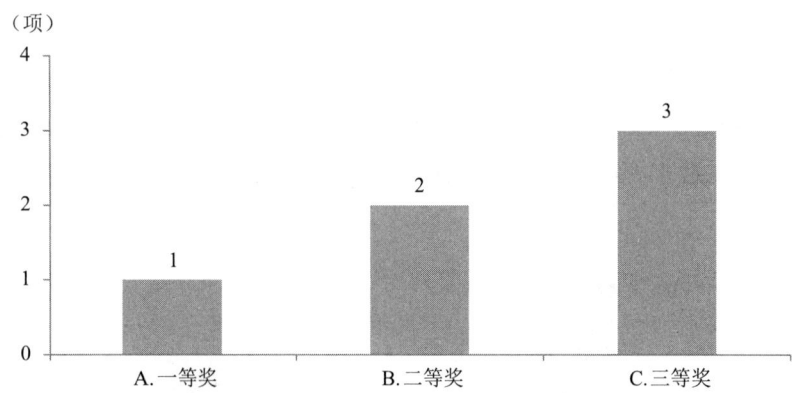

图 7-37　本专业近五年（2017—2021 年）省级创新创业类大赛（含挑战杯）获奖情况

（八）技术研发与社会服务

1. 产教融合，开展粤菜研发

依托省级粤菜师傅培训基地、省级粤菜师傅工作室等为基础，校企共建粤菜文化传承创新基地，建设产学研基地，开展粤菜研发，积极申报专利成果。在调研开设烹调工艺与营养专业的 16 所高职院校中，本专业获得优秀科研成果奖 6 项，获得知识产权 8 项（见图 7-38）。

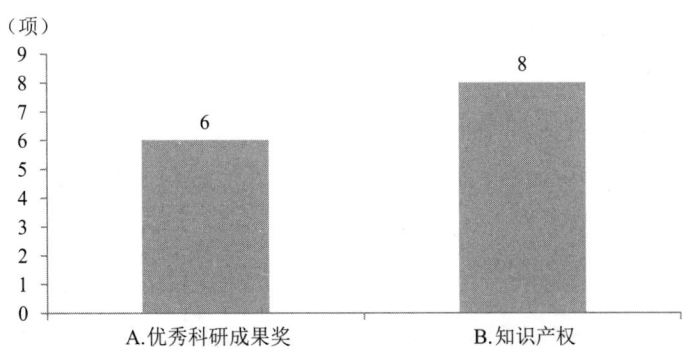

图 7-38 所调研院校本专业获优秀科研成果奖、知识产权情况

2. 对接"粤菜师傅"工程，服务"乡村振兴"国家战略

随着"粤菜师傅"工程的开展，我省开设烹调工艺与营养专业高职院校积极响应，以实际行动助力"粤菜师傅"工程的推广，依托省级粤菜师傅培训基地等，通过餐饮企业培训、推进乡村振兴粤菜师傅烹调技能公益培训、承办各类技能竞赛等方法，促进专业与餐饮行业企业的深度合作与交流，弘扬粤菜文化，打响"粤菜师傅"金字招牌，培养"粤菜师傅"高技能人才，推动粤菜产业融合发展，助力乡村振兴。进一步密切内地与港澳交流合作，积极参与粤港澳大湾区建设发展。全面提升职工队伍创新能力与技术，为经济创新力和竞争力提供源源不断的驱动力和支撑。

在调研开设烹调工艺与营养专业的 16 所高职院校中，获批 5 个省级粤菜师傅培训基地、2 个省级粤菜师傅工作室、4 个市级粤菜师傅培训基地、2 个市级粤菜师傅培训室，1 所院校获批"中国客家菜研发培训基地"、1 所院校获批"国家中餐繁荣基地"（见图 7-39）。

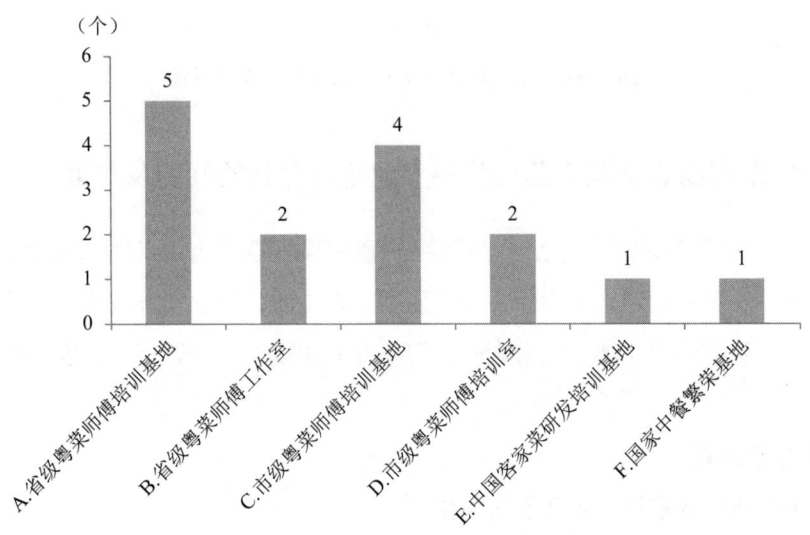

图 7-39 所调研院校本专业获批培训基地、工作室、培训室情况

（九）国际交流与合作情况

1. 国际交流情况

在调研开设烹调工艺与营养专业的16所高职院校中，部分院校开展了国际交流活动，为开展国际交流积累经验。例如：2016年广州工程技术职业学院与尼泊尔全球旅游与酒店教育学院（GATE）开展学生交流，教师互访。2018年在尼泊尔全球旅游与酒店教育学院（GATE）设立"广州工程技术职业学院粤菜烹饪师资培训基地"等系列国际交流活动。2021年与韩国光州湖南大学（南部大学）开展中韩饮食文化和烹调技艺交流。开展粤港澳大湾区粤菜文化和厨艺交流。

2. 本专业海外实训基地

在调研现开设烹调工艺与营养专业的16所高职院校中，本专业海外实习实训基地较少，有2所院校拥有1~5个海外实习实训基地，占院校总数12.5%（见图7-40）。

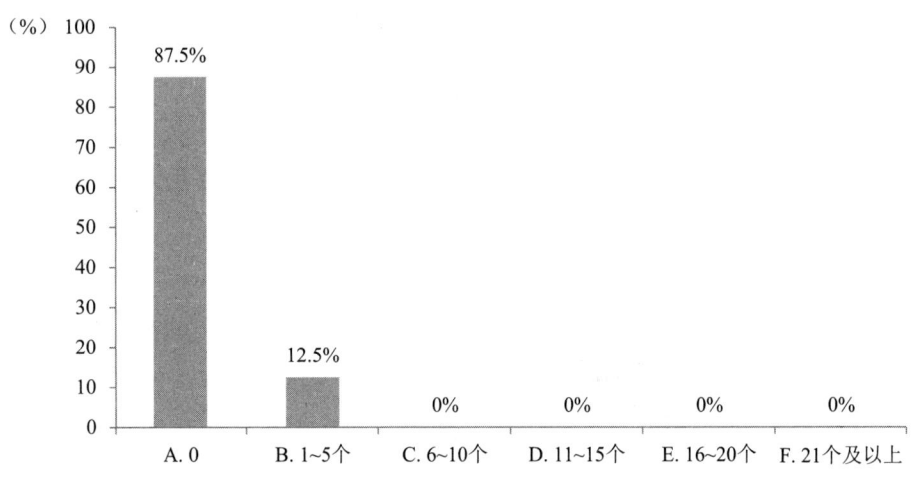

图7-40　所调研院校本专业海外实习实训基地

三、广东省高职烹调工艺与营养专业建设存在的问题及对策

现今，广东省高职烹调工艺与营养专业多数都能够紧跟市场对技能型人才的需求，适应社会需要，不断更新教学思想，建立以学生为主体、突出实践技能培养的有效教学模式，提高学生的职业技能和综合素质。但在专业建设的部分环节中，依然存在一些不足的地方。

（一）主要问题

1. 校企合作内容需进一步拓展和深化

大部分高职烹调工艺与营养专业的校企合作仅仅停留在订单签订、学生实习、教师实践等层次,在课程内容的融合、共同开展职业培训等方面做得不够深入,产学研尚未合力,未能实现校企深度融合。

2. 综合素养、创新创业教育需提升

现阶段烹饪从业人员优秀的中高层次人才少,成为制约餐饮业又好又快发展的瓶颈。另外,据调查分析,餐饮企业在内部人才培养时,对刚毕业的学生主要看重职业道德与素养、精益求精的工匠精神、对待工作的态度与责任心、对专业学习的热爱与创新。高职学生的这些素质并没有完全在学校通过系列课程得到实质性的提升,培养出的学生显示不出应有的水平和能力。在课程教学中,创新创业意识培养融入不深。

3. 师资队伍数量和结构不能满足专业建设的快速发展

分析国内同类专业建设的标杆之一——浙江旅游职业学院烹调工艺与营养专业,该专业分为中式烹饪工艺和面点工艺方向。培养具备良好的操作技能和一定的管理能力,能较好适应高星级酒店和知名餐饮企业的技术骨干和中层管理者。学生毕业后可前往国内外高星级酒店、中职学校、社会知名餐饮企业等就业。主要优势:重视师资建设,重视学生创新创业教育,将学生的创新意识培养和创新思维养成融入教育教学全过程。

广东省开办烹调工艺与营养专业的高职院校中,其专业师资队伍数量和结构相差大,一是有部分师资队伍较强的学校,主要分布在珠三角地区。二是有部分烹调工艺与营养专业教学团队存在师资总量偏少、兼职教师数量偏少且不稳定等问题。三是省内烹调工艺与营养专业教师职称偏低,现以初、中级职称为主。近年来各高职院校烹调工艺与营养专业教学改革成效相比以前虽有所提高但不够突出。

近几年来各项教学改革,尤其是在专业教学资源库的建设、信息化教学改革等方面的力度不大,尽管各相关学校逐渐加强信息化校园建设,提高学校管理、运行的现代化水平。由于对学校教师的宣传及专门化培训欠缺、资金投入不足,相当一部分专业教师信息化教育教学手段运用能力不强,表现在一是专业教学信息化程度不高,二是数字化资源数量还需增加,三是本专业教师参加全国职业院校教师教学能力大赛获奖数量少等。

4. 教学实训条件有待进一步提升

通过访谈和调研得知,部分学校实训室建设得非常好,拥有中餐实训室、西餐实训室、中点实训室、西点实训室、粤菜师傅培训基地、粤菜师傅工作室、粤菜文化长廊等实训场所,对学生掌握实操技能起到积极的作用。但也存在实训条件建设发展不均衡问题,有部分学校由于各方面的原因,实训室数量有限,生均设备值、实训工位数等偏低,硬件及软件设备有待提高。

（二）对策与建议

1. 深化校企合作、产教融合

学校应根据企业的情况，如企业规模、性质、文化、管理模式、地理位置等方面因素，结合学校自身发展情况，建立多层次、多层面的校企合作模式。首先，校企应搭建起"产学研"合作平台，校企双方对课程内容设置要进一步研讨，院校教师需深入行业企业一线，参与实践服务与技术研发，制定课程内容，与岗位实践内容需紧密联系起来。其次，校企合作不应仅限于学生培养的层面，也应充分发挥校企合作的社会服务功能，特别是随着"粤菜师傅"工程的推进，校企也应共同承担起社会培训、社会服务，共同为当地乡村振兴助力，共同为社会、为行业培训各类餐饮烹饪人才。

2. 实施综合素养、创新创业教育

在人才培养方案制订过程中，切实贯彻创新创业理念，将创新创业的理念真正融入课程设计，不仅开设专门的创新创业课程，在专业课程教学中也要融入创新创业的理念。专业课程的教学设计既要注重专业知识的传授，也要将职业道德、职业习惯、职业能力、劳模精神、劳动精神、工匠精神、创新创业意识培养等融入其中，注重学生岗位认知能力和实践能力的提升，提高学生的行业留用率和职业发展能力。

3. 加强结构合理、实践教学能力强的教师团队建设

为服务快速发展的餐饮行业，培养更多优秀烹饪人才，高等职业院校要求教师具有较强的实践能力。

（1）引入餐饮行业大师，增加兼职教师比例

部分高职院校原有的教师引入机制为"学校进学校""先引入后培养"，这会导致部分专业教师缺乏企业实践经验，甚至有部分教师不能立即从事实践教学工作。针对此情况，学校可采取"引进来和送出去相结合"的方式，考虑引进行业大师或者派遣教师到企业进行锻炼，此外，可录用烹饪相关专业的毕业生。紧跟餐饮业快速发展的步伐，在岗的专业教师也需及时到餐饮企业进修，及时更新教学内容，补充餐饮业快速发展所需的新知识、新技能。学校在教师引入上可要求增加餐饮业工作经历这一条件，提高教师双师素质证书取得门槛。学校还可联合当地餐饮协会和餐饮企业选拔优秀烹饪大师，建立兼职教师团队。此外，培养或引进博士、副高职称及以上专业教师，打造更多省级教学团队。

（2）教师评价体系应体现高职教育特点

高职院校应重视高职教育特点，在职称评定上要涉及教师的实践能力。现今，高职院校职称评定方面比较重视科研能力，教师的实践技术水平、执教水平没能体现在职称

评定上。在教师评价体系方面，应增加实践能力的考核标准要求，加大业务能力的考核比重，学校应完善教师挂职锻炼奖励制度，来鼓励教师加强实践操作能力，提高自身的实践教学能力。这样教师就会积极主动地进入企业进行自我提升，从而解决教学和职称的双向需求，提高教师教学激情，提高教学质量与教学效果。

（3）提升教师教学能力

高职院校应重视提升教师教学能力，紧跟现代信息教育步伐。学校应加强教师教学能力专门化培训，在信息化教学改革、专业教学资源库建设上，加大力度，提升教师队伍的职业教育教学能力和课程开发能力。在教学模式上，融入案例教学、情境教学、启发式、互动式教学等。提高教师现代化的教学手段的应用，重视教学资源库的建立和应用，充分利用优质教学资源和网络信息资源。

4. 提升教学实训条件

学校应提升教学实训条件，根据实际需求，满足生均设备值、实训工位数，增添硬件与软件设备。

高职院校烹调工艺与营养专业在师资队伍、实训条件、人才培养模式等方面存在一些不足。为此，应进一步加强专业建设，提高教育教学质量，不断提升学生的职业能力和综合素养，以适应"粤菜师傅"工程环境下餐饮业高质量发展对人才培养的需求。

四、广东省高职烹调工艺与营养专业建设面临的新形势

（一）餐饮行业发展的新形势

广东餐饮业正乘粤港澳大湾区发展东风，积极推进"粤菜师傅"工程与"食在广州"文化与品牌建设。高职烹调工艺与营养专业应在粤菜研发、技术标准、社会服务等方面引领广东餐饮业。要推动粤菜产业的高质量发展，需要高职烹调工艺与营养专业加强师资建设、场地建设，积极参与技术研发等。

1. "粤菜师傅"工程为广东省高职烹调工艺与营养专业发展提供了机遇

为贯彻落实《中共广东省委广东省人民政府关于推进乡村振兴战略的实施意见》（粤发〔2018〕16号），深入实施"粤菜师傅"工程，促进城乡劳动者技能就业、技能致富，全面提升就业创业水平，助推乡村振兴发展，经广东省人民政府同意，制订广东省"粤菜师傅"工程实施方案："粤菜师傅"工程的实施体现了以习近平新时代中国特色社会主义思想为指导，贯彻落实了中国共产党第十九次全国代表大会，十九届二中、三中全会精神，习近平总书记的重要讲话精神。到2022年，广东省开展粤菜师傅培训5万人次以上，直接带动30万人实现就业创业，将"粤菜师傅"打造成弘扬岭南饮食

文化的国际名片。

2019年2月中共中央、国务院印发并实施《粤港澳大湾区发展规划纲要》指出，要积极拓展粤港澳大湾区在教育、文化等领域的合作，打造教育和人才高地，推动职业教育的合作发展。

"粤菜师傅"工程的实施有助于提升粤菜烹饪技能人才的培养能力，弘扬粤菜饮食文化，建立粤菜师傅培训平台，提高粤菜师傅公共服务就业水平，健全粤菜师傅激励机制，完善校企双制共育粤菜师傅机制，促进地方粤菜烹饪技能标准开发和粤菜师傅评价认定，拓展粤菜美食就业渠道，支持"粤菜师傅"技能创业，提升粤菜饮食文化海内外影响。将"粤菜师傅+粤菜文化"双向融合，全力推动大湾区的发展，打造一流粤菜文化品牌。

2. "粤菜师傅"工程对广东省烹饪高职职业教育的影响

（1）烹饪人才的培养

在烹饪人才培养方面，特别是在"粤菜师傅"工程开展的过程中，广东省政府十分重视高素质烹饪人才的培养工作，在政策上给予支持。在政策支撑下，"粤菜师傅"烹饪人才的培养得到关注与支持。近几年来随着广东省"粤菜师傅"工程推进，既提出广东省职业学校"粤菜"人才培养的目标，又明确了各种政策，对于职业学校的烹饪人才培养具有较大影响。通过各类"粤菜师傅"培训基地、工作室、培训室的建设，加大职业学校的烹饪人才培养力度，使职业学校积极响应并参与其中，更好地完善省内职业学校的地方特色烹饪技能标准，更好地推进"粤菜师傅"工程，形成相互促进的局面。

（2）烹饪人才的培养体系

在高职烹饪教育中，非常注重理论与实践相结合。"粤菜师傅"工程背景下，校企创新"工学结合"理念指导下的专业人才培养模式，将专业技能的学习与职业素质的养成教育相融，使学员在工作岗位上服务技能精，督导能力强，形成鲜明的专业特色。加强校企合作，共同开发课程、共同制订人才培养方案，共组师资队伍、共建实训基地，校企双方实现资源共享。对高职院校的烹饪学员实行理论和实践的交替培训指导，理论学习与生产实践相融合。烹饪学员实现理论和实践技能双提高，对于高职院校的烹饪人才培养体系的完善起到重要作用。

（3）企业用人的需求

随着经济社会的不断发展，广东省对于烹饪人才的要求也越来越高，对于企业而言，更希望高职院校培养出的烹饪人才到岗即上岗。"粤菜师傅"工程实施之后，在高职院校烹饪人才的培养方面，不但对理论知识学习有所重视，也大大提高了对实践技能的重视程度并进行实践。高职院校可将学生安排到餐饮企业进行实习，在岗跟着自己的师父进行实习、跟岗，锻炼自身技能，以期达到合格甚至优秀的烹饪专业人员标准。在开展过程中，校企要多交流、多关注，发现问题，一起解决。发挥高职院校与餐饮企业的共同优势，更好地培养餐饮企业所需的烹饪人才。

（4）助推大湾区发展，传播粤菜影响力

广东省拥有国际化的大都市，富有南粤特色又兼容四海风味的各式餐饮与旅游服务企业发展迅速，地方餐饮特色明显。烹调工艺与营养专业教师应注意教学内容的更新，传承而不守旧、创新而不忘本，既要学习传统，带领学生学习传统，更要学会创新，引领学生学习粤菜的兼容并蓄。大湾区不断发展，烹饪职业教育也要紧跟步伐，不断进行教学反思，传播粤港澳大湾区美食文化的影响力。在烹饪教学过程中引入新思路、新理念，深化精益求精、独具匠心的工匠精神，为培养粤菜烹饪高素质人才发挥中餐粤菜最大化的教学效果。

（二）高职烹调工艺与营养专业教育发展的新形势

1. 线上教学发展新形势

随着现代信息化教学的不断开展，信息化教学带来的便利、共享等优势，越来越受学生欢迎。加上疫情影响，大部分高职院校采用信息化教学等线上或线上、线下结合的教学模式进行专业知识的讲授、传播。加上各级教育主管部门对信息化教学的不断重视与推进，各级精品在线课程、慕课乃至专业教学资源库建设将全面推进，进入"互联网 + 教学"的新时代。未来高等职业教育发展的关键之一是实现线上与线下教学的有机融合与设计。可从以下两点做好线上与线下的教学融合：一是要紧跟高职教育信息化改革的步伐，首先推进专业核心课程、专业基础课程以及部分专业选修课程的信息化建设，专业教师积极参加信息化教学大赛，真正达到以赛促学、以赛促教的教学效果。其次是推进本专业课程信息化创新。二是要更新专业课程标准，校企联合编写适应餐饮行业发展的教材，推进烹调工艺与营养专业基础课程、专业核心课程的信息化建设，促进本专业教学资源库建设。

2. 粤菜传承与行业国际化发展的关系

餐饮行业的国际化发展程度高，随着我国综合影响力的不断提升，国际化发展也是餐饮业发展的必由之路。高职院校应做到：首先，烹调工艺与营养专业的学生需掌握各高职院校所在区域及广东省的饮食文化，毕业后在岗位工作中更好地融入地方特色进行菜品制作与传播当地饮食文化；其次，专业学生应学习西餐菜肴烹调方法、菜品装饰方法，融入先进理念，与粤菜加以融合创新，展现新知识、新设备、新技能、新工艺上的创新。

3. 逐步加强专业建设

现阶段，烹饪高职教育将逐步推进专业的标准化建设，如教学标准、课程标准、实习实践标准、实训设施标准等。各个高职院校可在专业建设过程中加以创新、凸显特色。因此，各个高职院校在专业建设过程中可融入两方面内容：首先，各个高职院校要积极参与烹调工艺与营养专业各个标准的制定，并做好相关标准的使用，以夯实专业发展的基础；其次，各个高职院校可结合自身优势，做出特色化文章。

4. 加强专业技能与综合素养的培养

结合餐饮行业特点，专业技能过硬是高职烹调工艺与营养专业人才培养重点之一，学生专业技能的培养也是高职教育发展的根本性要求。随着省内粤菜师傅工程的推进与大湾区发展带动餐饮业经济增长的大趋势，餐饮行业的发展既需要专业技能过硬，又需具备综合素养较高的烹调专业人才。高职院校应结合高职学生特点，根据部分餐饮行业企业工作情况，加强学生综合素养的培养，特别是针对学生职业态度、工匠精神、身体素质等方面能力的培养；此外，可重点培养专业学生一专多能的专业技能，实现德智体美劳的全面发展。

综上，高职烹调工艺与营养专业正面临机遇与挑战。一是面临数字化、智能化、网络化等新一轮技术革命带来的冲击和挑战，传统的课程体系和课程内容无法适应新时代新技术的发展。提升师资队伍水平、重构课程体系、开展教材改革正当时。二是粤港澳大湾区融合背景下，港澳地区消费者对现代餐饮业的高水平要求。随着人们生活水平的不断提高，人们对美好生活的向往和追求更加完美，对餐饮业的服务标准更加高，对从业人员的综合素质要求更加严格，传统的人才培养模式难以应对社会发展对人才培养质量的要求。开展人才培养模式改革、打造技术技能平台，与时俱进建设实训基地、开展境内外交流，培养高素质的烹饪技术技能人才正当时。

五、未来展望

（一）提高人才培养质量，深化产教融合

餐饮业发展迅速，餐饮企业人才缺口日益凸显，高职院校应加强校企合作，深化产教融合，提高人才培养质量。

对于生源，除原本的招生模式外，学院一方面可加强与企业合作，联合招生，扩大招生主体，对外积极扩大专业宣传。另一方面，尝试通过已经就业但需要提升理论层次或专业技能的餐饮类和非餐饮类的社会人员回校进行学习，使餐饮企业、学校和学员三

方共赢。学校应利用现代化互联网手段等，让更多人认识到烹饪方面的就业前景和发展潜能，创新招生模式。

在培养人才方面，首先，专业负责人应充分进行社会调研，了解企业人才需求标准，确定人才培养目标和模式，定位岗位技能需求，有针对性设置学习内容；其次，根据社会人才需求和区域特点，明确人才培养目标和人才培养模式，制订人才培养方案；最后，课程设置要发挥企业作用，使人才培养和社会人才需求进行无缝对接，紧跟时代发展。要实现学生良好的专业展现水平，做好专业人才培养是关键。

（二）构建全方位实践教学体系

烹饪专业实操性特点突出，应加强校内外实训课程建设、构建校内外全方位实践教学体系。

1. 优化实训实践课程内容

在制订人才培养方案过程中，应优化实训实践课程内容，体现职业教育特点，形成校内实训、校外实践相结合的实训课程体系。校内实训可利用现有实训室实施，借助烹饪大赛、世界技能竞赛、粤菜师傅技能竞赛、餐饮行业技能竞赛等技能大赛平台，开阔视野，提升学生技能；校外岗位实践可通过烹饪操作等社会实践方式开展。

2. 学校应加强学生实习管理

为了更好地安排、管理本专业学生实习，学校教务处等职能部门应与专业所在院系多进行沟通交流，制定完善的实习实训规章制度、标准和流程，安排人员对学生实习进行统一安排，加强学生实习管理。

3. 建设产业学院强化实践教学

通过产业学院建设，构建产教深度融合的协同育人长效机制，实现学校与产业、企业之间信息、人才、技术与物质资源共享，将产业学院建设成融人才培养、科学研究、技术创新、企业服务、大学生创新创业和继续教育等功能为一体的人才培养实体，形成新的应用型人才培养模式。

（三）开发校企合作教材

随着餐饮业新菜品的推出、新业态的发展，高职烹饪院校应发掘学生潜能，让学生毕业后能够应对不断变化的餐饮行业，增强竞争力。

1. 优化课程体系，增加企业评价标准

首先，专业课程设置应根据餐饮市场变化需求，提升学生专业技能与就业能力，适当添加专业拓展课程和职业素养课程。可在专业基础课程加入公文写作课程等，从而拓宽学生的就业领域。其次，优化课程体系，课程设置应符合餐饮市场需求，避免理论

性过强、与专业脱离不实用的课程。最后，专业课程可尝试结合企业评价标准，采用校企考核。现在大部分院校考核的主要是学校教师，烹饪专业核心课程考核可采用校企考核。例如《粤菜烹调工艺学》《广式点心制作》《西式点心制作》《宴席设计与制作》等课程结束后，教师与餐饮企业烹饪师傅依照烹饪岗位要求，以实战的烹饪制作为要求设置考试内容。餐饮企业烹饪师傅可通过现场或网络平台参与考核，制作菜点成品既有指定品种又有自选品种，发挥学生的创新能力。

2. 校企合作开发教材，支持使用校本教材

加大校企合作开发教材力度，学校专业教师与行业烹饪大师共建教材。可引入企业工作情境等，加入图片内容，塑造学生的职业能力，突出教材的实用性。此外，学校可出台相关奖励政策给予激励，鼓励专业教师编写校本教材。教师可先将教材以讲义、辅助材料等形式发给学生使用，根据实际情况修改完善后再到出版社出版，这样就可以根据时代发展需求调整教学内容。

（四）加强创新创业教育

烹调工艺与营养专业在创新创业教育过程中，要提高学生的创新创业能力。在实施创新创业教育过程中可以项目化、模块化、任务引领等教学方式开展。首先，需分析高职学生的学情，在专业课程教学中融入创新创业理念，鼓励学生独立思考，形成创造性思维，在理论学习和实践过程中提高自己的创新能力，激发创业激情。其次，提高教师自身的教学能力，激发学生的积极性和主动性，可通过多种教学方式，将原先以教师为主的课堂主体，转变为以学生为主的课堂主体。教师应充分分析学生学情、认真备课等，激发学生积极参与课程教学，发挥学生的创新性、想象力，不断提高学生的创新能力。

（五）加强学生综合素质的培养

餐饮行业要求从业人员不仅要具有过硬的专业技术，同时兼具爱岗敬业的职业精神、精益求精的工匠精神、良好的职业素养和服务意识。高职烹饪职业教育应教会学生过硬的烹饪技术，且要提升学生的综合素养。需要学校、教师、学生、企业的共同努力，特别是学校和企业对学生的正确引领，增强学生对学好专业本领的自信心和对企业的认同感，从专业教育、职业生涯规划、就业等方面给学生提供帮助，鼓励学生学习"粤菜师傅"工匠精神，为传承粤菜文化做出贡献。

（六）外联本科院校进行专本衔接、人才培养国际化

完善专本衔接机制，提供更多高职学生升读本科院校的机会，提高招收高职毕业生的比例，使更多优秀的高职烹饪人才有更多的学历晋升机会。

广东省餐饮业快速发展，加上粤港澳大湾区建设和"粤菜师傅"工程的推动，对国际化烹饪人才的需求日益凸显。各学校可根据餐饮业发展进行探索与创新，培养出优秀的国际化烹饪人才。

广东高职院校地处全国餐饮消费大省。烹调工艺与营养专业在对接"粤菜师傅"工程、校企合作资源和行业大师名师供给、高素质粤菜师傅和餐饮职业经理人领域的人才供给上不可替代。专业负责人在制订人才培养方案过程中，应更多地引入课程思政与创新创业理念。专业课程的教学设计既要注重专业基础理论的灌输，也要将职业道德、职业习惯、创新创业意识培养等融入其中，要注重学生行业认知能力和行业实践能力的提升，提高学生的行业留用率和职业发展能力。总之，在教学改革过程中，要结合高职职业教育的特点并参照《广东省"粤菜师傅"工程实施方案》更好地实施。方案中对于以培养粤菜师傅为主的高职院校给予了重点支持，同时强调了加强高职学校烹饪人才培养的重要性，尤其是对于地区餐饮业发展的重要意义。广东省的高职学校应积极探索烹饪人才培养模式，并结合自身实际，基本上满足现代社会和广东地区经济发展对烹饪人才的需求。相信在国家政策、广东省"粤菜师傅"工程推进、各级主管部门的大力支持下，高职烹调工艺与营养专业与行业持续开展较为深入的合作，教育质量将逐步得到教育主管部门的认可，专业毕业生也将受到行业的认可，就业对口率更高。高职烹调工艺与营养专业未来的发展，定会更加科学、更加前沿。

（主要执笔人：冯莉　丘巴比　陈欢欢　韩旭　叶娜　孔凡利）

参考文献

[1] 广东省人力资源和社会保障厅.关于印发《广东省"粤菜师傅"工程实施方案》的通知[EB/OL].（2018-08-30）[2021-09-13].http://hrss.gd.gov.cn/slh/xxl/gsgg/content/post_3505723.html.

[2] 中国教育报.中共中央　国务院印发《粤港澳大湾区发展规划纲要》打造粤港澳大湾区教育和人才高地[J].中国多媒体与网络教学学报：电子版，2019（2）：55.

8. 广东省高职院校空中乘务专业发展调研报告

受广东省高等职业院校旅游大类专业教学指导委员会委托，本课题组于2021年6月—8月，对广东省高等职业院校空中乘务专业建设发展情况进行了调研，通过深度访谈、问卷调查等方式，完成13家高职院校的调研工作。为了更客观地反映高等职业院校空中乘务专业建设发展的真实情况，本次调研在全国高职高专旅游大类教学指导委员会2014年发布的《旅游职业教育人才培养质量指标体系》的基础上，充分考虑职业教育的发展现状，对问卷进行了相应的完善和调整，最终确定了涵盖2个部分6个模块（发展概况、教育教学、学生发展、合作育人、社会服务、应用研究）共计26个问题的调查问卷，结合教育部、广东省教育厅等部门的数据资料等，对广东省高职院校空中乘务专业的发展概况进行了较为客观的梳理。本次调研可为进一步探讨广东省职业教育专业发展存在的问题及发展治理对策提供参考依据。

本次调研的过程与内容主要分为三个方面：

第一，行业调研。主要对广东省民航行业走势、人才需求等进行了调研。在经济全球化和全球民航业迅速发展的大形势下，结合《"十四五"民用航空发展规划》《关于进一步提升民航服务质量的指导意见》《全国民用机场布局规划》《2020年民航行业发展统计公报》等文件，对广东省民航行业人才总量、人才缺口等进行了调查。调研结果表明，空中乘务技能型人才需求迫切。广东省一直是民航服务发展较快的省份。近年来，广东民航建设加速，各大机场迈入了扩容提质的快车道。惠州机场新建T2航站楼2019年8月正式启用，T2航站楼启用后，连同原有的T1航站楼，惠州机场将可以满足年旅客吞吐量500万人次、货邮吞吐量2.06万吨的市场需求；2019年12月，揭阳潮汕机场跑道延长工程建成投入使用，飞行区等级由4D升级为4E等级，目前航站区扩建工程已通过竣工验收，扩建后，揭阳潮汕机场可满足年旅客吞吐量1450万人次、年货运吞吐量超过9万吨的市场需求；珠海机场改扩建工程正在建设之中，改扩建工程预计2023年投入使用，届时拥有双航站楼的珠海金湾机场将增加28个机位，可保障年旅客吞吐量2750万人次、年货邮吞吐量10.4万吨、年客机起降19.8万架次；深圳机场正在加快推进卫星厅、第三跑道及T4航站楼等基础设施建成投用，到2025年基本完成深圳机场扩建工程，国际航线数量超过100条。

广东省政府办公厅印发《广东省综合交通运输体系"十四五"发展规划》提出要加快推进民用运输机场和通用机场建设，全面提升机场综合服务保障能力，携手港澳打造具有国际竞争力的世界级机场群。在"十三五"时期"5+4"骨干机场布局的基础上，规划进一步提出完善"3+4+8"运输机场布局。"3"即广州白云机场—珠三角枢纽（广州新）机场、深圳宝安国际机场等3个国际航空枢纽机场，"4"即珠海金湾机场、揭阳潮汕机场、湛江吴川机场、惠州平潭机场4个地区性枢纽机场，"8"即梅州梅县、韶关、阳江、云浮、肇庆怀集、清远连州、河源、汕尾8个支线机场。粤港澳大湾区是我国开放程度最高、经济活力最强的区域之一，在国家发展大局中具有重要战略地位。国家发改委综合运输研究所所长、研究员汪鸣认为，作为国家综合立体交通网的四极之一，"十四五"时期粤港澳大湾区要充分发挥交通先行引领作用，依托国际航空枢纽建设，联合港澳共同打造粤港澳大湾区枢纽集群，建设世界级机场群，强化国内国际双向通道衔接，大力增强与国内市场衔接水平，进一步提升国际资源要素配置能力，形成高效连接国内国际市场、有效辐射广大内陆的枢纽组织中心，以低成本、高效率的网络化运输组织为牵引，增强内生活力和开放动力，率先构建新发展格局战略支点。

航空服务是决定航空公司服务质量与经济效益的重要因素之一，空中乘务人员是实施航空服务的执行者。在民航业竞争激烈、发展不充分不均衡的局面下，国际化、集团化、信息化是民航业发展的必然趋势，精细化、个性化、品牌化是航空公司空中服务发展的必由之路，这就对空中乘务人员的劳动效率和综合素质提出了更高要求。结合我国"十三五"期间的总体经济走势和民航业发展规划，各大航空公司还有较大的发展空间，对空中乘务技能型人才的需求也将持续，而对普通空中乘务员的需求将持续下降，对人才质量也提出了更高要求，一专多能的国际化、高素质、技能型民航服务人才必将成为航空企业的核心竞争优势，也是空中乘务专业未来人才培养的方向。

第二，企业调研。选取中国东方航空股份有限公司深圳分公司、中国南方航空股份有限公司广州分公司、深圳吉祥航空股份有限公司等航空企业，爱飞客科技有限公司等中介企业作为企业调研对象。主要通过实地调研访谈、网络访谈、电话访谈、学生反馈访谈等多种访谈形式开展。调研内容包括航空企业基础实力、开展校企合作院校、合作模式、参与人才培养方式与内容、合作成效与收益以及对空中乘务专业校企协同人才培养的建议等。

访谈中，大多数航空企业反映，他们很愿意与院校开展协同育人，但由于企业和院校在体制机制、组织架构、人员结构以及合作的理念和目的上存在一定的差异，且没有一个合适的平台让双方充分达到一个较好的融合点，致使他们参与院校人才培养滞于表面、流于形式的现象普遍存在。调研中，我们发现全过程参与院校人才培养的企业几乎没有，不同的企业参与协同育人的程度不一，部分中介企业参与程度较高，而大部分航空企业仅为院校提供招聘宣讲或参与院校空中乘务专业学生的入学面试考评或赞助院校举办大赛或为学校提供企业冠名的学生奖学金或参与院校订单班的选拔抑或是参与院校的人才培养方案研讨。

大部分企业反馈在制度和法律法规保障等方面，政府只从宏观层面出台了一定的文件，校企协同育人中校企双方的责任、义务、权限并没有明确，可操作性不强。同时，宏观层面没有对于校企深度融合、协同育人的资金支持，也没有一定的激励措施。部分为院校空中乘务专业人才培养投入资金支持的企业认为，他们所能看到的投入成效不明显，招收的空中乘务专业学生进入到工作岗位后不能很快地适应并开展工作，企业反而需要付出更多的时间、人力、精力等再培训，认为他们在协同育人中的利益无法保障，甚至有的企业认为自己是在赔钱开展协同育人，企业自身安全感缺失严重。

第三，学校调研。此次调研主要针对广州民航职业技术学院、广东轻工职业技术学院、广东交通职业技术学院、广东科学技术职业学院、广东岭南职业技术学院、广州涉外经济职业技术学院、广东理工学院、广州珠江职业技术学院、广东南方职业学院、珠海城市职业技术学院等共13所院校的空中乘务专业校企合作育人情况进行了调研。院校涵盖国家级、省级示范院校以及非示范职业院校，包括公办及民办院校，调研内容包括院校基础实力、校企师资力量、合作模式、教学资源开发以及人才培养成效等与校企协作育人相关的内容，调研方式为问卷调查。

基于以上调研内容，形成了本篇研究报告。报告总共分为五个部分：高等职业院校空中乘务专业总体概况；广东省高等职业院校空中乘务专业发展现状；广东省高等职业院校空中乘务专业建设存在的问题及对策；广东省高等职业院校空中乘务专业建设面临的新形势；未来展望。

一、高等职业院校空中乘务专业总体概况

（一）我国高等职业院校空中乘务专业的发展历程

我国高等教育空中乘务专业办学始于20世纪90年代末。1999年，中国民航学院（现中国民航大学）和沈阳航空工业学院（现沈阳航空航天大学）率先开办了专科层次的民航空中乘务专业；2003年，南昌航空工业学院（现南昌航空大学）率先开办了本科层次的空中乘务专业，由此开创了国内空中乘务专业高等学历教育的先河，此后陆续多所院校开设空中乘务专业，面向全国招生。

其一，由于空中乘务属于航空类专业，我国许多民航及航空类院校利用自身行业优势和专业优势，纷纷开设该专业。比如中国民航大学、中国民航飞行学院、沈阳航空航天大学、南昌航空大学、郑州航空工业管理学院、广州民航职业技术学院、郑州民航职业技术学院、成都航空职业技术学院、西安航空职业技术学院、西安航空旅游学院、西安航空技术高等专科学校、张家界航空工业职业技术学院、长沙民航职业技术学院、江西航天科技职业学院（南昌理工学院）、三亚航空旅游职业学院、桂林航天工业高等专科学校先后开设了空中乘务专业。同时，一些交通运输类院校，如天津交通职业学院、上海交通职业技术学院等也对口开设了该专业。

其二，由于空中乘务属于服务类职业，航空运输又属于旅游六大要素中"行"这一环节，因此，空中乘务专业具有服务大旅游的属性。正是出于此种原因，许多旅游类院校依托培养旅游服务人才的经验及办学条件，纷纷开设了空中乘务专业，比如浙江旅游职业学院、山东旅游职业学院、太原旅游职业学院、南京旅游职业学院、桂林旅游高等专科学校，还有许多旅游专业优势明显的综合性院校也开设了该专业，如湖南女子学院、内蒙古师范大学、贵州民族学院等。

其三，由于高等职业院校空中乘务专业大多采用自主招生的招生方式，同时学习期间学费较高，毕业生就业面广、就业率高，许多高校的二级学院、继续教育学院和一些民办大学也敏感地抓住了这一市场，利用自己办学灵活、社会资源丰富的特点，纷纷开设空中乘务专业或空中乘务自考专业。比如北京市就有北京东方大学、北京应用技术大学、北京翻译学院、北京国际经贸研修学院、首都师范大学科德学院、北京化工大学北方学院、北京理工大学继续教育学院、北京理工大学珠海学院、北京物资学院继续教育学院、北京第二外国语学院中瑞酒店管理学院等十多所院校开设了该专业。

（二）高等职业院校空中乘务专业建设的行业背景

从行业对空中乘务岗位的需求来看，高等职业院校空中乘务专业建设的发展是伴

随着我国民用航空产业的迅速发展的。中国民用航空局2020年6月发布的《2019年民航行业发展统计公报》数据显示：2019年，民航直属院校共毕业学生19 490人，这与50万人才的需求相比还有很大的缺口。"十三五"期间，国家鼓励地方职业院校积极举办空中乘务和航空运输类专业，培养适应区域民航业发展需求的技术技能人才。因此，加快培养高素质的空中乘务、地面服务、民航客运、民航货运等现代服务人才，是民航业发展的迫切需要，也是推进学校和专业内涵建设，提升专业人才培养质量的内在需要。

随着社会经济的发展及国民经济水平的提高，民航服务市场需求更加巨大，进入"十四五"时期，随着消费的转型升级，民航服务业必将迎来新的发展机遇。

2022年1月，中国民用航空局发布了《"十四五"民用航空发展规划》（以下简称《规划》），《规划》确定了"十四五"期间民航的六大发展目标，提出了建设六大体系、实施六大工程的发展目标。《规划》提出，到2025年中国民航将实现的六大发展目标包括：航空安全水平再上新台阶，综合保障能力实现新提升，航空服务能力达到新水平，创新驱动发展取得新突破，绿色民航建设呈现新局面，行业治理能力取得新成效。与六大发展目标相对应，"十四五"期间，中国民航还将着力构建民航安全、基础设施、航空服务、绿色发展、战略支撑和现代化民航治理这六大体系。同时，围绕行业发展的堵点、痛点和难点，确立实施容量挖潜提升、航空运输便捷、民航绿色低碳、科技创新引领、人才强业和产业协同示范这六大重点工程。

中国民用航空局表示：预计到2025年，中国民用运输机场数量达到270个以上，比"十三五"末期增加30个以上。运输总周转量将达到1750亿吨公里，旅客运输量达9.3亿人次。这个数字也许会根据行业的发展和员工配置而有所调整，但可以肯定的是，在未来很长一段时间内，我国航空人才都将处于短缺状态。

（三）广东省高等职业院校空中乘务专业概况

2021年，全国共有444所高等职业院校开设了空中乘务专业，而广东省仅有12所高等职业院校开设了空中乘务专业，另有1所院校（广州科技职业技术大学）开设的酒店管理与数字化运营专业为"航空产业学院空中乘务方向"，以上13所高等职业院校，从办学性质来看，公办院校4所，民办院校9所，民办院校办学数量远超公办院校。公办院校中有2所院校是国家"双高计划"院校，即广东轻工职业技术学院、广州民航职业技术学院，1所院校的空中乘务专业为省级高水平专业群内专业（广州涉外经济职业技术学院），1所高职院校的空中乘务专业是中外合作办学专业（广州民航职业技术学院）。全省共有空中乘务专业在校生约2900人，其中广州民航职业技术学院约

1500 人，广东科学技术职业学院约 300 人，广州涉外经济职业技术学院约 300 人，三所学校空中乘务专业全日制在校学生约占全省 72%。

纵观在校生人数、专兼职教师人数、办学投入、实训室建设、人才培养质量等方面，可以看出，广东省空中乘务专业在办学规模、办学质量等方面，校际差异巨大，办学集中程度高。同时，开设空中乘务专业的公办院校极少，但是在办学规模及办学质量等方面远远高于民办院校。总体来说，全省的空中乘务专业普遍开设时间较短，建设成果不多，师资力量不雄厚，实训室设备投入不足，人才培养质量不高。

二、广东省高等职业院校空中乘务专业发展现状

近五年新增空中乘务专业招生的院校 2 所，停止开设空中乘务专业的院校 5 所。现有院校中，所有院校空中乘务专业均采取自主招生的形式进行招生，70% 以上的院校学费超过 6000 元每年，约 40% 的院校招收高中以下学历的学生。

（一）在校生规模

全省共有空中乘务专业全日制普通高职在校生约 2930 人，校均规模约 288 人，其中，在校生 50 人以下的 6 所，50~100 人的有 3 所，100~200 人的 1 所，200~300 人的 1 所，300 人及以上的 2 所，在校生最多为 1520 人，最少为 11 人，如图 8-1 所示。

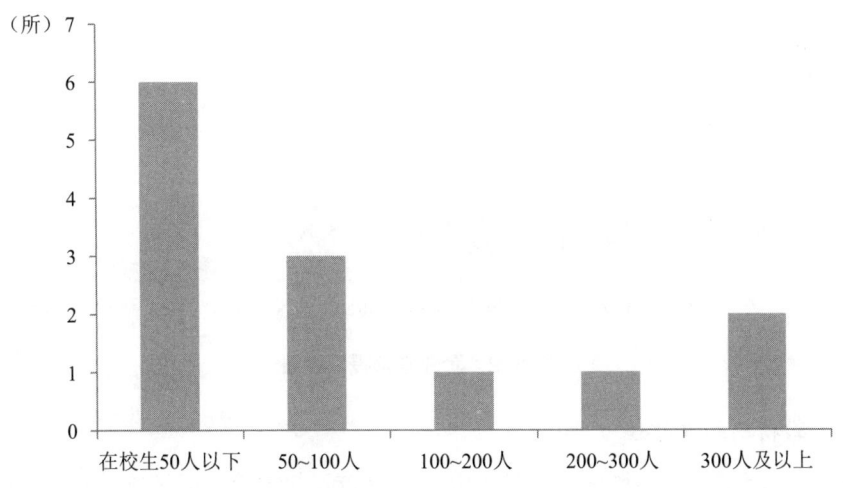

图 8-1　广东省高等职业院校空中乘务专业全日制在校生人数分布

（二）专业人才培养目标与模式

广东省作为民航产业发展较早的省份，其空中乘务专业开设较早，在人才培养体系、模式与标准上也基本成型。各高职院校的空中乘务专业学制均为 3 年，其人才培养模式已基本统一，发展状态较为稳定。各高职院校基本全部参照中国民用航空局《大型

飞机公共航空运输承运人运行合格审定规则》（CCAR-121RT）中有关民航乘务员培训的行业标准民航乘务员和航空承运人合格审定的国家职业标准，制订了空中乘务专业人才培养方案，在人才培养目标上基本已经达成共识，人才培养模式相对统一，专业课程设置上也基本一致。同时都能够注重校内生产性实训与校外顶岗实习的有机结合和融通，鼓励学生参与各种知识竞赛和技能大赛。

（三）课程教学资源建设

广东省空中乘务专业缺乏国家级、省级优秀教学资源的标志性成果，课程建设严重不足。现有课程教学资源建设多采取校企共建课程的形式，企业主要参与院校课程教学、课程建设等方面，企业教师授课性质为专业核心课程的明显高于其他性质课程，占比75.86%，专业基础课程次之（见图8-2）。校企合作建设课程的教学资源主要有教材、精品课程、教学资源库等。虽然校企合作建设了一些教学资源，但由于专业课程主要由企业方承担，企业教师缺乏教学资源建设的理论基础，校方教师缺乏行业实践经验，因此校企共建教学资源的质量和数量还有待于进一步提升。

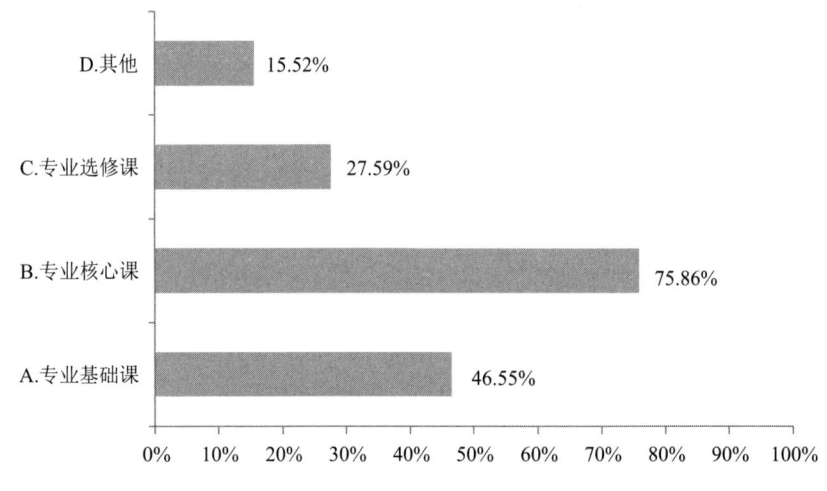

图8-2　企业教师授课性质

（四）教材与教法改革

教材多采用国家级规划教材，其中以南京旅游职业学院、浙江旅游职业学院及武汉旅游职业学院等教授编写的教材为主，缺少面向广东省区域产业特征和岗位需求实际情况的特色教材。在校企合作开发教材方面，以行业岗位职业标准和航空公司内部培训资料为主，学校教师参与度不够，缺乏统一的教学标准及评价标准，缺少对学情的分析，省部级以上标志性成果不够。教法改革上仍沿袭传统的理论教学加实践教学的形式，校内专任教师主要讲授理论课，企业兼职教师主要讲授实践课，在"岗课赛证"融通及模块化教学等方面的创新探索较少。

（五）师资队伍情况

广东省高职院校空中乘务专业共有专任教师约182人，生师比约6.25。各院校校内专任教师在师资总体数量、职称结构、年龄结构、行业工作经历上有着较为明显的差异。在师资数量上，拥有5~10名校内专任教师的院校最多，占比39.66%，有34.48%的院校只有1~5名校内专任教师，校内专任教师数量不多（见图8-3）；拥有1~3名企业兼职教师的院校最多，占比约50%，4~10名的占34.48%（见图8-4）。

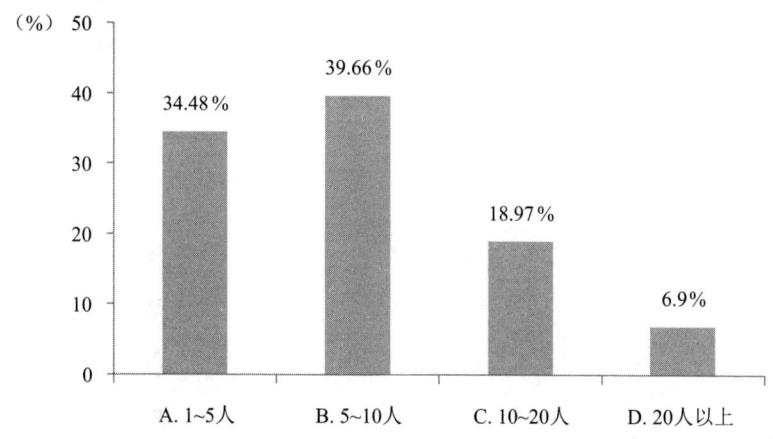

图8-3 校内专任教师人数

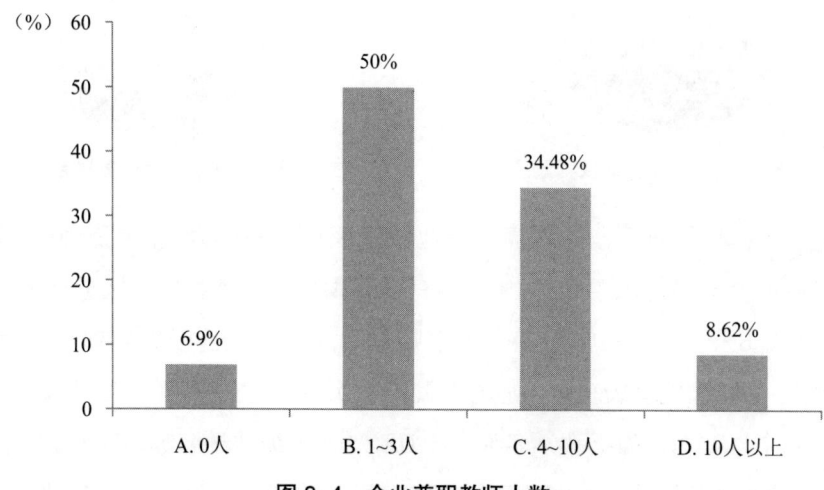

图8-4 企业兼职教师人数

在教师学位结构方面，4.96%的专任教师具有博士学位，比全国平均学位结构博士学位占比 1.14% 高出 3.82%，拥有硕士学位的专任教师占比 58.16%，高于全国平均水平 51.46%，但是在学士学位层次，学士学位比例 26.95%，低于全国平均数 39.14%（见图 8-5、图 8-6）。在学位层次上，广东省空中乘务专业专任教师的学位结构水平呈现出"两端多，中间少"的特点。

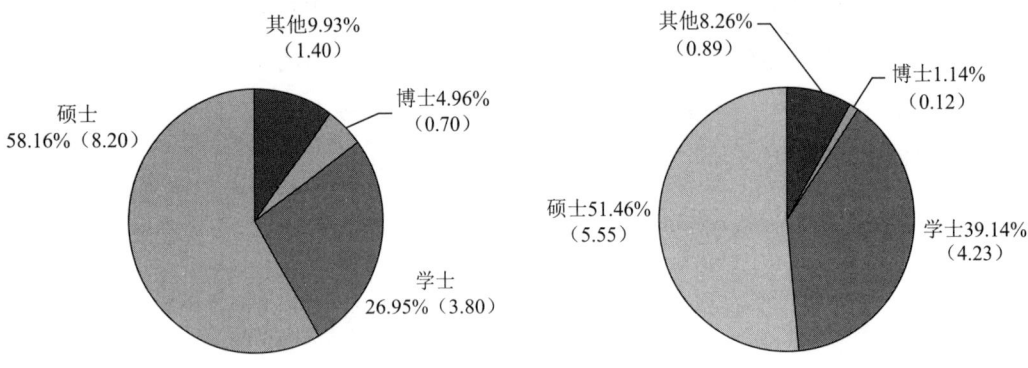

图 8-5　广东省平均专任教师学位结构　　图 8-6　全国平均专任教师学位结构

拥有"双师素质"的专任教师占比 68.79%，略高于全国平均数 61.72%。拥有 3 年以上航空公司飞行经验的企业教师总体比例较高，但有航空教员资质、高级乘务员资质的较少（见图 8-7、图 8-8）。

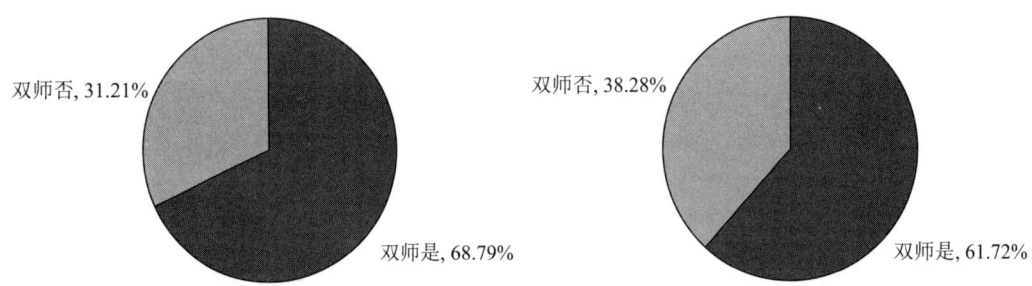

图 8-7　广东省平均专任教师双师素质结构　　图 8-8　全国平均专任教师双师素质结构

在专业技术职称方面，拥有高级专业技术职称的教师为 0，中级职称以上教师 41.84%，高于全国平均水平 36.06%；拥有初级职称教师 4.96%，低于全国平均水平 17.96%（见图 8-9、图 8-10）。在教学名师方面，广东省空中乘务专业专任教师拥有校级、市级、省级、国家级教学名师的人数均为 0，而全国空中乘务专业教师中，国家级教学名师占比 0.1%，省级教学名师占比 0.52%，市级教学名师占比 0.43%，广东省师资队伍中教学名师严重低于全国平均水平，处于明显弱势（见图 8-11、图 8-12）。

8. 广东省高职院校空中乘务专业发展调研报告

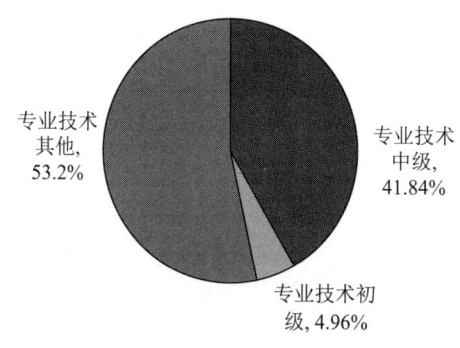

图 8-9　广东省平均专任教师专业技术结构

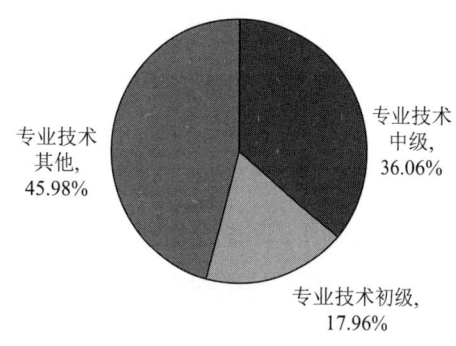

图 8-10　全国平均专任教师专业技术结构

图 8-11　广东省平均专任教师名师结构

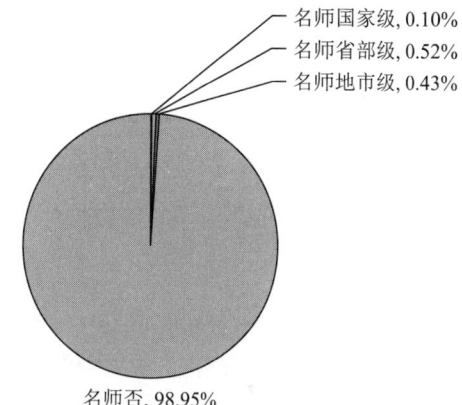

图 8-12　全国平均专任教师名师结构

数据显示，虽然广东省大部分高职院校空中乘务专业已形成了校企教师共同组建的教师队伍，且校内教师具有较高学历、具有一定的理论学习和研究能力，企业教师具有一定的行业工作经历，但校内教师总人数达不到生师比的要求，教师队伍普遍比较年轻，学历及专业技术职称结构不太合理，教学名师空缺，企业兼职教师高技能职称人数不多，且比例也缺乏统一规范管理，师资结构有待进一步优化。

（六）教学条件

因空中乘务服务的实训室投入资金较大，广东省办学多以小规模的民办院校为主，因此在教学条件投入上差距较大，仅有 4 所院校的校内实训基地投入超过 100 万，建有 10 个及 10 个以上校内实训基地的院校 3 所，仅有部分院校通过自身投入或企业捐助等方式建设了"模拟客舱"等校内实训基地，60% 的学校校内实训室 5 间以下，且部分学校仅有"化妆间""舞蹈室"等投入较少的实训室。在校外实训基地建设方面，基本上全部院校均与机场等企业签订了校外实训基地协议。

（七）国际交流与合作情况

仅有1所院校在国际交流与合作方面具有标志性成果。广州民航职业技术学院与加拿大圣力嘉学院进行"2+1"合作办学，学生前两年在广州民航职业技术学院学习，第三年自愿自费到加拿大圣力嘉学院进行学习，两校之间学分互认，修满学分者可同时获得两校毕业证书，不愿赴加拿大学习的学生，可在广州民航职业技术学院继续学习，修满学分者获得广州民航职业技术学院毕业证书。该项目目前招生情况良好，学生就业率较高。

三、广东省高等职业院校空中乘务专业建设存在的问题及对策

通过调研及深度访谈，可以发现广东省高职空中乘务专业建设存在如下问题：

（一）培养模式具有雷同化现象，办学水平差距较大、参差不齐

空中乘务是技能型的服务岗位，与其他服务岗位相比，其专业性强，进入门槛较高，可替代性较弱。作为培养技能型人才的主要阵地，高职院校办学的最主要目标是服务地方经济和产业的发展，人才培养目标应对应相关岗位技能，在教学中"理实结合""产教融合"，加强建设校内实训基地及校外实训基地，在真实的工作项目中锻炼学生的工作能力，使学生在"学中做""做中学"，最终实现人才培养目标。但是由于空中乘务职业岗位的特殊环境难以模拟，实训机舱设备等投入高昂，并且使用效率较低，校内实习实训基地的建设存在较大困难。而在校企合作过程中，由于空乘岗位涉及高空作业的安全问题，学生难以获得跟岗实习或顶岗实习的机会，更无法在真实工作场景中运用"现代学徒制"等教学手段进行实践课程的教育。

这就要求，第一，高职院校在开设空中乘务专业之前，应进行充分的评估，以必要的资金及实训设备的投入为前提基础来开设空乘专业；第二，加强校企合作中企业的投入规模，可以采取"订单班"等人才培养模式开展长期稳定的校企合作；第三，积极开拓就业岗位，不以航空公司为唯一就业目标。随着高铁时代的到来及消费转型升级带来的新的服务消费场景的出现，越来越多的新兴岗位其岗位技能需求与空乘专业的岗位技能相近，高职院校可以通过在这些新兴岗位上对学生进行实践教育来弥补现有的空乘专业实习实训建设方面的不足。

为此，各高职院校应加强专业建设，以校企合作为基础，拓展人才的培养模式。在人才选拔和培养时，要高度关注社会岗位需求，以就业为导向，根据社会职业岗位所需来对校内学生进行培养。因此，可以借鉴订单式人才培养的模式对学生进行培养，通过校企合作的方式来签订培养协议，让空中乘务专业学生到航空公司去实践提升。并且

让合作的航空公司参与具体的招生，校方根据航空公司招收条件和意见来招收空中乘务专业学生。在具体的课程设计以及教学内容的安排上，学校也可以与航空公司来共同制定，为航空公司定向培养专业技术人才，提高学生的就业率。此外，在招生中，学校尽量利用航空公司的品牌效应来吸引优秀的考生，提升生源质量，为本专业今后的发展提供新鲜的血液和动力。

（二）师资队伍问题

空中乘务专业师资问题可以分为素质有待提升、结构不合理、双师数量太少、队伍缺乏稳定性几个方面。

解决这一问题，第一，相关教师必须就个人专业素质努力，尽力提升个人专业技术水平实力，只有这样才可以将各类知识很好地传递给学生。由于空中乘务专业大部分都是专业类院校开设、很多都是高职，这就没有办法保证其教育者个人素质足够高，于是有很多问题出现。空中乘务专业"双师型"教师数量严重不足，这也是制约其实际发展的重要问题。第二，空中乘务专业师资队伍存在不稳定的情况，很多教师都是企业兼职人员，或者是校内其他专业的兼职指导，自己技术实力不足够，还会来回调动，严重干扰了整体师资。第三，高职院校空中乘务专业的师资队伍也没有合理的培训机制，教师可以获得的促进个人职业能力提升的专业性指导及培训相比其他专业严重缺乏，部分专业教授在此环境下会加深职业倦怠，对职业发展路径感到迷茫，中途转换专业；同时部分航空企业的兼职教师本身学历水平不高，而公办高职院校"逢进必考"人才招聘制度，及兼职教师较低的薪酬待遇，都不利于引进航空企业的高技能人才或建立航空企业兼职教师的长聘制度，这对于师资稳定而言也是十分不利的。

空中乘务是一个十分特殊的岗位，除了一般服务行业所需的专业知识外，还需要一定的突发状况应急能力及安全保障能力，这就意味着没有行业实际工作经验的专任教师无法适应空中乘务员的岗位需求，而有过行业从业经历的企业兼职教师，大多学历不高，没有经过专业的教学技能训练，因此导致现有的师资结构不合理。面临现有困境，可以通过"校企双循环"的模式来解决，聘请航空公司中的优秀的管理者来为学生进行实践课程的训练和指导，通过专业讲座来帮助学生提升专业技能和拓宽视野，帮助学生树立正确的学习方法和学习方向。除此之外，学校还需将相关教师派送到航空公司去进行学习与观摩，对于相关岗位和职业需求进行深度了解，实现优质教师队伍的构建，进一步实现"双新双能型"教师队伍的创建，如此一来，不管是对于企业还是对于院校都是十分重要的，最终能够促进双赢结果的实现，有利于整体院校的发展以及学生的整体职业发展。因此，校企合作是空中乘务专业建设的重要途径。在校企合作的同时应完善相关管理制度，为校企合作提供保障。理论方面，明确本专业当下的发展态势。通过梳理职业教育以及我国当前航空产业发展趋势，加强对有关政策要求的分析，拓宽针对空中乘务专业发展的视野，以发展的眼光看待本专业的前景，使校方能够更好地识别并适应本专业未来的发展环境，为学院空中乘务专业在新的发展阶段推进建设、改革和发展指明方向。应用方面，提高管理的科学性。高职院校的管理有着粗放式、经验式的特点，在一定意义上也是封闭的。在学校的管理上，大多高职院校都放眼于教育行业内，所建立的组织体系也与大多数本科院校相同。其培养以及管理模式沿用了本科教学的模式，但这与高职院校向航空企业输入专业服务型、技能型人才的职能背道而驰。研究意识的缺乏，发展目标设置、策略应用等方面科学性不足、理性不够，是阻碍高职院校校企深度合作以及高职院校毕业生无法与社会需求完美契合的重要因素。因此，改进校企合作模式，完善管理制度是专业建设的重要途径。另外，校方还需根据专业发展需要，学院应从人才培养的职能范围、就业岗位、所必需的职业资格证书等出发，分析岗位所需的必备职业技能，总结归纳学生达到相应技能所需的知识和经验，再结合用人单位的需求，合理设计并改进课程体系，完善专业设置。

（三）招生制度问题

空中乘务岗位对工作人员的综合素质要求较高，不仅需要形象气质俱佳，同时需要具备在特殊环境下提供客舱服务的应急处理能力、安全救援知识、较高的职业道德情操等素养。但是以往的空中乘务专业招生中，过多注重学生的外形外貌因素，忽视其他素养，甚至在相当一部分学生及家长心目中，报考空中乘务专业只需要外形条件好即可，考试成绩及其他素质并不重要，导致了生源素质的逐年下降。

这就要求在空中乘务专业的办学过程中实现"多元统一"的评价标准，教师要做到以学生为本，除了对学生进行专业知识的教学外，还要注重学生综合素养的提高及心理健康方面的教育，在日常的教学过程中提升学生的实践能力以及创新意识，培养全面型人才。校方可以定期开展专业相关类型的比赛，在活动过程中锻炼学生的专业能力。

中国民航业正处在不断的变化和高速发展中，整体行业以及相关的用人单位对于空中乘务专业的人才也有了更高的期待。空中乘务岗位的人才需求再也不仅仅是外形靓丽的"空中服务员"而已，社会经济的发展、消费的转型升级促使空中乘务工作人员必须具有更丰富的专业知识和综合素质，才能适应顾客的需求。因此，必须要借助校企合作的力量，通过校企合作模式积极与航空公司进行沟通、交流，及时反馈学生具体的就业和实习情况。校方应该根据与航空公司共同完善和修订的空中乘务专业人才培养的方案来进行具体的人才培养，从综合意义上提高空中乘务专业人才的整体素养。为了满足企业对相对应人才的需求，满足专业发展的切实需要，还应当深入到民航企业中，开展与民航企业领导、专家的座谈以及调研工作，并参与民航企业不同岗位的下企实践，了解不同岗位的工作职能，了解各企业对空中乘务专业毕业生具体的能力要求，通过分析当前授课内容与企业实际需求的差异性，有针对性地对学生进行就业以及面试的辅导。随着航空业的飞速发展，国际化程度提高，各大航空公司不仅增开了多条国际航班主干线，每年到国内招聘的外国航空公司也层出不穷，乘坐国内飞机的外国旅客数量也在不断增加。随着市场需求的不断变化，空中乘务专业的学生想要在未来的竞争中掌握主动，必须具备较高的语言能力。对于这些细化的、不断提高的专业技能要求，专业建设中需要加入新的教学技术。新教学技术的引入可以优化学校的教学能力与教学质量，为高职院校空中乘务专业建设打下坚实的基础。

（四）实训室建设投入不够

大多数空中乘务专业现有实训课程与民航岗位需求具有一定差距，实训室建设投入不足。空中乘务专业所需实训设备大多需要投入资金较大，需要场地较大，设备更新较慢。

解决这一问题，一是要以校企合作为基础，创建优质的实习实训基地。构建实训基地的目的是让学生在学习专业理论知识后，能够有专业的场地和环境进行实操演练，突显学以致用培养模式。在这方面校方要深度与企业合作，让学生到有资质的航空公司中去见习、顶岗实习和社会实践，还可以联合民航企业共同构建实训场所，充分利用校企合作的平台，帮助学生实现更好的学习途径和培养模式，为今后的职业生涯打下扎实基础，实现学校、航空公司、学生共赢的目标。二是大力发展校外实训基地。航空企业是高科技密集型、管理密集型、人才密集型、安全密集型的现代化运输行业。空中乘务作为航空企业的门面，对在岗人员的高素质人文修养、专业服务技能、防暴反恐能力都有着很高的要求。随着航空运输业的不断进步发展，空中乘务行业对在岗人员的职业素养要求也在不断提高。校园内的理论教学难以达到社会对人才能力的要求，因此在校企合作的同时，建立校外实训基地，可以有效增加学生的实训机会，提高学生专业能力。通过建立校外实训基地，提升高职院校空中乘务专业硬件实力，是专业长远发展的有效手段。此外，在校外实训基地的实训过程中可以加强逆境教育，让学生了解空中乘务工作的艰辛和困难，如空中乘务岗位需要付出大量的时间和精力，密集的航班飞行和业务培训会导致生活不规律，不利于身体健康，航行服务中出现突发状况需要空中乘务人员予以解释安抚，空中乘务人员需要承受巨大的心理压力等。如此更有助于学生专业能力的提升，有利于专业建设。

（五）受民航安全要求的特殊性限制，学生不能真正顶岗实习，校企合作不够深入

在此方面，南京旅游职业学院空中乘务专业的做法值得借鉴。南京旅游职业学院空中乘务专业的核心竞争力位列全国第二。近五年，其校企合作建设专业核心课程5门，开发专业教材7本，其中《民航服务礼仪》《客舱设备运行及管理》《民航客舱服务与管理》三本教材是国内首套由学科型教材向项目型教材转型的空中乘务类教材的典范。其与北京广慧金通科技有限公司共同探索混合所有制的办学模式，成立混合所有制二级学院——乘务学院。在这样的模式下，如何深入与企业沟通、交流，企业方的教师如何真正融入并积极配合学校和专业的发展需要，及时向学校的学生提供培训、学习、交流的机会，如何给予专业教师顶岗实习以及专业培训的机会，提升教师的综合能力和素质，增强企业与学校的衔接，都还有很长的一段路需要走。

（六）社会服务及国际交流不足

南京旅游职业学院空中乘务专业常年以讲座、培训、专项指导等多种形式为江苏省各级政府、院校、企业及旅游行业提供礼仪培训等社会服务，已服务人数20 000余人。同时是江苏省内唯一一家民航乘务员技能考核考点，专项开展考前培训辅导及考评工作。作为江苏省中高职类空中乘务专业及航空服务专业智囊团核心成员，由5名空中乘务专业教师参与江苏省中高职衔接转段考核考纲评审及考试题库审核工作。近五年共有近300名学生参加过政府及大型企业礼仪服务共计30余次，同时学生积极参加国内大型赛事活动的志愿服务活动。

（七）在1+X证书试点工作及职业技能竞赛方面严重不足

现阶段，我国不断加快职业教育改革步伐，专业技能竞赛及1+X双证融通在教学改革、提升教育教学质量等方面发挥着重要作用。空中乘务专业是一门具有技能型、应用型的服务类学科，需要培养实践型、复合型人才。通过空中乘务专业技能竞赛可有效提高学生的实践动手能力和综合应用能力，建立以赛促学、以赛促教、以赛选优的新体系。例如武汉职业技术学院空中乘务专业打造了"三赛"平台、创建"三元"局面、探索"三教"改革及1+X双证融通的教学模式。虽然空中乘务专业目前还没有国家级职业技能竞赛，但是武汉旅游职业学院在校内开设了"旅游文化节——空中乘务技能大赛"，每年5月进行，以省级赛项的要求和标准梳理、规范、完善比赛方案，凸显竞赛项目的特色与创新点，对接1+X项目（民航乘务员等级证书）相关能力目标，为获得技能资格证书奠定基础。

四、广东省高等职业院校空中乘务专业建设面临的新形势

(一)疫情防控常态化形势对民航服务业提出了新的要求

2020年,新冠疫情给民航业造成巨大冲击,全行业明确了"保安全运行、保应急运输、保风险可控、保精细施策"的防控工作要求,准确把握疫情形势变化,科学决策,创造性应对,因时因势精准施策,统筹推进疫情防控和安全发展,中国民航在全球率先触底反弹,国内航空运输市场成为全球恢复最快、运行最好的航空市场。

《2020年民航行业发展统计公报》数据显示,2020年,全行业完成运输总周转量798.51亿吨公里,比上年下降38.3%。国内航线完成运输总周转量587.67亿吨公里,比上年下降29.2%,其中,港澳台航线完成3.19亿吨公里,比上年下降81.1%;国际航线完成运输总周转量210.83亿吨公里,比上年下降54.5%。

全行业完成旅客周转量6311.28亿人公里,比上年下降46.1%。国内航线完成旅客周转量5868.87亿人公里,比上年下降31.1%,其中,港澳台航线完成12.83亿人公里,比上年下降92.0%;国际航线完成旅客周转量442.41亿人公里,比上年下降86.1%。

全行业完成货邮周转量240.20亿吨公里,比上年下降8.7%。国内航线完成货邮周转量67.87亿吨公里,比上年下降13.6%,其中,港澳台航线完成2.07亿吨公里,比上年下降26.4%;国际航线完成货邮周转量172.33亿吨公里,比上年下降6.7%。2020年,全行业完成旅客运输量41 777.82万人次,比上年下降36.7%。国内航线完成旅客运输量40 821.30万人次,比上年下降30.3%,其中,港澳台航线完成96.13万人次,比上年下降91.3%;国际航线完成旅客运输量956.51万人次,比上年下降87.1%。

2020年,全国民航运输机场完成旅客吞吐量8.57亿人次,比上年下降36.6%。其中,2020年东部地区完成旅客吞吐量4.27亿人次,比上年下降39.8%;中部地区完成旅客吞吐量1.01亿人次,比上年下降34.8%;西部地区完成旅客吞吐量2.79亿人次,比上年下降0.8%;东北地区完成旅客吞吐量0.49亿人次,比上年下降41.0%。

由于新冠疫情给民航业造成巨大冲击,普通空中乘务人员需求锐减。在民航业竞争激烈、发展不充分不均衡的局面下,国际化、集团化、信息化是民航业发展的必然趋势,精细化、个性化、品牌化是航空公司空中服务发展的必由之路,这就对空中乘务人员的劳动效率和综合素质提出了更高要求。结合我国"十四五"期间的总体经济走势和民航业发展规划,各大航空公司还有较大的发展空间,对空中乘务技能型人才的需求也将持续,而对普通空中乘务员的需求将持续下降,对人才质量也提出了更高要求,一专多能的国际化、高素质、技能型民航服务人才必将成为航空企业的核心竞争优势,也是

空中乘务专业未来人才培养的方向。

（二）"打造智慧民航，推动高质量发展"的新要求

智慧民航建设是"十四五"规划的主线，是实现多领域民航强国建设的必由之路。为此，"十四五"期间，中国民航将强化创新在全局中的核心地位，不断推动民航的高质量发展。

2022年1月1日，全国40家旅客吞吐量在千万级的大型机场开通旅客"易安检"服务。旅客通过在国家政务平台支付宝小程序里进行实名认证后即可使用。经测算，"易安检"服务可把旅客通行效率提高30%到50%，这标志着民航智慧化建设迈上一个新台阶。实际上，民航《"十四五"规划》中便捷高效、创新智慧和绿色发展的目标，许多都与智慧民航建设紧密相连。例如，体现智慧出行的千万级机场旅客全流程无纸化能力、行李全流程跟踪服务水平，预计到2025年分别达到100%和90%；体现智慧物流的货运单证电子化率达到80%；体现智慧运行的千万级以上机场近机位靠桥率达到80%。

民航局发展计划司副司长包毅表示：智慧民航建设工作的总体部署确定了实现"出行一张脸、物流一张单、通关一次检、运行一张网、监管一平台"的五个一目标。为确保"十四五"期间智慧民航建设相关目标的顺利实现，民航局近日审议通过了《智慧民航建设路线图》。路线图将按照"体系发展引领、分域模块构建"的思路，以智慧出行、智慧空管、智慧机场和智慧监管为抓手，强化改革创新、科技创新、基础设施保障这三大支撑。"十四五"期间，民航行业基础设施发展方式将实现根本性转变，传统和新型基础设施将深度融合，系统化、协同化、智能化、绿色化水平将明显提升。

五、未来展望

目前，我国正处于产业结构和经济结构不断调整、升级的关键时期，空中乘务专业校企协同育人正是这一时期高职院校培养空中乘务人才的新模式，同时也是推进产教深度融合、提升空中乘务人才培养质量的重要途径。这种途径的实现，有赖于政府、企业和学校三方的共同努力，缺一不可。政府做好顶层设计、平台支撑和强有力的保障，校企双方充分发挥双主体作用，为了共同的目标，各自发挥所长，将资金、人才、技术等充分共享、合理流动、有机重组、有效集成，以实现双方协作利益最大化、资源共享最优化、优势互补最佳化。

（一）发挥政府的引导及协调作用

政府是空中乘务高职教育协同体的引导者、协调者以及政策支持者，是院校联盟间的牵线者。政府需要完善顶层设计，搭建校企合作平台及成立区域合作协调机构；出台或完善有关校企合作的法律法规，明确校企双方在协同育人过程中的权利和义务；制定系列协同育人的优惠政策；设立产教融合、校企协同育人方面的专项研究课题、专项师资境内外培训通道、专项省级竞赛等；牵线联系境内外航空企业等。通过这些措施充分调动航空企业和院校开展互通合作的积极性，给予校企双方足够的安全感，激发校企协同施展平台的功能性，从而优化产教融合视域下高职院校空中乘务专业校企协同育人的发展环境，提高政府服务效率。

（二）体现学校的育人中枢作用

学校是高职空中乘务专业校企协同育人中的主体之一，是育人的中心枢纽，为育人提供了强有力的保障。学校作为培养高职空中乘务人才的重要基地，不仅要提供足够的场地、足够的师资，还要紧密结合行业发展趋势、航空企业用人需求、岗位能力标准等配套制订高职空中乘务人才培养方案、课程标准，推进教育教学改革。不仅要培养学生掌握娴熟、过硬的职业技能，还要培养学生必备的职业道德、职业操守、职业心态和职业素养。不仅要充分联系航空企业，为学生搭建学习、实践、实习、就业的平台，还要努力发掘境外优质院校和航空企业，为学生搭建境外深造学习、实习和就业的平台。

（三）搭建企业育人平台

企业在高职空中乘务专业的校企协同中具有极其重要的地位，要充分搭建企业育人主力的平台。企业提供经费支持院校空中乘务人才培养的实训基地建设、教科研建设、专业建设等，为高职院校空中乘务人才的培养提供强有力的经济支撑。企业通过与院校共同制订人才培养方案、共同编制课程标准等，全员、全程、全方位参与高职院校空中乘务人才培养，使得人才培养与航空企业岗位需求进行有效对接，提升高职空中乘务专业学生的适岗性。企业将企业文化及专业课程、岗位典型工作任务引入教育教学中，充分利用校内外实训基地，给予学生仿真度较高或真实的工作环境，与院校教师组成师资团队共同开展项目化教学。企业将职业资格证书的获取融入育人过程中，使得高职空中乘务专业学生在完成学历教育的同时，也能够取得行业证书，为其毕业上岗工作打下坚实的基础。

综上所述，随着我国经济的发展，国际化进程不断加快，我国民航业的发展有了前所未有的提升。高等职业院校必须构建新型的教学理念，为今后培养更好的更加优质的空中乘务人员做出更大的努力。

（主要执笔人：刘夕宁　蒋庆荣　王璐）

参考文献

[1] 中国民用航空局."十四五"民用航空发展规划[EB/OL].2022-01-07. http://www.caac.gov.cn/XWZX/MHYW/202201/t20220107_210799.html.

[2] 中国民用航空局.关于进一步提升民航服务质量的指导意见[EB/OL].2018-03-01. http://www.caac.gov.cn/XWZX/MHYW/201803/P020180301374477411751.pdf.

[3] 中国民用航空局.全国民用机场布局规划[EB/OL].2015-11-03. http://www.caac.gov.cn/XXGK/XXGK/FZGH/201511/t20151103_10715.html.

[4] 中国民用航空局.2020年民航行业发展统计公报[R/OL].2021-06-11. https://www.gov.cn/xinwen/2021-06/11/content_5617003.htm.

[5] 全国旅游职业教育指导委员会.2017年中国旅游职业教育年度报告[M].北京:旅游教育出版社,2018.

[6] 全国旅游职业教育指导委员会.2018年中国旅游职业教育年度报告[M].北京:旅游教育出版社,2019.

[7] 黄文靓.空中乘务专业建设与发展思考[J].中国航班,2021(17).

[8] 赵影.以岗位需求为背景的空中乘务专业核心课程群建设[J].企业科技与发展,2019(04).

9. 广东省高职院校国际邮轮乘务管理专业发展研究报告

邮轮经济产业链长，关联带动效应大，提供就业岗位多。中国的邮轮旅游业经过了2006—2017年的"高速度增长"，自2018年开始转向"高质量、高品位发展"的战略调整期，邮轮旅游的快速发展对邮轮人才培养提出了"质"和"量"的新要求。国际邮轮乘务管理专业在广东的开办情况如何？适应产业发展的情况如何？受广东高职教育旅游大类专业教学指导委员会委托，项目组对广东省国际邮轮乘务管理专业建设现状进行了调研，并对标国内国际邮轮乘务管理标杆专业，就广东邮轮专业建设发展过程中存在的问题进行了分析，提出了相关对策，并对国际邮轮乘务管理专业发展前景进行了展望。

一、广东省国际邮轮乘务管理专业发展回顾

目前，广东省开设国际邮轮乘务管理专业的学校有广州航海学院（本科）、阳江职业技术学院（高职）、广州城市职业学院（高职）、广东交通职业技术学院（高职）、广东文艺职业学院（高职）、广州旅游商务职业学校（中职）、广州市潜水学校（中职）、广东省旅游学校（中职）。本课题主要针对高职院校国际邮轮乘务管理专业建设情况进行了调查和研究。

（一）发展背景

在新冠疫情发生之前，国际邮轮旅游是国际旅游市场上增长速度快、发展潜力大的一项高端旅游项目，是中国旅游业迈向休闲度假时代的新型业态，是提升人民群众生活品质的幸福产业，成为经济增长的新亮点，成为旅游业中增长最快的部分之一。交通运输部数据显示，自2006年中国邮轮旅游市场起步以来，中国邮轮旅客运输量年均增长40%以上。至今，邮轮旅游产业在中国已经发展了15年，中国邮轮经济已从"国际邮

轮到港服务为主"的起步发展阶段步入"国际邮轮到港服务与中国公民出境服务并举"的快速发展阶段，中国已经成为最具活力、最具潜力的全球第二大邮轮客源的市场，各大国际邮轮公司的发展重心快速向亚太地区特别是中国大陆地区转移。

粤港澳大湾区是中国邮轮与游艇旅游发展的核心区域之一，是我国邮轮游客规模最大、邮轮码头分布最紧密的区域之一，湾区内有着良好的区位条件和资源禀赋，拥有广州南沙国际邮轮母港、深圳太子湾邮轮母港、香港启德邮轮码头3个邮轮母港，成为中国最大的邮轮母港群，邮轮旅游发展优势明显，发展前景广阔。广州市提出大力发展邮轮经济，做大做强现代航运服务业，实施"枢纽+"战略，发展邮轮旅游是广州对接粤港澳大湾区战略的重要举措。自 2016 年开通邮轮航线以来，国际邮轮产业已成为广州的一大亮点，广州国际邮轮业务一直保持内地第三的位置，进入邮轮发展第一梯队。2019 年 11 月 17 日，广州南沙国际邮轮母港开港，2021 年 4 月 20 日完成整体交工验收，成为我国建筑面积最大的邮轮母港综合体，包括一个 22.5 万吨级邮轮泊位和一个 10 万吨级邮轮泊位，年设计通过能力达 75 万人次，可停靠在建的全球最大豪华邮轮。

（二）政策指引

邮轮产业链长、带动性强，有助于推进供给侧结构性改革、培育新动能、拉动内需、促进消费转型升级，国家及广东省、广州市高度重视邮轮产业发展。国务院于 2018 年 8 月出台的《进一步深化中国（广东）自由贸易试验区改革开放方案》提出，广东将大力推动邮轮旅游发展，试点实施国际邮轮入境外国旅游团 15 天免签政策。2019 年 1 月 28 日，中共中央、国务院印发《粤港澳大湾区发展规划纲要》提出有序推动香港、广州、深圳国际邮轮港建设，进一步增加国际班轮航线，探索研究简化邮轮、游艇及旅客出入境手续。2020 年 12 月 24 日，文化和旅游部、粤港澳大湾区建设领导小组办公室、广东省人民政府联合印发《粤港澳大湾区文化和旅游发展规划》，提出推动香港、广州、深圳国际邮轮港建设，推进粤港澳邮轮旅游、物资配送、商品交易、邮轮制造维修全产业链发展，简化邮轮、游艇及旅客出入境手续。2021 年 3 月 4 日，广州市商务局发布《加快培育广州南沙进口贸易促进创新示范区工作实施方案》，提出加快广州南沙邮轮经济创新发展，积极创建中国邮轮旅游发展试验区。2021 年 3 月 11 日，广州南沙与三亚中央商务区管理局签订邮轮合作战略协议，双方首先将合作开发"一程多站"的邮轮旅游航线，打造"双母港"航线运营模式。2021 年 8 月，广州市委市政府印发《建设广州国际航运枢纽三年行动计划（2021—2023 年）》，提出要积极申报建设南沙邮轮旅游试验区，支持在黄埔老港开发中小型邮轮、游船旅游航线，探索开发广州至珠江口、西江、北江以及海南、西沙群岛等地以及沿海邮轮游船旅游。2021

年 11 月,《广州市文化和旅游发展"十四五"规划》提出建设中国邮轮旅游发展示范区,并将南沙国际邮轮母港建设成为七个世界级旅游精品之一。2022 年 1 月,《深圳市旅游业"十四五"规划》提出加快发展高端邮轮旅游,高水平推进邮轮旅游发展试验区建设。

（三）开办时间

为切合邮轮产业发展的需求,顺应旅游行业布局的要求,满足邮轮企业对邮轮乘务服务与营销管理人才的大量需求,更好地服务广东省、广州市旅游产业发展,切实为推进旅游供给侧结构性改革提供人才保障,实现立足广州,服务广东,辐射粤港澳大湾区的办学定位,阳江职业技术学院、广州城市职业学院以及广东交通职业技术学院相继开设了国际邮轮乘务管理专业。阳江职业技术学院于 2017 年率先在广东省内开办高职层次的国际邮轮乘务管理专业,广州城市职业学院于 2018 年开设国际邮轮乘务管理专业,广东交通职业技术学院于 2019 年开设国际邮轮乘务管理专业,广东文艺职业学院于 2022 年开设国际邮轮乘务管理专业。

总体来说,广东省国际邮轮乘务管理专业建设尚处于初创阶段。

二、广东省高职院校国际邮轮乘务管理专业发展情况

课题组成员结合课题需要设计了广东省邮轮专业发展情况调查问卷,在教育部高等职业学校拟招生专业设置备案结果数据检索网站查找了广东省拟开设国际邮轮乘务管理专业的备案院校后,用电话访谈的形式逐一致电备案院校招生办,最终确认目前开设国际邮轮乘务管理专业的高职院校共 4 所,针对这 4 所高职院校用问卷星和专家访谈的形式展开了调研,发放问卷 4 份,收回有效问卷 4 份。专业建设情况分别如下:

（一）招生与在校生情况

阳江职业技术学院于 2017 年作为广东省第一家开设国际邮轮乘务管理专业的高职院校开始招生,2019 年招生 57 人,2020 年招生 60 人,2021 年招生 59 人,2022 年招生 58 人,已有毕业生 149 人。

广州城市职业学院国际邮轮乘务管理专业于 2018 年开始招生,其中 2018 年招生 64 人,2019 年招生 34 人,2020 年招生 46 人,2021 年招生 44 人,2022 年招生 47 人,现有毕业生 98 人。另与东莞市轻工业学校自 2020 年起实行三二分段联合招生,目前尚在中职高星级饭店运营与管理专业学习阶段。

广东交通职业技术学院国际邮轮乘务管理专业 2019 年开始招生,2019 年招生 63 人,2020 年招生 106 人,2021 年招生 110 人,2022 年招生 100 人,已毕业 63 人。

广东文艺职业学院国际邮轮乘务管理专业于2022年9月开始招生，现有学生65人。

（二）专业人才培养目标与模式

阳江职业技术学院国际邮轮乘务管理专业旨在培养德智体美劳全面发展，践行社会主义核心价值观，具有一定的文化水平、良好的职业道德和人文素养，掌握国际豪华邮轮服务技能和管理知识，组织协调能力强，具备较强的外语交流能力，心理调适能力强，面向世界范围内的世界国际化邮轮公司、国内邮轮母港和停靠港、国内高星级酒店，能够从事国际豪华邮轮服务与基层管理工作的高素质技术技能人才。国际邮轮乘务管理专业的培养模式为"2+0.5+0.5"的模式，即理论学习2年、企业教学半年、岗位实习半年的学习模式。

广州城市职业学院国际邮轮乘务管理专业面向"三游"（邮轮旅游、游艇旅游、游船旅游）企业和高星级酒店，培养德智体美劳全面发展的社会主义建设者和接班人，具备较好的外语沟通交流能力、掌握岸上船上旅游服务链条接待综合技能、熟悉"三游"公司运营、通晓和尊重不同文化差异，能够从事"三游"企业岸上和船上旅游服务接待、邮轮和高星级酒店餐厅服务与管理、客舱服务与管理、营销等相关工作的高素质复合型技术技能人才。国际邮轮乘务管理专业的培养模式为"2+0.5+0.5"模式，即在校学习两年、在校外实践教学基地企业教学半年、岗位实习半年的学习模式。

广东交通职业技术学院国际邮轮乘务管理专业主要培养拥有邮轮及酒店服务岗位群所要求的知识，具备良好的团队协作、语言表达、岗位核心操作、终身学习等能力，取得国际邮轮乘务或酒店服务与管理等岗位所需的相应资格和证书，能胜任国际豪华邮轮及国际品牌连锁酒店餐饮、客舱（房）、前台服务中心、康乐、商务中心、商品部等岗位工作的具有创新精神的技术技能人才。构建了"基础学习＋专业学习＋实践学习"工学结合、校企合作人才培养模式。

广东文艺职业学院国际邮轮乘务管理专业依托粤港澳大湾区国际邮轮母港优势，培养厚文化、精服务、善沟通、能管理，德智体美劳全面发展，具有良好的审美和人文素养、职业道德和工匠精神，掌握国际邮轮服务基础和操作技能，既能胜任国际豪华邮轮餐饮服务、客舱服务、休闲娱乐服务、宾客服务等高端服务管理工作，也可在邮轮接待港、国际高星级酒店从事餐饮管理、前台管理、俱乐部管理等岗位工作，并适应邮轮行业发展的国际化、复合型、信息化高素质技能型人才。

（三）课程教学资源建设

由于国际邮轮乘务管理专业为新开设专业，目前四所院校均无国家资源库建设、国家规划教材、国家精品在线开放课程、省级精品在线开放课程，暂时没有开发邮轮相关教材。

（四）教材与教法改革

四所院校的专业基础课、专业核心课和专业实践课如表 9-1 所示。

表 9-1　邮轮专业课程开设情况表

院校名称	专业基础课	专业核心课	专业实践课
阳江职业技术学院	《旅游社交礼仪》 《旅游学概论》 《服务心理学》 《市场营销实务》 《管理学原理与实务》 《邮轮概论与运营实务》	《邮轮前厅实务》 《邮轮客舱实务》 《邮轮实用英语》 《邮轮餐饮实务》 《海事法规》 《面试英语》 《邮轮旅游地理》	《邮轮餐饮实务》 《邮轮客舱服务》 《顶岗实习》
广州城市职业学院	《旅游礼仪》 《中外邮轮游艇发展》 《现代管理方法》 《邮轮乘务人员职业道德与素养》 《旅游心理调适技能》 《邮轮旅游地理》 《邮轮安全与救生》	《邮轮前厅实务》 《邮轮客舱实务》 《邮轮餐饮实务》 《邮轮实用英语》 《邮轮营销实务》 《邮轮酒吧服务与管理》 《邮轮休闲娱乐服务与管理》	《企业教学》 《邮轮客舱实务》 《邮轮餐饮实务》 《邮轮前厅实务》 《邮轮酒吧服务与管理》 《茶文化与茶艺》
广东交通职业技术学院	《邮轮服务心理》 《邮轮服务礼仪》 《邮轮地理》	《邮轮英语》 《邮轮概论》 《邮轮运营实务（餐饮）》 《邮轮运营实务（客房）》 《邮轮运营实务（前厅）》 《邮轮旅游管理》	《邮轮运营综合实训》 《邮轮码头运营实训》 《邮轮英语听力会话》 《邮轮面试实训》
广东文艺职业学院	《邮轮服务礼仪》 《邮轮乘务员职业道德与素养》 《邮轮旅游地理》 《跨文化沟通》 《邮轮运营管理》	《邮轮宾客服务与管理》 《邮轮客舱服务与管理》 《邮轮餐饮服务与管理》 《邮轮专业英语》 《邮轮市场营销》 《邮轮酒吧服务与管理》 《邮轮休闲娱乐服务与管理》 《邮轮安全管理》	《形体训练与形象塑造》 《茶品鉴与茶艺》 《咖啡制作与咖啡吧管理》 《插花艺术》

在 1+X 课证融通方面，阳江职业技术学院和广州城市职业学院 2020 年、2021 年均参与了 1+X 证书试点，对接邮轮运营服务职业技能等级证书《邮轮客舱实务》《邮轮餐饮实务》《邮轮前厅实务》三门课程参与了 1+X 课证融通。

（五）师资队伍建设情况

阳江职业技术学院国际邮轮乘务管理专业是在酒店管理专业的基础上新成立的专业，师资主要依托酒店管理专业的师资力量，专业现有专任教师13名，兼职教师12名。专任教师中"双师型"教师7人，具有企业工作经验的教师9名，拥有优秀的职业素养。校外兼职教师12人，来自本地区知名酒店的总监、部门经理与业务骨干，具有丰富的实践工作经验和较强的专业理论水平，能够掌握行业的最新动态和发展要求，并结合专业实践进行教学。专业教师每年人均下企业顶岗锻炼天数在1个月以内，人均参加培训天数为5~10天。

广州城市职业学院邮轮教学团队共10人，其中专任教师5人，企业兼职教师5人，专任教师中博士研究生1人，硕士研究生4人，教授1人，副教授2人，讲师2人，生师比约30：1，现有专任教师均为"双师型"教师，企业兼职教师占比50%。专业教师每年人均下企业顶岗锻炼天数在1个月以内，人均参加培训天数为5~10天。

广东交通职业技术学院国际邮轮乘务管理专业拥有专任教师15人，企业兼职教师5人，其中教授2人，副教授、船长、轮机长9人，讲师/实验师8人，高级职称教师占比达55%，"双师型"教师占比50%，企业兼职教师占比20%~29%，专业教师每年人均下企业顶岗锻炼天数在1个月以内，人均参加培训天数为5~10天。

广东文艺职业学院国际邮轮乘务管理专业现有专任教师4人，另有企业兼职教师3人，专业教师每年人均下企业顶岗锻炼天数在1个月以内，人均参加培训天数为5~10天。

（六）实践教学条件

四所院校的校内实训设施建设和配置主要以酒店管理专业实训设施为依托，拥有能够完成邮轮前厅、客房、餐饮等部门的实训训练，包括中餐实训室、西餐实训室、调酒实训室、茶艺实训室、前厅客房实训室。广州城市职业学院建有国际邮轮乘务实训室和国际邮轮综合实训室，配有国际邮轮乘务VR培训系统，广东交通职业技术学院新建了国际邮轮乘务管理专业综合实训室，校外实践基地以珠三角高星级酒店为主，为学生实习提供条件。同时，四所院校分别与国际邮轮人才派遣机构建立了固定联系，其中，阳江职业技术学院和广州城市职业学院分别与中江集团共同启动"邮轮直通车"项目，为学生实习、培训、考证、就业打通了渠道，广州城市职业学院与河南万正远洋船舶有限公司、广东交通职业技术学院与深圳睿博有限公司建立了合作关系。四所院校目前均无海外实训基地。

（七）人才培养质量

目前，广东省内国际邮轮乘务管理专业实习地点以广州和珠江三角洲地区为主，阳江职业技术学院和广州城市职业学院分别与中江集团实施"邮轮直通车"项目，部分学生被安排到南京五星级酒店实习，就业岗位主要包括酒店前厅服务员、餐厅服务员等，就业薪酬范围为3000~5000元。

受疫情影响，截至2022年10月三所院校暂无学生上邮轮。邮轮专业人才培养初见成效，师生获奖情况如下：广州城市职业学院邮轮专业学生获广东省职业生涯规划大赛二等奖1人次，广东省高职院校学生技能大赛餐厅服务赛项三等奖2人次，广东省职业院校技能大赛学生专业技能竞赛（高职组）英语口语（非英语专业组）赛项二等奖1人次，邮轮专业教师获教学能力大赛省赛二等奖4人次，广州市导游大赛一等奖2人次；广东交通职业学院学生参加广东省高职院校学生技能大赛餐厅服务赛项获三等奖2人次。

（八）国际交流合作情况

广州城市职业学院邮轮团队师生于2020年12月1—3日赴澳门参加了由澳门旅游学院主办的第三届穗港澳台技能节，在技能节上展示了调酒和咖啡技能。

三、广东省高职院校国际邮轮乘务管理专业建设存在的问题与对策

项目组选取了天津海运职业学院国际邮轮乘务管理专业作为国内标杆专业同广东省高职院校的同类专业进行了对比分析。

（一）标杆专业概况

天津海运职业学院国际邮轮乘务管理专业2007年以"酒店管理（邮轮乘务）专业"招收高职学生，2012年正式更名为国际邮轮乘务专业，是我国最早开展国际邮轮乘务人才培养的高职专业。2011年该专业成为中央财政支持的重点建设专业，2012年成为天津市示范性高职院校重点建设专业。2017年国际邮轮乘务管理专业被教育部评为全国职业院校交通运输类示范专业点，国际邮轮乘务和旅游管理系成为全国交通运输职业教育教学指导委员会"国际邮轮乘务管理专业"教学标准制定单位。国际邮轮乘务管理专业与美国皇家加勒比邮轮集团深入开展校企合作，成立美国皇家加勒比邮轮人才培训中心；与中船舰客教育科技有限公司推进"1+X"邮轮运营服务职业技能等级证书试点工作，形成校企双方长期战略合作机制。国际邮轮乘务管理专业毕业生就业渠道广、工作待遇优，广泛分布于美国皇家加勒比邮轮集团、意大利歌诗达邮轮公司、云顶香港有限公司、美国公主邮轮公司、携程网邮轮事业部等知名行业企业。

1. 人才培养目标

天津海运职业学院国际邮轮乘务管理专业培养思想政治坚定、德技并修、德智体美劳全面发展，适应新时代背景下中国特色社会主义建设以及邮轮产业发展需要，具有一定的科学文化水平，良好的人文素养、职业道德和创新意识，精益求精的工匠精神，较强的就业能力和可持续发展的能力，掌握国际邮轮客舱、餐饮、休闲娱乐、宾客服务等岗位对客服务知识和技术技能，面向国际邮轮等水上运输服务领域的复合型技术技能人才。

2. 就业面向

天津海运职业学院国际邮轮乘务管理专业毕业生主要面向国际邮轮企业就业，从事邮轮客舱、餐饮、休闲娱乐、宾客服务等对客服务与管理工作。

3. 主干课程

天津海运职业学院国际邮轮乘务管理专业主要开设课程有：邮轮安全管理、船员英语口语、船员特殊培训、邮轮运营管理、邮轮餐饮服务与管理、邮轮酒吧服务与管理、邮轮客舱服务与管理、邮轮宾客服务与管理、邮轮休闲娱乐服务与管理、邮轮跨文化沟通、邮轮旅游市场营销、邮轮旅游地理、职业道德与素养、形体与化妆、邮轮适用法律、摄影技术、服务心理学、邮轮面试英语、邮轮文化。

4. 师资情况

天津海运职业学院国际邮轮乘务管理专业分为邮轮管理考研室和邮轮英语考研室。邮轮管理教研室现有教师9人，其中教授1人、副教授4人、讲师4人；邮轮英语教研室现有教师8人，其中副教授2人，讲师6人。专任教师中硕士研究生及以上比例占100%，双师素质比例占78%，高级职称比例占56%。现有《邮轮运营管理》等天津海河教育园区课程思政示范课程、《邮轮宾客服务与管理》等院级精品课程。邮轮管理教师担任国家1+X邮轮运营服务职业技能等级证书人才培养专家组专家、天津旅游智库专家等，荣获全国教育课程改革先进个人、天津市师德先进个人、天津市教学成果奖等多项奖项和荣誉，在全国职业院校教师微课大赛、全国交通运输类专业教师信息化教学能力大赛、天津市教师教学能力比赛、天津市国际化教学能力大赛等比赛中屡获殊荣。邮轮英语教研室现有院级精品课程《邮轮实用英语》，科研及教学成果丰硕。教师多次在全国职业院校教师微课大赛、中国外语微课大赛、全国高校教师教学创新大赛、外研社微课——翻转课堂"教学之星"大赛等国家、市级比赛中获得奖项。

5. 校内外实训基地

校内实训室：包括邮轮运营模拟实训室、中餐实训室、客舱实训室、邮轮中西餐烹任实训室、邮轮前台实训室、邮轮酒吧实训室、西餐实训室。

校外实训基地：美国皇家加勒比邮轮公司、中江（新）国际有限公司是丽星邮轮公司首家授权招聘中国员工的代理公司、北京华宇世纪投资有限公司华宇假日酒店管理分公司、天津喜来登大酒店、御道津旅（天津）发展有限公司君隆威斯汀酒店。其中美国皇家加勒比邮轮公司与天津海运职业学院于2014年8月正式签约，共建邮轮培训中心，并作为国际邮轮乘务专业实训基地。

6. 人才培养质量

近三年来，国际邮轮乘务管理专业毕业生职业资格取证率为100%，就业率99.75%。

（二）广东省高职院校国际邮轮乘务管理专业建设存在的不足

相比于天津海运职业学院2007年酒店管理（邮轮乘务）专业开始招收高职学生，广东省2017年才开设国际邮轮乘务管理专业，专业起步明显滞后，错过了中国邮轮旅游2007—2017年高速发展的十年，又遭遇2020年开始的新冠疫情对邮轮产业的重创，邮轮专业建设步伐放缓，招生也受较大影响。目前广东省只有三所高职院校开设国际邮轮乘务管理专业，且招生规模较小，各院校每届仅有1~2个班。现有三所院校的国际邮轮乘务专业基本上是在原有酒店管理专业的基础上建成，邮轮专业人才培养模式还在不断探索过程中，专业建设特色不显著，人才培养效果不明显。对比标杆院校，普遍存在以下问题：

1. 人才培养目标定位不精准，就业面向模糊

由于广东省邮轮产业和邮轮教育发展相对滞后，加上目前本土邮轮公司运营规模较小，占市场份额较大的邮轮公司多是欧美国家的国际邮轮公司，开展邮轮调研存在一定难度，院校对国际邮轮行业、企业调研不够深入，导致专业人才培养目标不够精准，与国际邮轮企业人才需求不相匹配。高职院校与本科院校、中职学校和社会培训之间差异不明显，就业面向定位较为模糊、就业范围过于宽泛。国际邮轮上分工细致，就业岗位有上百种，但目前学生就业通道比较狭窄，因此开设邮轮专业的院校都保守地将邮轮专业人才的就业范围模糊定位为国际邮轮、酒店、旅游企事业单位等相关旅游企业，就业岗位以餐厅、客房和前厅等一线服务岗位为主。随着邮轮行业的发展和邮轮产业链的延伸，与邮轮相关的配套产业不断拓展，需要较多的邮轮市场营销、邮轮港口运营与管理、邮轮母港接待配套服务中心的服务与管理人才，但目前邮轮专业岸上人才的培养尚未引起重视。

2. 课程体系设置不合理，教学资源匮乏

构建科学合理的课程体系需要对就业岗位进行全面的调研和分析，但由于邮轮调研难度较大，邮轮专业普遍存在课程设置不合理的现象，现有课程体系未能紧密结合国际邮轮和本土邮轮发展对人才培养规格提出的实际需要，在课程设置上大部分沿袭了原有酒店管理专业的课程，大多以培养学生客房、餐饮或前厅等单一服务技能为主，课程设置与职业岗位能力要求匹配度不高，因此亟须开发更多符合邮轮岗位需求的课程，构建科学合理的课程体系。从项目调研结果来看，还普遍存在专业教学资源匮乏的现象。目前市场上能找到的邮轮教材屈指可数，教学资源库和教材体系都不完善。由于邮轮办学经验和邮轮企业实践经验的缺乏，校本教材的编写有较大难度，现有教材内容与酒店管理专业教材相似，与邮轮乘务实际岗位能力需求有较大差距。

3. 实践教学条件不完善，校企合作难开展

校内实训室建设方面，大多依托酒店管理专业的实训室，只配有餐饮、客房等酒店类实训室，没有专门针对国际邮轮乘务专业来建设实训室，实训室硬件设施与国际邮轮上硬件设施不相符。校外实践方面，邮轮专业开展校企合作较为困难，邮轮参观、邮轮实习都需要办理出入境等相应手续，邮轮实训条件较少并且要求较为苛刻，实训教学不能正常开展，大多数院校不能满足邮轮专业的实习、实训条件，校外实践教学基地以高星级酒店为主，学生多是送往当地高星级酒店实习，这样培养出来的学生并不能满足邮轮就业的需要。

4. 教师行业实践经验缺乏，教学方法陈旧

邮轮行业在我国属新兴行业，邮轮专业的发展时间比较短，邮轮专业学历教育体系不完善，难以引进高学历邮轮专业教师，国内邮轮旅游专业人才较少，从邮轮旅游行业引进企业专家进校任教困难，加上邮轮专业建设缺少一定的政策支持，邮轮专业教师学习培训机会少，院校培养也存在难度。现有国际邮轮乘务管理专业大部分都不是邮轮专业出身，主要来自酒店管理、旅游管理或英语专业，普遍缺乏对邮轮工作的实践认知，没有国际邮轮实践工作经历，有些教师自己也没有上过邮轮，知识结构有一定局限性，教学以理论为主，加上受实训条件限制，教学过程中不能将邮轮的具体工作场景和专业知识进行有机结合，造成培养出来的邮轮人才与邮轮企业用人需求有一定差距。

5. 海事培训体系不完善，学生就业渠道单一

一方面，从事国际邮轮服务与管理工作的人员均需获得海事机构颁发的海员证，海员证的获取需要先后通过基本安全培训合格证、客船船员特殊培训合格证、国际航行船舶船员专业英语考试合格证、船舶保安意识培训合格证四个证书的培训和考核，通过

调研发现，广东省内目前缺乏完善的海事培训体系，四个证书的培训和考核地点较为分散，且参加培训和考核的人数不多，开班需要排期，造成学生获取海员证成本大大提高。另一方面，邮轮专业人才输出渠道单一。国际邮轮工作属于海外就业，根据我国法律法规规定，国际邮轮公司不能直接接纳实习或就业的学生，国际邮轮乘务专业"对口"工作的招聘基本上是通过具有劳务外派资格的第三方企业开展，第一艘悬挂五星红旗的"招商伊敦号"邮轮的船员也是通过第三方企业进行招聘的。因此，从目前状况来看，学生毕业之后去邮轮工作必须通过第三方企业，或与第三方企业进行"二次合作"。目前市场上第三方企业五花八门，管理混乱，收费不一，造成学生就业成本较大，直接影响邮轮专业人才培养。

（三）广东省高职院校国际邮轮乘务管理专业建设对策

粤港澳大湾区邮轮母港资源丰富，发展邮轮旅游条件得天独厚，尽管受新冠疫情影响，邮轮产业依然前景乐观，邮轮就业市场潜力巨大。随着我国邮轮产业的发展，邮轮产业人才的短板日趋明显，加快培养高素质的邮轮产业人才，是今后我国邮轮产业能持续发展的重要保障。结合广东省高职邮轮专业建设存在的问题和标杆专业的先进经验，提出以下对策。

1. 加大人才培养政策支持力度

政府部门要研究并出台相关政策，促进邮轮经济恢复和发展，为邮轮人才提供更好的工作平台和更大的发展空间，并加大人才培养的政策支持力度。一是教育部门加大国际邮轮人才培养的规划和布局，鼓励高校开办和建设国际邮轮乘务专业，构建与国际接轨的邮轮教育结构和国际邮轮人才培养体系，鼓励高校引进邮轮高端人才，培育邮轮专业师资，促进邮轮专业人才培养。二是海事部门继续完善海事培训资质，健全海员证培训与考核体系，使广东省邮轮人才在本省能完成海员证培训与考核，为邮轮人才培养提供保障。三是旅游及相关部门加大与国际邮轮公司的合作，规范邮轮人才劳务派遣企业的管理，鼓励高校与境外邮轮企业的深度合作，疏通和拓宽邮轮人才输出渠道。四是成立粤港澳大湾区邮轮旅游研究中心和人才培育基地，营造邮轮旅游研究氛围，开展邮轮科研培训，建立邮轮科研人才梯队，建立数据与信息平台，使其成为广东邮轮旅游发展信息咨询中心、学术交流中心、人才培养中心和高端智库，建立与邮轮公司、旅游企业、地方旅游主管部门以及院校之间的联系，服务于广东邮轮经济发展和邮轮人才培养，为政府、邮轮企业和邮轮高校提供智力和人力支持。

2. 建立人才培养多元合作机制

一是建立大中专院校之间的合作。本着合作大于竞争的理念，大中专院校之间互通有无、资源共享,在人才培养方案、课程体系、教学资源、实训基地和实习就业等方面进行互相切磋和探讨,相互借鉴、合作共赢,不断完善从中职、高职到本科层次的国际邮轮人才培养体系。二是加强与行业企业的合作。邮轮相关专业院校加强与邮轮游艇协会、国内外邮轮企业的沟通和交流,建立稳定的校企合作关系,深入开展产教融合、产学研合作。邮轮游艇协会为高职院校提供最新的邮轮行业资讯,搭建校企合作平台,高职院校与邮轮企业共建实训基地,共商人才培养方案和课程体系,共育邮轮人才;高职院校加强与邮轮企业的人才交流,邀请邮轮行业精英进校讲学,派邮轮专业教师上邮轮生产实践,共同培育邮轮师资。三是院校要加强与海事机构的合作。在政府部门不断完善海事培训资质的同时,院校要主动加强与海事部门、具备海船船员培训资质的机构之间的合作,为邮轮人才"上船"打通海员证获取通道。四是加强国际合作。立足粤港澳大湾区,依托国际化水平高、基础设施完善、经济发达的广州、深圳、香港等港口城市,整合地方政府、国内外高校与国际邮轮企业等优势资源,为邮轮人才培养提供保障。

3. 探索邮轮人才培养的广东模式

国际邮轮人才具有语言能力强、技术要求高、应用性强的特点,这就要求高职院校必须走产教融合之路,通过产学研合作方式,精准定位国际邮轮人才办学目标,不断优化国际邮轮人才培养模式。借鉴浙江国际海运职业技术学院"中西融合、海陆互通"的人才培养模式、河北旅游职业学院"校企轮动、订单培养"国际化邮轮乘务专业人才培养模式、武汉城市职业学院"双培三进一"国际邮轮乘务管理人才培养模式,结合粤港澳大湾区和广东省的邮轮旅游优势条件,本着服务地方经济的理念,参考天津海运职业学院与皇家加勒比游轮公司的深度合作模式,可考虑利用南沙、深圳招商邮轮母港的便利条件,与本土邮轮进行深度合作,成立广东邮轮人才培训中心,共同探索具有广东特色的国际邮轮人才培养模式。

4. 完善邮轮专业课程体系

根据 2019 年教育部颁布的国际邮轮乘务管理专业教学标准,邮轮专业课程体系的建立应基于"四大领域、多个岗位"的建设思路,在邮轮客舱、餐饮、休闲娱乐、宾客服务四大就业领域对应职业岗位工作任务与能力分析的基础上,提炼邮轮人才所需的知识、素质、能力要求,确定邮轮专业的基础课程、核心课程和拓展课程。在强调专业核心能力与职业岗位能力有机结合的基础上,充分融合"1+X"证书制度试点和世界技能大赛、全国技能大赛的要求,构建"岗课赛证"融通的课程体系。结合"1+X"邮轮运营服务、餐饮服务管理、前厅运营管理等职业技能等级证书的要求,对接世界技能大赛和全国技能大赛"餐厅服务"和"酒店接待"赛项的参赛标准，完善邮轮专业课程体系，重构课程教学内容，开发教学资源，使教学内容与职业资格等级证书的内容标准相对接，课程教学与技能大赛规程标准相对接，培养出更有竞争力的国际化高端邮轮人才。

5. 深化邮轮专业"三教"改革

高职院校作为邮轮人才培养基地，应把握市场动态，深化邮轮专业教学改革。一是完善邮轮专业教材资源。邮轮专业教材的缺乏大大阻碍了邮轮专业的发展步伐，但长期以来占据邮轮市场的是欧美国际邮轮，中国籍从业人员也只是凤毛麟角，这一现象大大限制了国内邮轮文化的培育和行业资料的传播，高职院校独自编制邮轮教材的难度较大，因此亟须与国内外邮轮行业企业一起，结合邮轮企业对应岗位职业能力要求，共同探索工作手册式活页教材的开发。二是优化专业师资。高职院校加大邮轮师资建设力度，特别是"双师型"教师队伍的建设。考虑到邮轮专业的国际性，需要突破现有的制度和框架，与国内外邮轮企业建立起直接的联系，定期输送专业教师上邮轮进行生产实践，安排专业教师到邮轮参加邮轮游学师资培训班，聘请邮轮运营管理人才为企业导师，参与人才培养过程；邀请邮轮服务机构公司或者相关邮轮旅游协会专家对专业教师进行培训，共同培养"双导师"团队。三是改革教学方法。教师要充分考虑生源多样性的学情特点，有效利用智慧教室、虚拟软件、手机 APP 等信息化教学手段，模拟邮轮客舱、餐厅酒吧等邮轮服务场所，不断创新教学方法，最大限度地调动学生的学习热情与积极性，通过理论实践一体化、教学做一体化的教育教学方式培养符合邮轮企业的标准化人才。

四、国际邮轮乘务管理专业发展面临的新形势

根据《邮轮绿皮书：中国邮轮产业发展报告（2020）》和《邮轮绿皮书：中国邮轮产业发展报告（2021）》，全球邮轮业界普遍认为，疫情影响只是阶段性的。虽然新冠疫情导致全球邮轮市场暂时停摆，但依然没有改变全球邮轮市场长期向好的趋势。

（一）中国邮轮产业振兴基础良好

2020 年以来，全球经济受到新冠疫情影响较大，旅游业遭受重大冲击，但中国的国民经济依然保持了稳定的增长态势，居民收入稳健增长，旅游消费基础良好，出游意愿依然强烈。根据 2022 年 3 月 1 日国新办举行的新闻发布会数据，2021 年中国全年 GDP 是 114.4 万亿元，与 2020 年中国全年 GDP 相比增长 8.1%；2021 年，全国居民人均可支配收入 3.5 万元，比上年名义增长 9.1%，中位数 3 万元，增长 8.8%，其中城

镇居民人均可支配收入 4.7 万元，农村居民人均可支配收入 1.9 万元。2020 年初新冠疫情发生以来，为加强疫情防控，减少疫情传播风险，诸多国家采取关闭边境、切断交通等方式来防控疫情，出境旅游基本处于停滞状态，随着疫情防控态势好转，人们的出游意愿逐渐恢复，呈现出出境游转为国内游的发展趋势。2021 年，国内旅游总人次 32.46 亿，比上年同期增加 3.67 亿，增长 12.8%（恢复到 2019 年的 54%）。

（二）邮轮产业扶持政策力度加大

为积极推动和促进我国邮轮产业更快更好发展，从国家层面到地方政府不断出台各项邮轮及邮轮相关政策文件。2021 年 3 月 13 日《中华人民共和国国民经济和社会发展第十四个五年规划和 2035 年远景目标纲要》提出完善邮轮游艇发展政策。2021 年 6 月 3 日文化和旅游部《"十四五"文化与旅游发展规划》提出发展海洋及滨海旅游，推进中国邮轮旅游发展示范区（试验区）建设。2022 年 1 月 20 日《"十四五"旅游业发展规划》8 处提及"邮轮"二字，并提出完善邮轮游艇旅游发展政策，完善邮轮游艇码头等旅游服务设施功能，有序推进邮轮旅游基础设施建设，推进上海、天津、深圳、青岛、大连、厦门、福州等地邮轮旅游发展，推动三亚建设国际邮轮母港。

（三）国际邮轮港口建设持续推进

邮轮港口是邮轮经济发展的重要基础设施，我国各大邮轮港口群基本形成，包括华北、华东、东南、华南、南海五大邮轮港口群，根据交通运输部《全国沿海邮轮港口布局规划》方案，到 2030 年，我国将形成以 2~3 个邮轮母港为引领、始发港为主体、访问港为补充的邮轮港口布局。我国目前在使用的邮轮母港共 15 家，其中邮轮专用码头 8 家，其中广州南沙邮轮母港是我国第一个实现与地铁无缝对接的国际邮轮母港。2021 年 6 月 24 日，广州南沙邮轮母港码头工程通过竣工验收，建成 22.5 万吨级和 10 万吨级邮轮泊位各 1 个，全国规模最大的邮轮母港综合体全面启用。2021 年 4 月，北海邮轮母港建成 5 万吨级和 2 万吨级邮轮泊位各 1 个。2021 年 7 月，湛江招商国际邮轮码头举行开工仪式，预计 2024 年建成 8 万吨级和 3 万吨级邮轮泊位各 1 个。

（四）国际邮轮公司在中国市场布局持续加大

在旅游业繁荣发展的带动下，我国邮轮市场规模跻身亚太第一、全球第二，国际邮轮公司加强在中国市场的布局，更多的国际邮轮公司将全球最新、最好的邮轮部署于中国市场。《邮轮绿皮书：中国邮轮产业发展报告（2021）》显示，从中国市场母港邮轮供给来看，2015 年、2016 年、2017 年、2018 年、2019 年邮轮艘数分别为 12 艘、18 艘、18 艘、16 艘、14 艘，皇家加勒比游轮集团于 2009 年进入中国市场，先后引入"海洋航行者号""海洋水手号""海洋量子号""海洋礼赞号"，将中国市场推入"新船时代"。

随着疫情逐步得到控制，不少国际邮轮公司相继声明恢复夏季航行计划，并加速在中国市场的布局。

（五）本土邮轮船队规模不断扩大

组建本土邮轮船队是掌握未来邮轮产业发展主导权的基础，2020年突如其来的新冠疫情在全球肆虐一度导致了国际邮轮产业的停摆，对我国邮轮产业发展进程也产生了颠覆性的影响。但中国自主建造和经营本土邮轮的脚步从未停止，反而因为新冠疫情的发生直接加速了我国中资邮轮品牌的发展和船队的建设。自2019年星旅远洋国际邮轮有限公司购置"鼓浪屿号"邮轮投入中国市场运营后，中船嘉年华邮轮有限公司、招商局维京游轮有限公司、三亚国际邮轮发展有限公司、上海蓝梦国际邮轮股份有限公司、世纪和谐邮轮有限公司等积极购置或自主建造邮轮，目前中资邮轮有中华泰山号、蓝梦之星号、大西洋号、地中海号、鼓浪屿号、憧憬号、世纪和谐号和伊敦号8艘邮轮，本土邮轮公司及其船队已初具规模，国内邮轮市场发展指日可待。中资邮轮船队概览2020—2021见表9-2。

表9-2 中资邮轮船队概览2020—2021

邮轮公司	船名	母公司	公司性质
渤海邮轮有限公司	中华泰山号	渤海轮渡集团股份有限公司	中资
星旅远洋国际邮轮有限公司	鼓浪屿号	中国旅游集团/中国远洋海运集团	中资
中船嘉年华邮轮有限公司	地中海号 大西洋号	中国船舶工业集团有限公司	中外合资
招商局维京游轮有限公司	伊敦号	招商局蛇口工业区控股股份有限公司	中外合资
三亚国际邮轮发展有限公司	福熙憧憬号	中国交通建设股份有限公司	中资
上海蓝梦国际邮轮股份有限公司	蓝梦之星号	福建中运投资集团有限责任公司	中资
世纪和谐邮轮有限公司	世纪和谐号	重庆冠达控投集团有限公司	中资

资料来源：2020—2021中国邮轮发展报告

五、前景展望

国家和地方政府日益重视邮轮产业，邮轮旅游业在中国将继续蓬勃发展。邮轮被誉为漂浮在海上的五星级酒店，它集餐饮、住宿、娱乐、交通、购物、游览于一身。就邮轮就业岗位来说，分为岸上服务接待与船上服务接待两大工作领域，岸上服务接待包括邮轮市场销售、邮轮采购管理、邮轮技术支持等岗位，而船上服务接待又分为以船长为首的邮轮航行团队和负责游客住宿、餐饮、娱乐服务的邮轮乘务服务团队。根据行业惯例，每艘国际豪华邮轮上游客与乘务人员的比例多为2∶1，有的甚至达到1.5∶1，邮轮提供的就业岗位众多，人员需求量大。

新冠疫情的到来，造成邮轮产业一度全面停摆，国际邮轮公司亏损严重，各大邮轮公司通过裁员及旧船出售进行自救，同时也通过船舶翻新、技术改造和产品更新来增强产品价值和宾客体验。自2021年下半年开始，全球邮轮旅游业逐步进入恢复的快速通道，随着市场逐步恢复，全球邮轮旅游的恢复正持续稳步推进。新冠疫情虽然重创了国际邮轮旅游，但本土邮轮的规划和建造却仍在持续进行。中船、招商局、中远海运、中交建等大型央企纷纷注资邮轮产业，通过购置、改造、自制等渠道，使得本土邮轮船队规模不断扩大，本土邮轮运营能力不断增强。在现有8艘中资邮轮的基础上，国产首艘大型邮轮"爱达·魔都号"在上海外高桥造船厂建造完工，2023年7月和9月圆满完成两次试航，并于2023年11月4日正式交付，将于2024年1月1日从上海的吴淞口国际邮轮港正式起航，第二艘国产邮轮也已于2022年8月8日开工建造，预计到2029年中船将拥有8~10艘大型邮轮，本土邮轮船队规模不断扩大。随着中国本土邮轮的逐步复苏，中资邮轮船队组建提速，国产邮轮数量、质量和人才需求同步提升，国际邮轮公司也将陆续恢复中国市场的运行，各大邮轮公司对中国籍邮轮乘务员的需求日益增加。从我国邮轮发展的趋势估计，未来迫切需要培养更多的邮轮专业人才。目前我国有100多所院校开设邮轮专业或方向，邮轮服务管理类专业人才供给数量和质量远远无法满足行业需求，邮轮专业人才的匮乏将成为我国邮轮产业未来发展的一个制约因素。

在"一带一路"倡议、粤港澳大湾区战略等背景下，邮轮旅游正成为粤港旅游业的重要增长极，在毗邻的有限空间内，香港、广州、深圳三个城市均布局了邮轮母港，粤港邮轮母港群初显雏形，将成为国内外邮轮公司争相投放之地。广东作为我国的滨海旅游大省和经济社会发展最具活力的地区之一，发展邮轮经济具有得天独厚的优势，促进广东邮轮经济快速发展，是充分发挥广东海洋、港口、旅游资源优势，打造海洋经济和旅游强省，建设海洋经济综合示范区和旅游综合改革试验区的必然选择。第一艘悬挂五星红旗的邮轮——招商"伊敦号"在深圳招商蛇口邮轮母港运行良好，广州南沙邮轮母港工程已竣工验收，湛江招商国际邮轮码头已开工建造，广东邮轮旅游蓄势待发，前景广阔，广东邮轮人才培养工作已经刻不容缓。

（主要执笔人：严辉华　廖建华）

参考文献

[1]孙洪微，林晓丽.高职邮轮人才培养探索与实践：以河北旅游职业学院为例

［J］．河北旅游职业学院学报，2021，26（02）：80-83．

［2］孔洁，程芸燕，邹智深．国际邮轮乘务管理专业人才培养探析［J］．航海教育研究，2021，38（02）：57-61．

［3］张静．高职院校邮轮旅游人才培养探索［J］．当代旅游，2021，19（06）：91-92．

［4］郑燕华．"中西融合、海陆互通"人才培养模式创新与实践：以浙江国际海运职业技术学院国际邮轮乘务管理专业为例［J］．职业技术教育，2020，41（32）：18-23．

［5］魏爱民，王卉．"邮轮产业高品质发展"背景下邮轮人才区域合作培养模式研究［J］．中国水运（下半月），2020，20（10）：33-34+61．

［6］罗悦．我国高职院校邮轮旅游人才培养模式探析［J］．营销界，2020（31）：186-187．

［7］罗启圣．基于现代学徒制的高职国际邮轮乘务管理专业人才培养模式实践［J］．天津中德应用技术大学学报，2020（03）：103-106．

［8］李军委，胡顺利．高职院校国际邮轮人才培养产教融合研究［J］．船舶物资与市场，2019（10）：105-106．

［9］刘学伟，李国平，余颖，杨智涛，文捷敏．粤港邮轮母港群旅游竞合关系研究［J］．旅游研究，2019，11（05）：75-83．

［10］郑燕华．"四段融合、海陆互通"人才培养体系研究：以国际邮轮乘务管理专业为例［J］．教育理论与实践，2019，39（06）：25-27．

［11］张蕊，郑燕华．产教融合背景下高职国际邮轮乘务管理专业人才培养路径探索［J］．职业技术教育，2019，40（02）：32-36．

［12］刘艳．从教学标准谈高职国际邮轮乘务管理专业人才培养［J］．天津职业院校联合学报，2018，20（10）：77-80+85．

［13］汪泓．邮轮绿皮书：中国邮轮产业发展报告（2021）［M］．北京：社会科学文献出版社，2021．

［14］汪泓．邮轮绿皮书：中国邮轮产业发展报告（2020）［M］．北京：社会科学文献出版社，2020．

［15］汪泓．邮轮绿皮书：中国邮轮产业发展报告（2019）［M］．北京：社会科学文献出版社，2019．

［16］汪泓．邮轮绿皮书：中国邮轮产业发展报告（2018）［M］．北京：社会科学

文献出版社，2018.

［17］中国交通运输协会邮轮游艇分会，上海海事大学亚洲邮轮学院，中国港口协会邮轮游艇码头分会.邮轮白皮书：中国邮轮发展报告（2020—2021）［M］.北京：旅游教育出版社，2021.

［18］谭金凤.粤港澳大湾区邮轮旅游人才培养探索［J］.太原城市职业技术学院学报，2022，10（10）：1-4.